U0497866

• 二十一世纪"双一流"建设系列精品教材

电子商务概论

（第三版）

主编◎王　悦
参编◎赵　智　卢　彤
　　　王　昱　王朝欣

西南财经大学出版社
中国·成都

图书在版编目(CIP)数据

电子商务概论/王悦主编.—3版.—成都:西南财经大学出版社,2023.3
ISBN 978-7-5504-5675-4

Ⅰ.①电… Ⅱ.①王… Ⅲ.①电子商务—教材 Ⅳ.①F713.36

中国国家版本馆 CIP 数据核字(2023)第 026894 号

电子商务概论(第三版)
DIANZI SHANGWU GAILUN
主 编:王 悦

策划编辑:陈何真璐
责任编辑:陈何真璐
责任校对:金欣蕾
封面设计:墨创文化
责任印制:朱曼丽

出版发行	西南财经大学出版社(四川省成都市光华村街55号)
网　　址	http://cbs.swufe.edu.cn
电子邮件	bookcj@swufe.edu.cn
邮政编码	610074
电　　话	028-87353785
照　　排	四川胜翔数码印务设计有限公司
印　　刷	郫县犀浦印刷厂
成品尺寸	185mm×260mm
印　　张	13.75
字　　数	288 千字
版　　次	2023 年 3 月第 3 版
印　　次	2023 年 3 月第 1 次印刷
印　　数	1— 2000 册
书　　号	ISBN 978-7-5504-5675-4
定　　价	38.00 元

前　言

　　党的二十大报告指出，要"加快发展数字经济""发展数字贸易"。电子商务是国民经济和社会信息化的重要组成部分，是催生数字产业化、拉动产业数字化的重要引擎，是推动国民经济和社会发展的重要力量。大力推进电子商务发展是转变经济增长方式，积极应对经济全球化挑战，提高竞争力的有效举措。

　　"十三五"期末，我国网民规模接近 10 亿，互联网普及率超过 70%。据工信部数据，2021 年，我国互联网宽带接入端口数量达 10.18 亿个，较 2020 年增加了 0.72亿个；据商务部、中央网信办、国家发展改革委三部门于 2021 年 10 月联合发布的《"十四五"电子商务发展规划》，"十三五"期间，我国电子商务交易额保持快速增长，2020 年达到 37.2 万亿元，比 2015 年增长 70.8%；网上零售额达到 11.8 万亿元，年均增速高达 21.7%。2020 年，电子商务相关从业人数超过 6 000 万，比 2015 年增加 2 700 余万，年均增长 13%；快递业务量从 2015 年的 206.7 亿件增至 2020 年的833.6 亿件，非银行支付网络支付交易金额从 2015 年的 49.5 万亿元增至 2020 年的294.6 万亿元，均稳居全球首位。

　　可见，随着全球信息技术的快速发展与互联网的日益普及，我国电子商务应用初见成效，交易量不断增长，出现了良好的发展势头。

　　笔者于 20 世纪 90 年代末开始接触互联网，并为其强大的信息服务功能所震撼，此后，笔者也亲历了互联网经济泡沫破裂以及我国电子商务浪潮的到来与快速发展。尤其是 2004 年 12 月，支付宝的横空出世，使阻碍我国电子商务发展的瓶颈问题——交易安全性问题得以解决，我国电子商务与互联网经济由此快速发展，企业与政府各界也逐渐意识到了网络信息技术的重要性。到目前为止，我国电子商务已经比发展初期有了质的飞跃，无论是上网人数、在线交易量还是互联网技术都已经上了一个新的台阶。然而，目前我国电子商务的发展过程中，还存在诸如相关法律法规不够健全、我国电子商务交易所依赖的社会信用体系不够完善、许多电子商务网站的商业模式雷同等问题。此外，我国电子商务的发展不能完全照搬国外的模式，应坚持发展有中国特色的适应我国消费习惯和文化传统习惯的电子商务交易模式和支付方式。比如，货到付款就是一种典型的具有中国特色的电子商务支付方式，它符合了我国消费者的消费习惯和文化习惯，在现阶段仍可在一定程度和范围内保留。另外，我国第三方支付目前是一种比较安全的支付方式，它一方面提供了交易双方的在线支付平台，另一方面实际上也起到了信用中介的作用。

本书基于电子商务的相关理论与笔者的实践，比较系统地论述了电子商务的基础知识，其理论性、实践性与现实性都比较强。本书对电子商务的定义及其特点，优势及其不足，起源、现状及其发展趋势，电子商务的商业模式，电子支付方式，电子商务涉及的四大流（信息流、物流、商流和资金流），电子政务，电子商务营销，电子商务相关基础技术，电子商务的法律与税收问题以及新兴的电子商务模式等做了比较详细的叙述。通过本书的学习，读者可以了解电子商务的发展历程与发展现状，掌握电子商务的定义与特点，以及电子商务对经济的影响等基本知识，通过考察传统商务与电子商务间的差异进一步了解电子商务，并结合我国出台的电子商务相关的"十四五"宏观规划以及数字贸易与数字经济大发展的背景，把握推动电子商务发展的力量以及电子商务未来的发展方向。

本书结合我国电子商务发展现状与教学需要，系统地阐述了电子商务原理与相关技术。本书基本内容如下：第一章是导论，本章是本书的概述部分，主要介绍了电子商务的定义、电子商务的要素和特点、电子商务的安全性与解决之道、电子商务的类型、电子商务的发展阶段、电子商务的国际特性，以及电子商务研究的目的、内容、方法与环境建设等基本内容。第二章是网络营销，主要介绍网络营销的定义与类型、网络营销的特点、搜索引擎营销等网络营销方式、市场细分、企业与顾客关系的生命周期、网络广告以及网络营销策略等内容。第三章是电子支付，本章主要介绍常用支付方式、典型的网上支付工具、我国电子商务环境下的支付方式、网上银行以及电子商务网上支付解决方案等内容。第四章是电子商务的商业模式，本章介绍了电子商务商业模式及其要素，重点叙述了 B2C、B2B、C2C 等不同类型电子商务的商业模式，如腾讯、淘宝等不同类型电子商务企业的不同商业模式的主要类型和特点。第五章主要介绍了电子商务网站建设与相关技术，包括 Internet（互联网）概述、TCP/IP 协议、IP 地址与域名、WWW（万维网）简介以及电子商务网站规划设计等内容。第六章介绍了电子商务物流，包括物流的定义与构成要素、电子商务中的四个流的关系、电子商务物流管理、传统物流与现代物流、电子商务物流的主要模式以及我国电子商务物流的现状与对策等内容。第七章介绍了电子政务，包括电子政务的概念与类型、电子政务的案例、电子政务的发展历程与应用、电子政务的国内外现状，以及电子政务在我国的最新发展等内容。第八章介绍了电子商务的法律与税收问题，包括安全性问题、知识产权问题、言论自由和隐私权的冲突以及电子合同等电子文件的有效性问题，这些问题都对建立新的法律制度提出了迫切要求。电子商务的一些特性，使得国家税务机构对电子商务，特别是互联网上交易征税遇到了许多实际困难。各国的税收管理部门一方面要充分利用国际互联网带来的效率提高其潜在收益；另一方面要在保护税收的同时，避免阻碍新兴技术的发展。第九章介绍了新兴电子商务模式，即移动商务。迄今为止，移动电子商务的发展已经经历了3代。与传统的商务活动相比，移动商务具有显著优点，同时也存在一些问题，但随着信息技术的不断发展，移动商务将持续成为电子商务发展的亮点。

党的二十大报告指出，我们要坚持教育优先发展，加快建设教育强国、科技强国、人才强国，要办好人民满意的教育，加强基础学科、新兴学科、交叉学科建设，加强教材建设和管理。本书注重理论与实践相结合、原理与技术相结合，包含了计算机科学、市场营销学、管理学、经济学、法学与现代物流等相关学科交叉融合的内容，融合了关于企业电子商务的战略决策、具体方法上的建议以及典范电子商务企业的案例。本书的论述基本涵盖了电子商务的方方面面，不但包括了电子商务的传统领域，更广泛吸收了电子商务领域的最新发展和研究成果，如博客与微博营销、直播电商等。本书既可作为高等院校电子商务专业和经济类、管理类、信息类等非电子商务专业的电子商务概论课程的教材，也可作为企业管理人员的培训教材、自学参考书以及电子商务师的参考书。本书适用对象是：准备制订或讨论电子商务战略的政府行政人员或相关行业的人员、对电子商务应用感兴趣的集体与个人、高等院校师生等。笔者衷心希望读者通过阅读本书，能够掌握电子商务的基础知识与各种战略技巧，以及电子商务方案的制定与实施，也希望本书的出版能对我国的教材建设、人才培养贡献绵薄之力。

本书的主编教师有高校电子商务相关课程授课经验以及互联网与电子商务的实际

工作经验。本书的特点是既方便教师授课，又让学生能实实在在地学到知识和技能；由浅入深，循序渐进；重点介绍概念和方法，尽量做到理论联系实际。书中设置了案例分析、习题、小知识、新闻事件、参考书目与参考网址等，可供读者在分析案例、检验学习成果与实践操作时参考，进一步加深相关理论的掌握。

　　本书第三版在第二版基础上修订完成，由王悦主编并统筹修订编写工作，卢彤、赵智、王朝欣、王昱参与修订编写。参与修订编写人员所参与的主要修订编写相关章节如下：王悦（前言、后记、第一章、第四章、第五章、第七章、第九章），赵智（第二章），卢彤（第三章），王昱（第六章），王朝欣（第八章）。第三版各章修订完成后，由王悦进行统稿，最后由王悦修改完善并最终定稿。由于时间仓促与编者水平有限，尤其是电子商务还处于不断发展当中，本书编写中的不足与欠妥之处在所难免，恳请广大读者不吝指正，笔者将衷心地感谢。

王　悦

2023 年 1 月 1 日

目 录

CONTENTS

1 导论

1.1 什么是电子商务

1.1.1 引入：日常生活中的电子商务

随着电子商务在我国的不断发展，我们在日常生活中的很多的事务都可以借助电子商务完成。下面举例介绍日常生活中的电子商务。

实例一：国航网上订票业务

到外地出差或节假日旅游，要搭乘中国国际航空公司航班的乘客不必亲自到航空售票处购票，可以访问中国国际航空公司网站（http://www.airchina.com.cn，如图1.1所示），按提示填表预订自己所要搭乘的航班机票，选择支付方式进行网上支付。

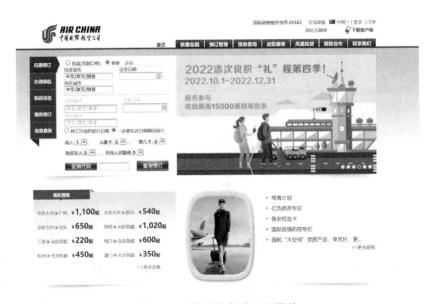

图 1.1 中国国际航空公司网站

实例二：当当网上书城的购书业务

购书者可以到当当网上书城（http://www.dangdang.com，如图1.2所示）选购图书。将自己喜欢的图书放入购物车，然后点击下订单，选择送货方式与付款方式（当当的支付方式比较灵活，除了网上支付或银行转账，有的卖家也支持货到付款，如图1.3所示。）

图 1.2 当当网

图 1.3 当当网上支持的多种支付方式

实例三：网上金融业务

客户可以在网上进行保险、证券和基金等金融业务交易。如消费者需购买保险，可以访问中国平安保险公司的网站（http://www.pingan.com，如图 1.4 所示），进行网上投保业务，省去在保险公司窗口排队办理的麻烦。消费者还可以通过平安理财频道办理理财业务。

图 1.4　中国平安保险公司网站

实例四：网上银行

目前，国内各大银行都开通了网上银行，客户足不出户就可以办理账务查询、代交费、信息咨询、转账汇款、个人理财等多种业务，特别是办理数额较大的资金存取与转账，既方便，又安全。图 1.5 是工商银行个人网上银行（https://mybank.icbc.com.cn/icbc/perbank/index.jsp）页面。

图 1.5　工商银行个人网上银行

实例五：农业 B2B 产业服务平台

惠农网（https://www.cnhnkj.com，如图 1.6 所示）开展县域农业产业服务及农业大数据和金融服务，利用"互联网+农业"技术提升农产品流通效率，促进农业产业升级，目前是国内领先的农业 B2B 产业服务平台。

图 1.6　惠农网网站

实例六：网络钟点工

网络钟点工是指在网络上受雇于雇主的一种非全日工作制的用工形式。网友一般以分钟、小时等为单位出售自己的时间为别人做事，收取报酬。这种"网络钟点工"通常是雇主在网络上付费，雇佣"网络钟点工"为自己做事（比如送花、买火车票、接人、送饭、临时看管小孩、陪人聊天等合法工作）。网络钟点工的典型广告词为：为您服务，代做您需要的且合法的一切事情，以诚信求生存，只有您想不到，没有我做不到。

网络钟点工的业务范围很广，包括"农场"代收菜、卡丁车陪跑、电影和电视剧下载、代写博客、网络秘书、QQ 升级等。

新闻事件：

网络新行当，另类赚钱有门道

"帮忙打理农场、偷菜、挂 QQ 升级、看店铺，只要你在网上需要花费时间办理的，本人一律代办，收费一小时 10 元。"近日记者在 58 同城网（www.58.com）兼职频道上看到一名署名王翠的用户打出了兼职网络钟点工的宣传。

时下，一群网络保姆、网络钟点工正在网络上日益走俏，这群专门出售时间的人，为忙碌的都市人提供线上线下服务。据了解，随着 QQ 农场、社区网站、开网店等在白领、学生群体中风靡，出现了很多无暇顾及"农场菜地"、打理网店事物的人，这使得网络保姆、网络钟点工悄然兴起。

"花 10 元钱雇个人帮忙偷菜"

"平时公司不让上网，我农场里的菜成熟了，总是被好友偷。现在雇了一名网络保姆，每天花 10 元钱帮我偷菜，我的级别已经飙升为 6 级，扩地、装饰房子等，看到这些成果，真是无比欣慰。"在北京某金融机构工作的张小姐向记者讲述网络保姆的功劳。

张小姐工作之余喜欢上 QQ 农场，因为工作关系，过去她每天半夜调好闹铃，为的就是收自己的成熟果实，顺手去好友农场里偷菜。起早摸黑的生活让她的工作效率降低。自从知道一位同事雇人看农场后，她也在网上找了一位网络保姆。该保姆果然没有让张小姐失望，不但把她的菜地打理得井井有条，而且让张小姐成了朋友圈里的"小富翁"。

代人"看店"月入千元

兼职钟点工"泰山"告诉记者，他现在在一家网店做兼职看店，就是通过即时工具和电话，解答买家问题、上传商品、联系快递等。泰山每天工作 6 个小时，一小时 10 元钱，这样算下来一个月也有一千多的收入。泰山说，这种工作在家就可以完成了，也不用花费多少心思，只要细致一点就可以，赚钱挺容易。看店一个多月，他帮助店主成交了几百多笔生意，自己还结交到不少朋友，在工作中找到了快乐。

网络保姆、网络钟点工大学生居多

记者了解到，从事网络保姆、网络钟点工的多是有较多空余时间的年轻网友，其中以在校的大学生居多。随着越来越多网络保姆、网络钟点工的出现，这一新兴的打工方式逐渐受到认同，业务范围也越来越广。

除了通过网络完成的工作，如看护农场、游戏升级、回复邮件、网上购物等，还有提供相当于现实钟点工服务的，如为买家提供接送人、打扫卫生、陪人聊天等。网络钟点工与传统意义上钟点工的区别在于它是通过网上确认服务并通过网络完成交易的。

资料来源：经济参考报，http://www.jjckb.cn/whsh/2009-11/17/content_191727.htm.

以上就是现实生活中的电子商务，可以看出，电子商务是借助于计算机网络进行的交易活动，它打破了时空界限，给交易双方带来了方便和好处。从企业的角度来看，通过电子商务，他们可以更迅捷地完成各种商业贸易、销售及采购等商务活动，降低经营成本，增加商业价值，并创造新的商机，为企业活动带来重大变革，从而推动企业的发展。从消费者的角度来看，通过电子商务，他们足不出户就能够 24 小时在线查询有关商品的详细信息，点击鼠标或手机屏幕即可进行购物、付款，享受快递送货到家的服务，轻松完成消费。

1.1.2　电子商务的产生

1.1.2.1　传统商务发展的局限

传统商务的劳动工具往往是低效率和昂贵的，且传统商务活动大部分为面对面直接交易，耗费时间长，成本高，服务质量不高，市场局限性大。尤其是在传统商务的发展过程中，商品的供求关系从供不应求发展到供大于求，寻求更广阔的市场就成为必然。

因此，寻求一种高效率而低成本的新的商务工具和商务方式成为传统商务发展过程中的必然趋势。

1.1.2.2 信息技术的发展和进步

随着信息技术的发展，通信技术、计算机技术和互联网技术不断更新和进步，到20世纪90年代，信息技术的发展与进步推动了网络经济的产生，从而实现了传统商务向电子商务的跨越式发展。

新闻事件：

华人科学家高锟获诺贝尔物理学奖

瑞典皇家科学院2009年10月6日宣布，将2009年诺贝尔物理学奖授予华人科学家高锟（美英双重国籍）以及科学家韦拉德·博伊尔（美加双重国籍）和美国科学家乔治·史密斯，以奖励他们在光纤和半导体领域中的开创性研究。高锟1933年出生于中国上海，并于1987年至1996年间任香港中文大学校长。高锟被誉为"光纤之父"。

资料来源：中国日报网，http://language.chinadaily.com.cn/news/2009-10/07/content_8766699.htm.

1.1.3 电子商务相关概念

1.1.3.1 商务活动

一般来说，商务活动是涉及买卖商品的事务。一切买卖商品和为买卖商品服务的相关活动都是商务活动，显然，购物、广告等活动都是商务活动的范畴。商务活动具有营利性的特点，是以盈利为目的的市场经济活动。

1.1.3.2 电子商务

电子商务是通过互联网进行的电子化方式的商务活动，即在网上开展的商务活动。电子商务活动既然是商务活动，显然也应该是以盈利为目的的市场经济活动。电子政务不以盈利为目的，但因为具有电子化方式的特点，因此，也通常被当作一种特殊类型的电子商务。

简单来说，电子商务泛指通过电子手段进行的商业贸易活动。电子商务这个概念是从美国起源的，其英文名称为electronic commerce（EC），有时也称为electronic business（EB）。电子商务涵盖的范围很广，国内外对其尚无统一的定义。不同国家的组织、学者和研究机构对电子商务的定义不一样，下面列举常见的定义：

（1）国内学者的定义。电子商务就是在网上开展商务活动。当企业将它的主要业务通过企业内联网（Intranet）、企业外联网（Extranet）以及互联网（Internet）与企业的职员、客户、供销商以及合作伙伴直接相连时，其中发生的各种活动就是电子商务①。

（2）国外学者的定义。The term electronic commerce is used in its broadest sense and includes all business activities that use Internet technologies. Internet technologies includes the Internet, the World Wide Web, and other technologies such as wireless transmissions on mobile telephones or a personal digital assistant（PDA）②.（笔者译：电子商务这个术语包括所有利用互联网技术进行的商务活动。互联网技术包括万维网以及其他技术，比如移动电话的无线传输技术以及个人数字助理技术等。）

（3）国际标准化组织（ISO）关于电子商务的定义。电子商务（EB）是企业之间、企业与消费者之间信息内容与需求交换的一种通用术语。

（4）IBM 公司对电子商务的定义。电子商务（EB）是"网络计算"技术在各种企业、机构的相关关键业务中的具体应用体现。

（5）加拿大电子商务协会对电子商务的定义。电子商务是通过数字通信进行商品和服务的买卖以及资金的转账，它还包括公司间和公司内利用电子邮件（E-mail）、电子数据交换（EDI）、文件传输、传真、电视会议、远程计算机联网所能实现的全部功能（如：市场营销、金融结算、销售以及商务谈判等）。

（6）惠普公司（HP）对电子商务的定义。电子商务（EC）是通过电子化手段来完成商业贸易活动的一种方式，电子商务使我们能够以电子交易为手段完成物品和服务等价值的交换，是商家和客户之间的联结纽带。

（7）通用电气公司（GE）对电子商务的定义。电子商务（EC）是指通过电子数据交换而进行的商业交易。

1.1.4　电子商务的发展阶段

电子商务的发展可以大致分为两个主要阶段：20 世纪 90 年代中期到 2002 年为第一个阶段，从 2003 年开始为第二个阶段。两个阶段我们分别称为电子商务的第一波（第一个阶段）和第二波（第二个阶段）③。

电子商务的第一波中，很多互联网企业开始创立，由于电子商务起源于美国，因此第一波的电子商务网站以英语为主，2000—2003 年，网络泡沫破灭，大量的互联网企业倒闭、破产，电子商务的第一波结束。从 2003 年开始，互联网经济复苏，很多新的互联网企业开始创立，与从电子商务第一波幸存下来的企业一道进入电子商务的第二波。第二波的电子商务网站的主体不仅有美国人还有其他国家的人参与，因此，

① 邵兵家. 电子商务概论［M］. 北京：高等教育出版社，2006：28.
② 加里·P. 施奈德. 电子商务（原书第6版）［M］. 成栋，韩婷婷，译. 北京：机械工业出版社，2006：5.
③ 同上。

第二波中的电子商务网站的语言除了英语，还有其他语言。比较电子商务的这两个发展阶段，除了所处的时间阶段和网站的主要语言类型不同之外，最大的区别就在于电子商务的第一波处于电子商务的最初发展阶段，受所需信息技术的限制，一般采用拨号上网方式；其网速比较慢，而电子商务的第二波中，出现了宽带上网，大大提高了网速，使得电子商务第二波的效率更高。

在第一个阶段，根据中国互联网络信息中心（CNNIC）发布的第七次中国互联网络发展状况统计报告公布的统计数据，中国网民[①]约 2 250 万人。在这个阶段，中国大多数网民的网络生活还是停留在使用电子邮件和网页浏览阶段。

在第二个阶段，2003—2006 年，阿里巴巴、当当、淘宝等在互联网不同领域崛起，并占领不同的电子商务市场。在这一阶段，《中华人民共和国电子签名法》与《电子支付指引》的施行为电子商务的发展提供了法律与政策的指引和保护；支付宝等第三方支付平台的出现打通了电子商务交易的支付瓶颈。电子商务由此迎来高速发展阶段。2007 年前后，很多传统企业、商家和资金纷纷加入电子商务领域，电子商务领域异彩纷呈，竞争加剧。2011 年开始，电子商务从电脑端往智能手机无线端转变，电子商务也由此迎来了爆发式增长。到"十三五"期末，我国网民规模接近 10 亿，互联网普及率超过 70%。电子商务交易额保持快速增长，2020 年达到 37.2 万亿元，比 2015 年增长 70.8%；网上零售额达到 11.8 万亿元，年均增速高达 21.7%；电子商务相关从业人数超过 6 000 万，比 2015 年增加 2 700 余万，年均增长 13%[②]。

1.1.5 电子商务的实质和内容

国内外各界对电子商务的定义并没有统一，而是从不同角度和立场对其加以概括。但在不同的定义中，电子技术和商务活动是电子商务必不可少的两个要素。可以说，电子商务就是通过互联网技术推动的买卖双方进行的跨时空商业交易活动，显然，为该交易活动过程服务的所有环节都应该包括在电子商务的范围之内，如广告等。因此，电子商务不仅仅是商品或劳务通过网络进行的买卖活动，还涉及传统市场的方方面面。企业不仅可以在网络上寻找消费者，还可以通过计算机网络与供应商、财会人员、结算服务机构、政府机构建立业务联系。从事在线销售活动的企业，以及通过网络连接的贸易伙伴们，从生产到消费的整个过程的商务活动方式会逐步产生重要的变化，进而影响那些尚未从事电子商务的企业改变经营方式。这样，电子商务使整个商务活动，包括产品生产制造、产品推广促销、交易磋商、合同订立、产品分拨、物流配送、货款结算、售后服务等一系列活动产生划时代意义的变化。

---

① CNNIC 将中国网民定义为：平均每周使用互联网 1 小时（含）以上的中国公民。
② 资料来源：《"十四五"电子商务发展规划》（商务部、中央网信办、国家发展改革委三部门于 2021 年 10 月联合发布）。

1.2 电子商务的要素和特点

1.2.1 电子商务的要素

1.2.1.1 网络基础环境——内联网、外联网、因特网

内联网（Intranet）是指一个组织内部通过使用 Internet 技术实现通信和信息访问的方式。Intranet 是企业内部商务活动的场所。"Intranet" 是一个合成词，"Intra" 的意思是 "内部的"；"net" 是英文单词 "network" 的缩写，指网络。因此，"Intranet" 的含义就是 "内部网"。由于它主要是指企业内部的计算机网络，所以也称企业内部网。从原理上来说，Intranet 其实就是功能比较全面的局域网，只是在 Intranet 内部可以如同在 Internet 上一样收发电子邮件、进行 Web 浏览。当然这些操作都只限在企业内部，并不能直接从 Internet 获取信息。

外联网（Extranet）是指一个公共网络连接了两个或两个以上的贸易合作伙伴，是一个用 Web（全球广域网）构建的商务系统，是企业对企业的 Web，是企业与企业、企业与个人进行商务活动的纽带。它可以被看作能被企业成员或合作企业访问的企业 Intranet 的一部分，Extranet 是选择性地对一些合作者或公众开放的公共网络。

因特网（Internet），又叫作国际互联网（以下简称互联网），是指全球计算机网络的集合，是众多网络的互联、商务信息传送的载体、电子商务的基础。

1.2.1.2 电子商务用户

（1）个人用户。个人用户通过使用浏览器、电视机顶盒、个人数字助理、可视电话等手段接入互联网，购买商品，获取信息和服务。在电子商务中，个人用户被称为 customer（简称 C）。

（2）企业用户。在电子商务中，企业用户被称为 business（简称 B）。企业用户通过建立企业内联网、外部网、企业管理信息系统（MIS）与互联网上的在线商店，对人、财、物、产、供、销进行科学管理。企业可以利用在线商店发布产品信息、接受订单以及网上销售等商务活动，还要借助电子报关、电子报税、电子支付等系统与海关、税务局、银行等部门进行有关商务的处理活动。

1.2.1.3 认证中心

认证中心（CA）全称为 certificate authority，它是受法律承认的权威机构，采用 PKI（public key infrastructure）公开密钥基础架构技术，专门提供网络身份认证服务，负责签发和管理电子证书，且具有权威性和公正性的第三方信任机构。认证中心负责签发的电子证书是一个包含证书持有人个人信息、公开密钥、证书序号、有效期、发

证单位的电子签名等内容的数字文件，就像网络世界的身份证，便于网上交易的各方能相互确认身份。

认证中心是电子商务交易安全的保障部门，是电子商务活动中不可或缺的一部分。电子商务是依靠网络进行的一种非面对面的商务活动，参与商务活动的双方出于交易安全的考虑希望能够确认对方的身份，身份识别是网上交易安全的首要问题，认证中心的产生正是迎合了这样一种需要。

1.2.1.4　物流中心

物流中心接受商家的送货要求，组织运送无法从网上直接得到的商品（实体商品），并在运送过程中跟踪商品流向，确保快速安全地将商品送到买家手中。电子商务交易的物流以第三方物流为主。物流是电子商务活动完成必不可少的一个环节，但并不是每个具体的电子商务交易都需要物流，虚拟商品等可以直接在网上传递的商品以及网络秘书等服务类型的商品交易都不需要线下的物流服务即可完成。

1.2.1.5　网上银行

网上银行又称网络银行、在线银行，有时又被称为"3A 银行"，因为它不受时空限制，能够在任何时间（anytime）任何地点（anywhere）以任何方式（anyway）为客户提供金融服务。网上银行指银行利用互联网技术，在互联网上实现开户、销户、查询、对账、行内转账、跨行转账、信贷、网上证券、投资理财等传统银行的业务，使客户足不出户就能够安全便捷地享受 24 小时实时服务，并与信用卡公司或者第三方支付平台合作，提供网上支付手段，为电子商务交易中的用户和商家提供资金服务。

1.2.2　电子商务的特点

电子商务交易具有方便快捷、成本较低等众多特点。概括起来，电子商务的特点主要表现在以下方面：

（1）普遍性。电子商务已经成为一种新型的交易方式，将企业、消费者和政府带入了一个数字化生存的新天地。以我国为例，电器、理财产品、母婴用品、金银首饰等几乎所有商品都可以在网上交易，网上保险、团购、在线医疗服务等已经进入我们的生活，淘宝网、阿里巴巴、当当等也已经是个人和企业经常光顾的电子商务网站。网络的无处不在使得电子商务这种交易方式也具有了普遍性。

（2）方便快捷。在电子商务背景下，买卖双方不受地域的限制，且能以非常简捷的方式完成过去较为繁杂的商务活动，如通过网络银行能够全天候地查询账户信息或进行资金转账、使用电脑或者手机就能足不出户地进行在线购物。

（3）安全性要求高。电子商务交易中的安全性问题是一个至关重要的核心问题，它要求网络提供一种端到端的安全解决方案，涉及加密机制、安全管理、存取控制、防火墙、病毒防护以及在线支付安全性等问题。这与传统的商务活动有着很大的不同。电子商务交易中的安全性问题往往成为阻碍一个国家电子商务发展的瓶颈问题。

（4）协调具有复杂性。传统商务活动一般只涉及买卖双方，因此协调起来比较简单，而电子商务交易中，协调过程较为复杂，因为电子商务交易涉及买卖双方和为买卖双方服务的其他方面，如物流、网上银行、技术部门等。因此，电子商务交易要求银行、配送中心、通信部门、技术服务等多个部门通力协作，以达成良好的协调。

（5）降低交易成本。

①降低搜索成本。互联网上有充足的信息，可以大幅降低交易成本中的搜索成本。

②降低协商成本和契约成本。由于互联网可以让生产者直接面对消费者，省掉常规多层次的经销体系，因此交易过程中的协商成本和契约成本可以大幅降低。

③减少采购成本。企业通过互联网能够比较容易地找到价格最低的原材料供应商，从而降低交易成本；同时，由于减少了采购过程中的劳动力、印刷和邮寄等费用，也减少了采购成本。

④降低促销成本。网上营销拥有非常低廉的营销费用，尽管建立和维护公司的网址需要一定的投资，但是与其他销售渠道相比，使用国际互联网大大地降低了成本。同时网上查询节约了很多的广告印刷费和电话咨询费，而且节省了发展新客户的相关费用。

（6）市场广大。互联网的特点就是没有边界，整个世界通过互联网联通成一个网上平台。企业通过自己在互联网上建立的在线商城销售产品，可使潜在顾客量大幅提高，最终扩大国内外市场。

（7）网络广告种类繁多。电子商务时代网络广告形式多样，广告受众广，覆盖面大。网络广告一般是利用网站上的横幅（banner 广告）、文本链接、Flash 或者 GIF 动画以及搜索引擎等在互联网上刊登或发布广告，并通过互联网传递到互联网浏览者的一种电子商务时代的广告运作方式。网络广告是实施现代营销策略的一种重要方式。

1.3　电子商务的安全性和解决之道

前面介绍电子商务特点的时候已经提到，电子商务交易中的安全性问题是一个至关重要的核心问题，电子商务交易中的安全性问题往往成为阻碍一个国家电子商务发展的瓶颈问题。

1.3.1　安全性概述

下面这段话来自一个网上买家在某论坛的发帖：

I am sorry but I can't compliment the current e-commerce in China for the dishonesty or even fraud. Twice I have bad shopping experience online. I think the best way to measure an e-commerce vendor should be its after sale service, but unfortunately I did not get that. After payment, I received goods in bad quality. I don't know why they still get a 4 or 5 stars rating online. Obviously I was cheated by that company or individual. I complained to them but got a negative response. I am very disappointed at the purchase online and it seems a nightmare for a long time. I will definitely never try that again and even more I doubt in China where the future of the e-commerce is. (很遗憾,由于存在着网上欺诈现象,我不能恭维当前中国的电子商务。我有两次糟糕的网上购物经历。我认为衡量电子商务卖家的最好方式就是其售后服务的好坏,但是,不幸的是我没有得到良好的售后服务。在网上付款以后,我收到了质量很差的商品。我不知道为什么该商家仍然得到了四星甚至五星的评级,显然,我被这个卖家欺骗了,我向他们投诉反映这个问题,可他们并没有积极地回复我。我非常失望,这次购物经历对我来讲像一场噩梦。我肯定不会再尝试网上购物了,我甚至怀疑中国电子商务的未来。)

从上面这段话可以看出这个买家对电子商务发展前景的悲观情绪,虽然电子商务交易中的欺诈行为不具普遍性,但从中可以看出,网上交易对诚信的要求非常高。一个新的网上卖家往往很难吸引客户,因为其诚信度还有待考查。因此,网上交易时买家一般会根据卖家的交易历史记录考察其诚信度,诚信度高的卖家往往会得到更多买家的光顾,可见,其中的马太效应是很明显的。

其实,电子商务的安全性包括两方面:一方面就是上面提到的买卖双方不诚信带来的安全性问题,如卖家收款不发货或者发的货质量有问题或不诚信的买家以假货当真货退货等;另一方面就是网上支付的风险,如盗用个人信息、盗用银行卡号和密码(木马病毒、黑客等)。

电子商务在我国的发展初期,由于其安全性问题一直没得到解决,实际上还不是真正意义上的电子商务。当时我国电子商务一般采用线上洽谈和定购、线下支付的方式进行,如我国早期的网上保险交易,一般就是浏览者在网上浏览保险公司的险种,确定购买的险种后与保险公司业务人员进行电话联系,或者在网上留下订单由保险公司与其联系,然后再由保险公司业务人员与其在线下见面签保险合同和缴纳保险费。

电子商务首先应该是安全的电子商务,一个没有安全保障的电子商务环境是无真正的信任可言的,而要解决安全问题,就必须先从交易环节入手,彻底解决支付问题。

1.3.2 我国电子商务安全性的解决之道

1.3.2.1 解决盗用银行卡号和密码等问题——银行的口令卡等

1.3.2.1.1 银行口令卡

银行的口令卡相当于一种动态的电子银行密码。口令卡上以矩阵的形式印有若干字符串，客户在使用电子银行（包括网上银行或电话银行）进行对外转账、B2C 购物、缴费等支付交易时，电子银行系统就会随机给出一组口令卡坐标，客户根据坐标从卡片中找到口令组合并输入电子银行系统。只有当口令组合输入正确时，客户才能完成相关交易。这种口令组合是动态变化的，使用者每次使用时输入的密码都不一样，交易结束后即失效，从而杜绝不法分子通过窃取客户密码盗窃资金，保障电子银行安全。

1.3.2.1.2 U盾

客户在通过电子银行办理转账、缴费、支付等业务时，使用"优盾"（U盾）可以有效提高客户使用电子银行的安全性。如工商银行已先后推出一代和二代 U 盾，一代 U 盾只能在网上银行使用，二代 U 盾可供网上银行与手机银行使用。

1.3.2.1.3 手机短信认证

手机短信认证是指客户在开通手机短信认证功能后，在进行对外支付时，客户将收到验证码，以增强网上银行的安全性。

1.3.2.2 解决买家和卖家诚信问题——支付宝

"支付宝"于 2004 年 12 月推出。2005 年 2 月 2 日，阿里巴巴公司在北京宣布全面升级网络交易支付工具——"支付宝"。通过与工商银行、建设银行、农业银行和招商银行的联手，阿里巴巴打造了中国特有的网上支付模式，长期困扰中国电子商务发展的安全支付瓶颈获得实质性突破，并进入突飞猛进的发展高峰。"支付宝"是在鉴于中国市场环境的前提下推出的网上交易安全支付工具。"支付宝"给予交易双方安全性保障，降低双方成交风险。此外，阿里巴巴宣布"支付宝"推出"全额赔付"制度，对于使用"支付宝"而受骗遭受损失的用户，支付宝将全部赔偿其损失。"你敢用，我就敢赔"，主动全额赔付以保障用户利益，在国内电子商务网站为首例。2011 年 5 月 26 日，支付宝获得央行颁发的国内第一张支付业务许可证。

1.4 电子商务的类型与典型企业

1.4.1 电子商务的类型

电子商务按不同的标准可分为不同类型，下面以两个常见的标准对电子商务进行分类。

（1）按是否盈利划分。广义的电子商务是包括电子政务在内的，因此，按是否盈利为标准，电子商务可分为以盈利为目的的电子商务和不以盈利为目的的电子商务。前者就是一般的商业性电子商务网站，如淘宝网、当当网等。后者以电子政务网站为主，如我国的政务门户。

（2）按电子商务的不同主体划分。经济活动的主体都是企业、个人（家庭）和政府。因此，电子商务活动中的主体包括企业（business，简称 B）、消费者（consumer，也称 customer，简称 C）和政府（government，简称 G）。

按电子商务的主体不同可分为 B2B（business to business）、B2C（business to customer）、C2C（customer to customer）以及 G2G、G2B、G2C 和 E2E 等。B2B、B2C、C2C 这三类的代表性电子商务网站分别为阿里巴巴、当当网以及淘宝网等。G2G、G2B、G2C 以及 E2E 是电子政务网站的四种不同类型①。

表 1.1 显示了电子商务三大主体的九种交互关系，也就是说，电子商务三大主体两两交互，理论上有九种交互关系，但是实践中主要有 B2B、B2C、C2C 三种电子商务类型，而 G2G、G2B、G2C 这三种是电子政务的类型，属于非营利性电子商务，是政府的电子商务行为，主要包括政府采购、网上报关、报税等。因此，实践中常见的就是 B2B、B2C、C2C 三种电子商务类型。而在国外有些学者的研究中，有时只考虑 B2B 和 B2C 这两种主要的电子商务类型，因为他们认为 C2C 中的个人卖家在交易中的行为与企业卖家是相似的，因此把 C2C 归入 B2C 这一电子商务类型中。

表 1.1 电子商务三大主体的九种交互关系

主体	企业（B）	消费者（C）	政府（G）
企业（B）	B to B	B to C	B to G
消费者（C）	C to B	C to C	C to G
政府（G）	G to B	G to C	G to G

---

① 电子政务的内容见本书第 7 章。

1.4.2 不同类型的电子商务企业示例

1.4.2.1 B2B：阿里巴巴

阿里巴巴（如图 1.7 所示）是由马云在 1999 年一手创立的企业对企业（B2B）的网上贸易市场平台，它是全球国际贸易领域内最大、最活跃的网上交易市场和商人社区。

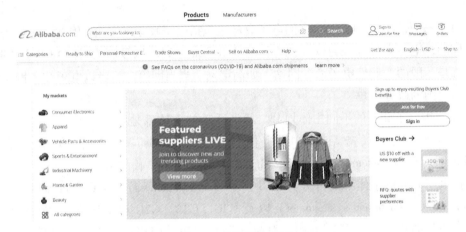

图 1.7　阿里巴巴网站

2011 年 6 月 16 日，阿里巴巴集团宣布，淘宝公司将拆分为三个独立的公司：沿袭原 C2C 业务的淘宝网、平台型 B2C 电子商务服务商淘宝商城和一站式购物搜索引擎—一淘网。2011 年 10 月，聚划算从淘宝网分拆，成为独立平台。2012 年 1 月 11 日，淘宝商城正式更名为"天猫"。2014 年 2 月，阿里巴巴正式推出天猫国际，让国际品牌直接向中国消费者销售产品。2014 年 9 月 19 日，阿里巴巴集团于纽约证券交易所正式挂牌上市。2014 年 10 月，阿里巴巴集团关联公司蚂蚁金融服务集团（前称"小微金融服务集团"）正式成立。同月，淘宝旅行成为独立平台并更名为"去啊"。

目前，阿里巴巴已经形成了一个通过自有电商平台沉积和 UC、高德地图、企业微博等端口导流，围绕电商核心业务及支撑电商体系的金融业务，以及配套的本地生活服务、健康医疗等，囊括游戏、视频、音乐等泛娱乐业务和智能终端业务的完整商业生态圈。这一商业生态圈的核心是数据及流量共享，基础是营销服务及云服务，有效数据的整合抓手是支付宝。

1.4.2.2 C2C：淘宝网

2003 年 5 月 10 日，淘宝网成立，由阿里巴巴集团投资创办。同年 10 月推出第三方支付工具"支付宝"，以"担保交易模式"使消费者对淘宝网上的交易产生信任。2003 年全年成交总额 3 400 万元。2004 年，"淘宝旺旺"推出，将即时聊天工具和网络购物联系起来。2005 年，淘宝网超越 eBay（易贝）；5 月，淘宝网超越日本雅虎，成为亚洲最大的网络购物平台。2005 年，淘宝网成交额破 80 亿元，超越沃尔玛。2006 年，淘宝网成为亚洲最大购物网站。2009 年，淘宝网已成为中国最大的综合卖场，全年交易额达到 2 083 亿元。2010 年 1 月 1 日，淘宝网发布全新首页，聚划算上线，然后又推出一淘网。

2011 年 6 月 16 日，淘宝公司分拆为三个独立的公司，即淘宝网（taobao）、淘宝商城（tmall）和一淘网（etao）。2012 年 1 月 11 日，淘宝商城正式宣布更名为"天猫"。2012 年 11 月 11 日，淘宝加天猫平台将网购单日记录刷新为 191 亿元。2015 年 11 月 11 日，淘宝加天猫平台全天交易额达 912.17 亿元①。

截至 2014 年年底，淘宝网拥有注册会员近 5 亿，日活跃用户超 1.2 亿，在线商品数量达到 10 亿，在 C2C 市场，淘宝网占 95.1% 的市场份额。淘宝网在手机端的发展势头迅猛，据易观 2014 年发布的手机购物报告，手机淘宝加天猫的市场份额达到 85.1%。随着淘宝网规模的扩大和用户数量的增加，淘宝也从单一的 C2C 网络集市变成了包括 C2C、分销、拍卖、直供、众筹、定制等多种电子商务模式在内的综合性零售商圈（如图 1.8 所示）。

图 1.8　淘宝网

1.4.2.3　B2C：当当网

当当网是北京当当网信息技术有限公司营运的一家中文购物网站，总部设在北京。当当网于 1999 年 11 月开通，目前是全球最大的中文网上图书音像商城。美国时间 2010 年 12 月 8 日，当当网在纽约证券交易所正式挂牌上市，成为中国第一家完全基于线上业务、在美国上市的 B2C 网上商城。2014 年 10 月 20 日，当当网宣布更名

① 数据来源：人民网-IT 频道。

"当当",删除了非关键字"网",同时推出了一对红色的圆形铃铛作为新 LOGO（如图 1.9 所示）。2013 年 4 月，中国 IT 研究中心的《电子商务网络品牌研究调查报告》显示，当当在"整体情况、用户关注、媒体传播、负面指标、流量指标"五个重要指标环节调查中，甩开国内 30 多家电子商务网络商家，成为"中国电商前三甲品牌"。

2015 年 1 月 13 日当当发布的《2014 当当中国图书消费报告》显示：2014 年当当平台的图书销售量高达 3.3 亿册；随着智能手机的普及，移动端购书比例显著上升，从年初的 10%上升至 12 月的 30%。2016 年 9 月，当当网宣布公司完成私有化协议，随后将从纽交所退市。退市之后，当当成为一家私人控股企业。

从 1999 年 11 月正式开通至今，当当已从早期的网上卖书拓展到网上卖各品类百货，包括图书音像、美妆、家居、母婴、服装和 3C 数码等几十个大类，数百万种商品。在物流方面，当当在全国 600 个城市实现"111 全天达"，在 1 200 多个区县实现了次日达，货到付款方面则覆盖全国 2 700 个区县。

图 1.9　当当网

1.5　适合电子商务交易的商品类型

电子商务虽然有很多优于传统商务的特点，但是，不是所有商品都适合电子商务方式买卖的，也就是说，适合电子商务方式买卖的商品应该具备一定的特点。

1.5.1 适合电子商务交易的商品

从我们作为在线购物买方的购物经验可以知道，直接通过网络可以传递的虚拟商品非常适合电子商务方式交易，比如在网上购买电子杂志，这类商品在网上交易甚至不需要线下的物流环节。标准化的商品（如书、CD 等）也很适合电子商务交易方式，购买这类商品时，买方只需要在诚信度比较高的网站上选择商品并确定价格，不需要像服装类商品担心大小和颜色是否合适。

而一般来说，易腐烂易损坏的商品、钻石珠宝等远程鉴别真伪存在困难的高价值商品、价格比运费还低的商品以及需要立即使用的商品（更适合在附近小店购买以满足立即使用的需要）均不太适合在网上购买。

而有一些类型的交易则适合传统商务和电子商务相结合，比如二手汽车买卖、房屋买卖等，这一类交易的特点是可以在线发布和搜集信息，但需要线下验货和交易。

1.5.2 实践中进行电子商务交易的商品和服务

以上我们总结了适合电子商务交易的商品类型，从中可知，有的商品是不适合电子商务方式交易的。但在实践中，网上交易的商品无奇不有，虽然有一些理论上不适合在网上交易的商品，但在实践中，仍然有很多前面总结的不适合网上交易的商品在进行网上交易。如图 1.10 所示，肉夹馍（真空包装）可以在淘宝网上买到。

图 1.10　网上肉夹馍交易及成交记录

可见，我们说理论上有一些类型的商品不适合电子商务交易，但实际上在网上可以购买到形形色色的商品，可以说，只要有需求就有商机。

2022 年春晚小品《喜上加喜》播出后，小品主角所穿大衣外套在网上热卖，如图 1.11 所示。

¥219　热销款券后¥216　　　　店铺券满4减3 >
**2022春晚张小斐同款绿色丝绒西装外套女中
长款风衣女宽松秋季新款**

图 1.11　春晚小品主角的外套网上交易信息

近年来，随着冷链物流的不断发展与规范，我国生鲜电商等得以快速发展；此外，易碎易损坏的商品也因为在物流方面有了不断完善的包装与配送标准，而不再被排斥在电子商务交易模式之外；而钻石珠宝等商品也因为一些线下品牌商家在电子商务平台开设了旗舰店以及通过电子商务直播平台营销而使其在线交易量不断提高；此外，随着我国电子商务的发展，尤其是近年来"新冠"感染进一步催生了消费者的即时消费需求，目前我国有一些电子商务平台提供的闪购服务可以满足 30 分钟"万物到家"的即时消费需求，这使得消费者的即时消费需求也能够通过电子商务交易得以满足。

此外，还有一些特殊类型的商品和服务可以在网上交易，比如近年兴起的网络钟点工。可见，网上交易涵盖的商品和服务类型五花八门，无奇不有，随着信息技术和社会的发展以及文化的多元化，适合电子商务交易的商品和服务类型会更加丰富。

1.6　电子商务的国际特性

互联网（电子商务）使企业业务能够在全球环境中运转。但在企业用电子商务方式以求获得更大的发展的过程中，面临以下几个问题：信任、文化、语言等。

1.6.1　电子商务的信任问题

互联网的无国界性提供了全球经营的网络条件，使得开展任何电子商务业务的公司立刻变成了一家国际化的公司。公司如何在全球顾客面前建立自己的信用呢？"在互联网上，没人知道你是谁。"这句话告诉我们，客户会时常怀疑卖方的诚信度，尤其是新接触的卖家。电子商务只有在买卖双方的信任度完全建立的基础上才能成功。

1.6.2　电子商务的语言问题

顾客更可能（愿意）从自己母语的网站上购买商品和服务，因此，企业网站应尽量采用当地母语，方便顾客浏览和增强顾客的亲切感。国际化企业一般都会提供"多语言版本"的网站。网站的翻译也经常被称为网站的"本地化"。

总之，企业用电子商务方式以求得全球化的更大的市场时，一定要向它的新的潜在市场顾客提供其本地语言版本的服务网站。

1.6.3　电子商务的文化问题

语言与风俗的组合常被称为"文化"。不同民族、不同地域的顾客消费习惯不同，如有的喜欢成箱买葡萄酒（美国），有的喜欢买单瓶（日本）；有的国家对有关女性信息管制严格（阿拉伯国家），有的则较松（美国）等。因此，不同国家有不同的文化，电子商务网站在进行全球化营销时，也要注意企业网站内容符合当地的文化。

例如，以肯德基为代表的外资企业每逢中国春节都会制作年味浓郁的广告以迎合中国人喜迎新春的文化传统，其中文网站也一定会考虑中国顾客的风俗，在中国传统节日来临时会对其网站进行改版，或将主色调换为表达喜庆的红色，或将 LOGO 做一些变化以迎合中国顾客的心理需求。

因此，企业用电子商务方式以求得全球化的更大的市场时，其网站内容与风格要尽量迎合新的潜在市场顾客所在国的文化和风俗习惯。

1.6.4　电子商务的基础设施问题

互联网基础设施建设（计算机普及度、软件的应用、信息网络的发展、网络带宽、上网费用等）极大地影响电子商务的发展。因此，企业如果要借助电子商务方式拓展某国市场时，一定要考查该国的电子商务基础设施是否完善，是否有足够多的潜在顾客能够访问企业的网站①。

在电子商务的发展过程中，以上信任、文化、语言和基础设施等问题使其国际化的步伐受到制约，企业业务的全球化运转也因此受到影响。因此，企业在考虑其电子商务业务的时候要结合以上几方面来进行市场拓展并调整其营销策略。

1.7 电子商务与公共知识②

1.7.1 基本概念

公共知识（common knowledge）概念最早由美国逻辑学家 D. Lewis 提出，经逻辑学家 J. Hintika 以及博弈论专家 R. Aumann 等人的发展，今天已经成为逻辑学、博弈论、人工智能等学科里频繁使用的一个概念。

假定一个人群只有两个人 A、B 构成，A、B 均知道一件命题 p，p 是 A、B 的知识，但此时 p 还不是他们的公共知识。当 A、B 双方均知道对方知道 p，并且他们各自都知道对方知道自己知道 p，且他们各自都知道对方知道自己知道对方知道 p……这是一个无穷的过程，此时就可以说，p 成了 A、B 之间的公共知识。

公共知识的定义：如果 p 是 n 人组成的群体 G 的公共知识，也就是说，群体中的每个人都知道 p，并且群体中的每一个人知道其他人也知道 p……

在现实生活中，历史、教育、道德、习俗等在社会这个大群体中已形成公共知识。比如，在春节等节日，大家会不约而同地与家人团聚；每个人自觉按不同性别进入男女厕所；人们开车都会沿着同一边行驶来避免交通堵塞……如果前面这些不是公共知识，社会将会陷入混乱：女性上厕所担心遇到男性，因为她们知道自己应该进女厕所，但她们怕有的男性不知道自己应该上男厕所；司机开车时也很有心理负担，他们怕有的司机不知道要靠右行驶；公车上让座也不会形成风气，因为自己让座怕被不知道应该给老人让座的其他年轻人抢去…… 恋爱中的男女两情相悦，双方都知道我的心里只有你没有他（她），这也是一种公共知识，因为情侣双方都知道，双方都知道对方知道，两人都知道对方知道自己知道，根本不需要语言来传达。在皇帝的新装的童话里的那个天真无邪的孩子，说出的是大家都知道的事，却把原本每人都知道的事变成了公共知识。

可见，理想的社会就是把真、善、美，助人为乐、好人好事都当作公共知识。

---

① 资料来源：加里·P. 施奈德. 电子商务（英文影印版·第7版）［M］. 北京：机械工业出版社，2008.
② 该小节的内容参考了马法尧于2014年在《经济研究导刊》发表的文章《基于博弈论公共知识的电子商务诚信问题研究》。

1.7.2 网络与电子商务环境中的公共知识

1.7.2.1 公共知识一：可上网查验文凭

2000 年以前，社会上有很多不法分子把制作假文凭作为生财之道，大肆制造和贩卖高校文凭，导致社会上假文凭泛滥，这对高学历人才和用人单位造成不良影响，同时也影响了我国高等教育的信誉和权威。为了从根本上杜绝假文凭，保护广大高校师生和用人单位的合法权益，教育部于 2001 年开始实行高等教育学历证书电子注册制度，并授权清华同方股份有限公司的中国大学生网站公开发布 2001 年全国高校毕业生学历证书 216 万份，供社会免费查询。目前提供学历查询的还有中国高等教育学生信息网（http://www.chsi.com.cn）等网站。

当网上可查文凭这一信息成为全社会的公共知识后，每个人都知道网上可以查到文凭的真假，即制作假文凭的不法分子知道，用人单位知道，高校师生知道，全社会每个人都知道，且每个人都知道别人知道这一信息，并且每个人都知道别人知道自己知道这一信息……这一过程的结果就是，假文凭很难再有市场，假文凭泛滥现象得到遏止。

1.7.2.2 公共知识二：可上网查学术文章

我国的互联网发展历史很短，2000 年前后才有了中文的学术期刊网，也正是从那时候起，CNKI、万方等学术期刊网开始成为学者们教学和科研的学术参考平台。

某些人在学术方面剽窃他人研究成果，败坏学术风气，阻碍学术进步，违背科学精神与道德，给科学和教育事业带来严重的负面影响，极大损害了学术形象。当可以上网查学术文章这一信息成为全社会的公共知识以后，大家一般不再心存侥幸进行学术抄袭，因为这很容易被揭发。因此，这一公共知识在一定程度上制约了学术抄袭现象。

1.7.2.3 公共知识三：网上交易诚信记录公开

网上交易欺诈现象时有发生，建立网上交易诚信环境，杜绝网上欺诈是推进电子商务健康发展的关键。目前，有很多网站的在线交易，其交易记录是可以被其他人查看的，也就是说，交易的历史记录、交易的双方评价以及交易双方的诚信等级都是公开的。

当网上交易的诚信记录是公开的这一信息成为公共知识后，为了使自己今后的交易不受影响，买卖双方会珍视自己的交易诚信记录，网上交易的诚信度提高，网上欺诈现象减少。

可见，当网上交易的诚信记录完全公开，网上交易的信用记录成为全社会的公共知识以后，网上交易的诚信度会相应自动提高。

1.7.3 基于公共知识的电子商务诚信问题自解决机制

我国信用体系还不够健全，相关的法律法规以及惩罚机制也不够完善，而电子商务交易对买卖双方的诚信要求非常高。在这一背景下，只要各电子商务交易平台或者独立的第三方机构能够将电子商务交易各方的交易历史记录进行归纳和总结，得到交易各方的诚信等级或诚信评价，或者将交易各方相互的诚信评价进行归纳总结并认证，在此基础上提供公众查询渠道，使之成为公共知识，这样就可以做到在现阶段我国信用体系还不够健全的背景下较小成本地保证电子商务交易的诚信最大化。

网上交易时基于公共知识的电子商务交易诚信问题自解决机制如图 1.12 所示。

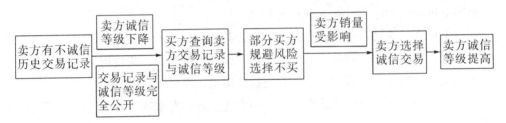

图 1.12　基于公共知识的电子商务交易诚信问题自解决机制（网上交易时）

2015 年 1 月 5 日，中国人民银行发布《关于做好个人征信业务准备工作的通知》，"芝麻信用"正式开展个人征信准备工作。"芝麻信用"基于阿里巴巴的电商交易数据和蚂蚁金服的互联网金融数据，并与公安网等公共机构以及合作伙伴建立数据合作，通过分析大量的网络交易及行为数据，对用户进行信用评估，这些信用评估可以帮助互联网金融企业对用户的还款意愿及还款能力得出结论，继而为用户提供快速授信及现金分期等服务。

截至 2015 年底，芝麻信用已经提供了超过 3 亿次的信用查询和服务便利，与最高人民法院合作，联合惩戒老赖超过 22 万人。目前"芝麻信用"已经覆盖信用金融、信用租车、信用酒店、信用租房、信用婚恋、信用签证等多个领域。由此可见，"芝麻信用"的数据可靠性强，这一信用体系也越来越得到各方面的认可。

银行贷款时基于公共知识的电子商务交易诚信问题自解决机制如图 1.13 所示。

图 1.13　基于公共知识的电子商务交易诚信问题自约束和解决机制（银行贷款时）

从图 1.12 和图 1.13 可见，只要网上交易的相关诚信等级与诚信评价数据成为全社会的公共知识，电子商务交易的诚信问题就可以基于公共知识的原理得到自我修复和解决，在当前我国社会信用体系还不够完善的背景下，就能以较小成本保证电子商务交易的诚信最大化。

1.8 电子商务研究的目的、内容、方法与环境建设

（1）电子商务研究的目的。电子商务研究的主要目的是探索电子商务发生与发展的规律，为电子商务实践提供参考，培养知识和技能复合的人才以及促进电子商务的应用与普及。

（2）电子商务研究的内容。电子商务的研究内容主要包括电子商务的基本理论、电子商务技术的发展、电子商务相关法律法规以及电子商务的应用与创新。

（3）电子商务研究的方法。电子商务研究的方法主要包括经济学的方法、管理学的方法、信息技术的方法、综合分析与归纳的方法以及案例法等。

（4）电子商务环境建设。电子商务的发展有赖于其所处经济社会环境的发展，电子商务只有处于一定的环境下才能顺利开展，离开了外部环境的支持，电子商务不可能独立生存和发展。

第一，电子商务是一种经济活动，因此，经济环境对电子商务的发展起到了巨大的支持作用。电子商务的良性发展需要良好的宏观经济环境。

第二，电子商务离不开社会环境，消费者的消费需求越来越追求个性化、多样化与方便快捷性，而随着认识的提高以及旧的习惯的打破，网上购物这种新的生活模式已经渗透到消费者的生活当中，这些社会环境的变化促使电子商务向满足消费者需求的方向发展。

第三，电子商务的发展更离不开技术环境，计算机技术、网络技术、通信技术以及支付标准、网络协议、通信标准的发展都是直接促进电子商务发展的技术层面的环境因素。

第四，电子商务的发展还离不开道德环境。开展电子商务的公司应该遵守其他传统公司都要遵守的道德标准。如果不遵守就要承受相同的后果：长期丧失顾客信任并可能导致公司的破产。

这里要关注的问题有：①网上诽谤：尽量避免在网上对其他人或产品进行不能确定的评述。②隐私与责任：未经顾客同意，不要随便扩散顾客的个人信息数据。这方面顾客已越来越关心。

第五，电子商务的发展离不开法律和政策环境，电子商务法律环境的构建是由国

际向国内方向推进的，首先有联合国贸易法委员会颁布的《电子商务示范法》，然后有各国根据自己国情制定的国内电子商务相关法律法规，如我国政府 2005 年颁布的《中华人民共和国电子签名法》，2019 年，《中华人民共和国电子商务法》正式施行。此外，一国制定一系列有利电子商务发展的政策规划措施是电子商务有序发展的保障，如我国 2021 年出台的《"十四五"电子商务发展规划》，提出了"十四五"时期电子商务的发展目标，并首次在规划中确立了电子商务指标体系；明确了创新驱动、消费升级、商产融合、乡村振兴、开放共赢、效率变革和发展安全共七个方面的发展思路和重要举措，设置了 23 个重点专项工作作为指导电子商务高质量发展的重要抓手。

1.9　几个电子商务网站实例

1.9.1　拼多多

拼多多（https://www.pinduoduo.com）创立于 2015 年 4 月，是上海本土成长的互联网企业，其以农产品零售平台起家，深耕农业，开创了以拼为特色的农产品零售的新模式，逐步发展成为以农副产品为鲜明特色的全品类综合性电商平台。拼多多于 2018 年 7 月在美国纳斯达克上市（NASDAQ：PDD）。截至 2021 年 6 月，平台年度活跃用户数达到 8.499 亿，商家数达到 860 万，平均每日在途包裹数逾亿单。2021 年全年，拼多多年成交额（GMV）为 24 410 亿元。目前，拼多多是中国大陆地区用户数最多的电商平台，更是全世界最大的农副产品线上零售平台。拼多多是专注于 C2M 拼团购物的第三方社交电商平台。2022 年 9 月 1 日，拼多多上线跨境电商平台，暂定名为"Temu"。

1.9.2　唯品会

唯品会（https://www.vip.com）信息科技有限公司（VIPS）成立于 2008 年 8 月，总部设在中国广东省广州市，旗下网站于同年 12 月 8 日上线。唯品会主营业务为互联网在线销售品牌折扣商品，涵盖名品服饰鞋包、美妆、母婴、居家等各大品类。2012 年 3 月 23 日，唯品会在美国纽约证券交易所（NYSE）上市。2020 年全年，唯品会实现净营收 1019 亿元人民币，同比增长 9.5%。唯品会在中国开创了"名牌折扣+限时抢购+正品保障"的创新电商模式，并持续深化为"精选品牌+深度折扣+限时抢购"的正品特卖模式。

1.9.3　亚马逊

亚马逊公司（Amazon，简称亚马逊；NASDAQ：AMZN；https://www.amazon.cn），是美国最大的一家网络电子商务公司，位于华盛顿州的西雅图。亚马逊是最早开始经营电子商务的公司之一，亚马逊成立于 1994 年，从只经营网上书籍销售业务扩展到范围极广的其他产品，已成为全球商品品种最多的网上零售商和全球第二大互联网企业。

本章小结

本章是本书的概述部分，主要介绍了电子商务的定义、电子商务的要素和特点、电子商务的安全性与解决之道、电子商务的类型、电子商务的发展阶段、电子商务的国际特性，以及电子商务研究的目的、内容、方法与环境建设等电子商务的基本内容。

（1）国内外各界对电子商务的定义没有统一，而是从不同角度和立场加以概括。在不同的定义中，电子技术和商务活动是电子商务必不可少的两个要素。可以说，电子商务就是通过互联网技术推动的买卖双方进行的跨时空商业交易活动，当然，为这个交易活动过程服务的一切环节都应该包括在电子商务的范围之内，如广告等。

（2）电子商务的组成要素包括网络基础环境、电子商务用户、认证中心（CA）、物流中心以及网上银行。电子商务的特点有：普遍性、方便快捷、安全性要求高、协调的复杂性、降低交易成本、市场广大、网络广告种类繁多等。

（3）我国电子商务安全性基本得到解决，银行的口令卡等产品解决了盗用银行卡号和密码等问题，淘宝网推出的"支付宝"产品解决买家和卖家诚信问题。

（4）按是否盈利为标准，电子商务可分为以盈利为目的的电子商务和不以盈利为目的的电子商务。按电子商务的不同主体可分为：B2B、B2C、C2C 以及 G2G、G2B、G2C 和 E2E 等。B2B、B2C、C2C 这三类的代表性电子商务网站分别为阿里巴巴、当当网以及淘宝网。G2G、G2B、G2C 以及 E2E 是电子政务网站的四种不同类型。

（5）传统商务耗费时间长，成本高，服务质量不高，市场局限性大。随着信息技术的发展，通信技术、计算机技术和互联网技术不断更新和进步，到 20 世纪 90 年代，信息技术的发展和进步推动产生了网络经济，从而实现了传统商务向电子商务的跨越式发展。

（6）电子商务的发展可以大致分为两个主要阶段：20 世纪 90 年代中期到 2002

年为第一个阶段，2003 年后为第二个阶段。这两个阶段我们分别称为电子商务的第一波和第二波。在第二个阶段，我国电子商务呈现了突飞猛进的爆发式发展趋势。

（7）网上交易涵盖的商品和服务类型五花八门，无奇不有，随着信息技术和社会的发展，以及文化的多元化，适合电子商务交易的商品和服务类型会更加丰富。

（8）电子商务的发展有赖于其所处经济社会环境的发展，电子商务只有处于一定的环境下才能顺利开展，离开了外部环境的支持，电子商务不可能独立生存和发展。

（9）互联网（电子商务）使企业业务能够在全球环境中运转。但在企业用电子商务方式以求获得更大的发展的过程中，面临信任、文化、语言和基础设施等问题，在电子商务的发展过程中，这几个问题使其国际化的步伐受到制约，企业业务的全球化运转也因此受到影响。因此，企业在考虑其电子商务业务的时候要结合以上几方面来进行市场拓展并调整其营销策略。

本章习题

多项选择题

1. 电子商务的英文名称包括（　　　　）。
   A. EC　　　　　　B. EDI　　　　　　C. EB　　　　　　D. EFT
2. 电子商务的要素主要由（　　　　）组成。
   A. 网络基础环境　B. 认证中心　　　C. 物流中心　　　D. 网上银行
3. 下面选择中哪些部分属于网络基础环境（　　　　）。
   A. 内联网　　　　B. 外联网　　　　C. 因特网　　　　D. 电信网
4. 电子商务用户可分为（　　　　）。
   A. 一般用户　　　B. 个人用户　　　C. 企业用户　　　D. 高级用户

简答题

1. 电子商务的主要类型有几种？淘宝网属于电子商务的哪种类型？
2. 电子商务交易比传统商务交易有明显的优势？是否所有交易都适合电子商务方式？哪些类型的交易需要电子商务与传统商务交易结合进行？
3. 快递是电子商务组成要素中的哪个环节，该环节有什么特点？是否所有的电子商务交易都需要这一个环节？

4. B2B 和 B2C 电子商务有什么区别？试列举几个代表性的网站。

5. 我国电子商务发展的不同阶段分别有哪些主要特点？

6. 怎么理解这句话："在互联网上，没有人知道你是谁。"

7. 电子商务活动有哪些要素？

论述题

请分别举例说明电子商务给企业带来的以下主要效益。

1. 带给企业新的销售机会。

2. 降低促销成本。

3. 降低采购价格。

4. 减少库存和产品的积压。

5. 更有效的客户服务。

实践操作题

1. 分别浏览淘宝、当当以及京东等电子商务网站，谈谈你对电子商务的感受。

2. 在一个电子商务网站注册，并尝试进行网上购物，了解网上购物的各个环节和要素。

2 网络营销

2.1 市场营销

2.1.1 市场营销的含义

根据美国"现代营销学之父"菲利普·科特勒的定义，所谓市场营销是指个人和组织通过创造产品和价值并同他人进行交换以获得所需所欲的一种社会及管理过程。

2.1.2 市场营销过程以及营销中的"4P"和"4C"营销策略

市场营销过程就是首先确定目标消费者，然后制定相应的市场营销组合。

（1）"4P"营销策略。市场营销时的关键问题通常被称为营销中的"4P"，"4P"是美国营销学学者麦卡锡教授在20世纪60年代提出的营销组合策略，由产品（product）、价格（price）、促销（promotion）以及地点（或渠道）（place）四个英文单词的第一个字母缩写而成。

产品（product）是指一个公司销售的实体物品或服务。价格（price）指顾客为购买产品所付出的成本。促销（promotion）包括传播产品相关信息的任何方式。地点（或渠道）（place）指在不同场所能够提供所需要产品的购买渠道。

可见，营销中的"4P"是将企业及其产品摆在第一位，从企业的角度考虑生产什么产品、产品价格如何制定以及产品的销售渠道等的营销理念。

（2）"4C"营销策略。1990年，美国学者劳朋特教授提出了与传统营销的"4P"理论相对应的"4C"理论。"4C"理论以消费者需求为导向，重新设定了市场营销组合的四个基本要素，即消费者（consumer）、成本（cost）、便利（convenience）和沟通（communication）。它强调企业首先应该把追求顾客满意放在第一位，其次是努力降低顾客的购买成本，然后要充分注意到顾客购买过程中的便利性，而不是从企业的角度来决定销售渠道策略，最后还应以消费者为中心实施有效的营销沟通。

2.1.3 电子商务时代的营销策略

"4C"策略符合电子商务时代对营销策略的要求。从"4P"的"产品"（product）向"4C"的"消费者"（consumer）转变，考虑市场情况和自身实力，最大化满足顾客需求，并提供满足顾客需求的个性化服务，根据消费者需求开发和改进产品包装，并提供顾客需要的物流服务。从"4P"的"价格"（price）向"4C"的"成本"

（cost）转变，定价目标由实现厂商利润最大化变成最大限度地满足顾客需求并实现利润最大化，通过与消费者沟通，根据消费者和市场需求，了解顾客网上购物的心理价位，客观科学计算出顾客满足在线购物需求所愿意付出的成本。从"4P"的"地点（或渠道）"（place）向"4C"的"便利"（convenience）转变，由传统的生产者—批发商—零售商—消费者的渠道组织转变为通过网络直接连接生产者和消费者，不受时间和空间限制进行在线销售，通过网络处理订货单，并提供第三方物流直接将商品送到客户手中，让消费者享受方便快捷的网上购物服务。从"4P"的"促销"（promotion）向"4C"的"沟通"（communication）转变，企业进行促销的手段主要有广告、公共关系、人员推销和营业推广，企业的促销策略实际上是各种促销手段的有机结合。在传统促销中，广告的特点是将大量有关企业和产品的信息灌输给观众，公共关系的维护是靠参加慈善活动和募捐等活动进行。而电子商务时代的网络营销中，广告的特点是把顾客的兴趣或需求信息用多种网络形式呈现，并根据信息反馈做出调整，公共关系的维护往往是以网上消费者联谊会、论坛、微博或网上记者招待会等形式进行。

2.2 网络营销的概念及特点

2.2.1 网络营销的概念

网络营销是以互联网络为媒体，以新的方式、方法和理念实施营销活动，更有效地促成个人和组织交易活动的实现。网络营销是企业整体营销战略的一个组成部分，它是借助联机网络、计算机通信和数字交互式媒体来满足客户需要，实现一定市场营销目标的一系列市场行为。从网络营销的概念可以看出，网络营销的核心还是营销，即营销是实质，技术是手段。

网络营销有多种英文表达方式，如 internet marketing、network marketing、online marketing、e-marketing、cyber marketing 等等。其中，internet marketing 是指在 internet 上开展营销活动；network marketing 是在网络上开展营销活动；online marketing 指在线营销；e-marketing 是指在电子化的环境下开展营销活动；cyber marketing 是指在计算机上构成的虚构空间进行营销。网络营销的这些英文翻译只是侧重点不一样，都是常用的表达方式。

2.2.2 网络营销的特点

网络媒介具有传播范围广、速度快、无时间地域限制、无空间版面约束、内容详尽、多媒体传送、形象生动、双向交流、反馈迅速等特点，有利于提高企业营销信息传播的效率，增强企业营销信息传播的效果，降低企业营销信息传播的成本。可见，网络营销与传统营销相比，有很大的优势，但同时也有一些不足，下面分别阐述这两方面的特点。

2.2.2.1 网络营销的优势

（1）全球性。网络营销可以实现跨国境的交易，国际互联网覆盖全球市场，通过它企业可方便快捷地进入任何一国市场。可见，网络营销具有全球性。

（2）交互性。网络营销有很好的交互性，买卖双方可以通过各种渠道进行互动，企业因此可以有比传统营销更快的应变能力，同时更加密切企业与顾客的关系。

（3）商品多样性。网络营销环境中，商品品种繁多，供顾客选择的余地很大。以B2C电子商务为例，在搜索引擎上以某一商品的名称为关键词搜索，会出来成百上千条相关商品的信息供选择。

（4）降低成本。从企业的角度来看，可以降低经营成本；从顾客的角度来看，可以降低购物的时间和经济成本。

（5）提高效率。通过互联网，企业可以方便地获取商机和决策信息，顾客可以在线搜索并确定需要购买的商品，在线支付后很快收到商品，足不出户，方便快捷。

（6）服务个性化。消费者以个人心理愿望为基础挑选、购买商品，网络营销可以满足不同顾客的个性化需求。

（7）促销手段丰富。网络营销的促销手段非常丰富，如博客、搜索引擎营销等。

2.2.2.2 网络营销的不足

虽然网络营销有以上优势，但与传统营销相比，它也存在一些弊端：

（1）信任问题。在网上交易，买卖双方不见面，双方诚信度都有待考察，因此，与传统营销的面对面交易相比，网络营销对信任感的要求更高。

（2）技术与安全性问题。通信技术和网络技术的应用和发展是网络营销产生的技术基础，而随着相关技术的不断发展，技术的可靠性与网上交易的安全性问题成为网络营销的突出问题。

（3）价格问题。一般来说，网络营销时商品的价格要比实体店里商品的价格便宜，尤其是团购。消费者在参与团购的时候，通常会将现价和原价进行对比，看折扣幅度有多大。商品折扣优惠幅度越大，获得消费者青睐的可能性就越高。有的团购网站会故意报高商品的原价，然后与现价进行对比，这样就显得优惠的幅度相当高，对于消费者的吸引力也就会自然提升。因此，打算团购的消费者在团购某一商品之前，最好提前了解一下价格，这样可以得知真实的优惠幅度，避免被误导消费。此外，网上购物时，顾客一般只能被动地接受商品的价格等，其讨价还价的余地很小。

2.3 网络营销方式

网络营销职能的实现需要通过一种或多种网络营销手段。常用的网络营销方法包括搜索引擎营销、网络广告、交换链接、信息发布、整合营销、博客营销、邮件列表、许可邮件营销、个性化营销、会员制营销、病毒性营销等。其中，搜索引擎营销与网络广告最常见。

2.3.1 搜索引擎营销

搜索引擎营销（search engine marketing，SEM）是一种新的网络营销形式。SEM所做的就是全面而有效地利用搜索引擎来进行网络营销和推广。SEM追求最高的性价比，以最小的投入，获得最大的来自搜索引擎的访问量，并产生商业价值。搜索引擎营销的常用手段包括：

2.3.1.1 竞价排名

竞价排名，顾名思义就是网站付费后才能出现在搜索结果页面，付费越高者排名越靠前。竞价排名服务，是由客户为自己的网页购买关键字排名，按点击量计费的一种服务。客户可以通过调整每次点击付费价格，控制自己在特定关键字搜索结果中的排名，并可以通过设定不同的关键词捕捉到不同类型的目标访问者。

搜索引擎竞价排名的优点与缺点如下：

1. 优点

第一，可以让客户尽可能简单和快速找到商家（或企业），相当于做广告。因为，用户在查找目标供应商时，一般只会看前几页，因此，如果商家（或企业）网站排名靠前，就会比别人获得更多的询盘机会。

第二，见效快。充值并设置关键词价格后即刻就可以进入排名前列，位置可以自己控制。

第三，关键词数量无限制。可以在后台设置无数的关键词进行推广，数量自己控制，没有任何限制。

第四，关键词不分难易程度。

2. 缺点

第一，价格高昂。热门关键词单价数元、数十元不等，如果是长期做，那就需要花费高昂的成本。

第二，管理麻烦。如果要保证位置和控制成本，需要每天都进行价格查看，设置最合适的价格来进行竞价。因此商家（或企业）需要专人进行搜索账户管理，以进行关键词的筛选，衡量价格，评估效果。

第三，稳定性差。一旦别人出的价格更高，那你就会排名落后。一旦你的账户中每天的预算消费完了，那你的排名立刻就会消失。

第四，会增加营销投入。任何一个点击都要付出相应的价钱，所以会增加广告投入。

第五，恶意点击。竞价排名的恶意点击非常多，有可能商家（或企业）一半的广告费都是被竞争对手、广告公司、闲着无聊的人消费掉了。这些人不会带来任何利益，而且也无法预防——因为他们会隐藏他们的 IP，防不胜防。

目前，国内最流行的点击付费搜索引擎有百度等。

新闻事件：

"魏则西事件"调查结果公布：百度须整改 医院违规

"魏则西事件"引发网民对医疗服务和医疗信息商业推广的广泛关注。昨天，国家网信办会同国家工商总局、国家卫生计生委成立的联合调查组向社会公布了调查结果。调查组认为，百度搜索相关关键词竞价排名结果客观上对魏则西选择就医产生了影响，百度竞价排名机制存在付费竞价权重过高、商业推广标识不清等问题，必须立即整改。此外，国家卫生计生委、中央军委后勤保障部卫生局、武警部队后勤部卫生局于 5 月 3 日进驻武警北京市总队第二医院（以下简称"武警二院"），对"魏则西事件"涉及的医院问题进行调查。调查认为，武警二院存在科室违规合作、发布虚假信息和医疗广告误导患者和公众、聘用的李志亮等人行为恶劣等问题。

调查结果

百度公司：竞价排名影响搜索结果公正

调查组认为，百度搜索相关关键词竞价排名结果客观上对魏则西选择就医产生了影响，百度竞价排名机制存在付费竞价权重过高、商业推广标识不清等问题，影响了搜索结果的公正性和客观性，容易误导网民，必须立即整改。

调查组对百度公司提出了整改要求：立即全面清理整顿医疗类等事关人民群众生命健康安全的商业推广服务。即日起，对医疗、药品、保健品等相关商业推广活动，进行全面清理整顿，对违规信息一经发现立即下线，对未获得主管部门批准资质的医疗机构不得进行商业推广；改变竞价排名机制，不能仅以给钱多少作为排位标准。立即调整相关技术系统，在 2016 年 5 月 31 日前，提出以信誉度为主要权重的排名算法并落实到位；对商业推广信息逐条加注醒目标识，并予以风险提示；严格限制商业推广信息比例，每页面不得超过 30%；建立完善先行赔付等网民权益保障机制。畅通网民监督举报渠道，提高对网民举报的受理、处置效率；对违法违规信息及侵害网民权益行为，一经发现立即终止服务；建立完善相关机制，对网民因受商业推广信息误导而造成的损失予以先行赔付。

国家网信办将于近期在全国开展搜索服务专项治理，加快出台《互联网信息搜索服务管理规定》，促进搜索服务管理的法治化、规范化；会同相关部门严厉打击网上传播医疗、药品、保健品等事关人民群众生命健康安全的虚假信息、虚假广告等违法违规行为。国家工商总局将加快出台《互联网广告管理暂行办法》，进一步规范互联网广告市场秩序。

"魏则西事件"中涉及相关医疗机构的调查结果，由相关主管部门另行公布。

武警二院：科室违规合作发布虚假信息

调查认为，武警二院存在科室违规合作、发布虚假信息和医疗广告误导患者和公众、聘用的李志亮等人行为恶劣等问题。调查组责成武警二院及其主管部门采取措施立即整改。一是立即终止与上海柯莱逊生物技术有限公司的合作。同时，对其他合作项目运行情况进行集中梳理清查，停止使用未经批准的临床医疗技术。按照中央军委《关于军队和武警部队全面停止有偿服务活动的通知》要求，对所有合作项目立即终止；对全院聘用医务人员从业资质进行逐一核查，对发现的问题立即按规定整改。二是彻底整治涉及武警二院的虚假信息和医疗广告，合作方立即终止与有关媒体公司的合同，停止发布虚假信息、各类广告和不实报道；严格按照原解放军总后勤部、国家工商行政管理总局、原卫生部等五部门《关于禁止以军队名义发布医疗广告的通知》要求，对涉及部队医疗机构的各类广告、信息推广以及宣传进行全面彻底清理，积极配合有关部门进行监测，坚决查处、严肃处理。三是对涉事的医务人员依据有关规定，由其主管部门实施吊销医师执业证书等行政处罚和纪律处分；对涉嫌违法犯罪的，移送司法机关处理。四是在武警二院开展依法执业宣传教育和纪律整顿，完善规章制度，规范执业行为，加强内部管理，改进行业作风，彻底扭转管理混乱问题。同时，以此为鉴，举一反三，加强全系统依法执业管理，全面强化行业作风建设，快速、彻底清理整顿医疗合作项目。

百度回应：停止所有涉军队商业合作

针对这一调查结果，百度搜索公司总裁向海龙表示，百度坚决拥护调查组的整改要求，深刻反思自身问题，绝不打一丝折扣。

据介绍，百度将根据调查组的整改要求全面落实。立即全面审查医疗类商业推广服务，对未获得主管部门批准资质的医疗机构坚决不予提供商业推广，同时对内容违规的医疗类推广信息（含药品、医疗器械等）及时进行下线处理，并落实军队有关规定，即日起百度停止包括各类解放军和武警部队医院在内的所有以解放军和武警部队名义进行的商业推广。

商业推广改以信誉度为主

对于商业推广结果，改变过去以价格为主的排序机制，改为以信誉度为主、价格为辅的排序机制；控制商业推广结果数量，对搜索结果页面特别是首页的商业推广信息数量进行严格限制，每页面商业推广信息条数所占比例不超过30%；对所有搜索结果中的商业推广信息进行醒目标识，进行有效的风险提示；加强搜索结果中的医疗内容生态建设，建立对医疗内容的评级制度，联合卫计委、中国医学科学院等机构共同提升医疗信息的质量，让网民获得准确权威的医疗信息和服务；继续提升网民权益保障机制的建设，增设10亿元保障基金，对网民因使用商业推广信息遭遇假冒、欺诈而受到的损失经核定后进行先行赔付。

据百度方面介绍，在调查期间，百度公司在联合调查组监督下，已对全部医疗类（含医疗机构、医药器械、药品等）机构的资质进行了重新审核，对2 518家医疗机构、1.26亿条推广信息实施了下线处理。百度将在5月31日之前，落实以上整改要求，并接受监管部门和广大网民的后续监督。

资料来源：人民政协网. "魏则西事件"调查结果公布：百度须整改 医院违规［EB/OL］.（2016-05-10）［2022-11-20］. http://www.rmzxb.com.cn/c/2016-05-10/802668.shtml.

2.3.1.2 搜索引擎优化技术

搜索引擎优化技术（search engine optimization，SEO）是近年来较为流行的网络营销方式，主要是通过了解各类搜索引擎如何抓取互联网页面、如何进行索引以及如何确定其对某一特定关键词的搜索结果排名等技术，对网页进行相关的优化，使网站提高搜索引擎排名，从而提高网站访问量，最终提升网站的销售能力或宣传能力的技术。SEO的目的是增加特定关键字的曝光率以增加网站的能见度，进而增加销售的机会。

下面介绍一下搜索引擎优化技术的使用技巧：

（1）选择准确的关键词。为文章增加新的关键词将有利于搜索引擎的"蜘蛛"爬行文章索引，从而增加网站的质量。可以遵循下面的方法：①关键词应该出现在网页标题标签里面，即关键词一定要放在网页的Title标签内；②网页地址里面有关键词，即目录名、文件名可以放上一些关键词；③在网页导出链接的链接文字中包含关键词；④用粗体显示关键词；⑤在标签中提及该关键词（关于如何运用head标签有过争论，但一致都认为h1标签比h2、h3、h4的影响效果更好）；⑥图像ALT标签可以放入关键词；⑦整个文章中都要包含关键词，但最好在第一段第一句话就放入；⑧在元标签（meta标签）放入关键词；⑨建议关键词密度最好在5%～20%。

（2）标签的合理使用。搜索引擎比较喜欢h1。h1标签是SEO的一个学习要点。h1～h6标签可定义标题。h1标签定义最大的标题。h6标签定义最小的标题。从SEO的角度来说，经过SEO优化后网页，其代码是少不了h1标签的，因为其使用价值不小于Title标题标签。也就是说，搜索引擎对于标记了h1的文字给予的权重比其他文字的都要高（Title最高，其次是h1）。

Title 标签在网站中起到画龙点睛的作用，合理地构造 Title 标签，不但能突出网页的主题，还有助于提高网站的搜索引擎排名。合理使用 Title 标签有一些技巧：①每个页面的 Title 标签不能相同，首页与栏目页、内容页的标签不能一致，根据网页提供的内容的不同，设置合适的 Title 标签。②Title 标签设置要与内容相关，可以设置使用标题、关键字、概述等。③Title 标签要有原创性，采编过来的内容不要拿来即用，要适当修改，添加些原创因素，有助于提高网页搜索引擎的收录。④Title 标签设置不要过多，尽量在 25 字以内，越简洁越好，对网页主题内容有所概述即可。⑤Title 标签中设置关键词密度不要过多，1 个为佳，最多不要超过 3 个。关键词密度过高，容易引起搜索引擎反感，使搜索引擎判断为作弊，导致网站被降权处理等。

搜索引擎优化技术的优点与缺点有如下几个方面：

（1）SEO 的优点。①引擎"通吃"。网站 SEO 最大的好处就是没有引擎的各自独立性，即便你只要求针对百度进行优化，但结果是谷歌、雅虎还是其他的搜索引擎，排名都会相应提高，会在无形中给你带来更多的有效访问者。②不用担心竞争对手的恶意点击。SEO 的排名是自然排名，不会按点击付费，不论你的竞争对手如何点，都不会给你浪费一分钱。③稳定性强。无论你采用什么手法进行优化，只要维护得当，网站的排名稳定性都非常强，不会发生大起大落现象。

（2）SEO 的缺点。①见效慢。网站 SEO 的效果一般需要较长的时间才能显现出来，一般关键词大约需要 2~3 个月的时间，行业热门关键词则需要 4~6 个月甚至更久，所以建议企业可以在销售淡季进行网站 SEO 工作，到了销售旺季时排名也基本稳定了。②优化关键词数量有限。要优化几个不同产品的关键词，需要建几个甚至几十个网站，分别选取不同的关键词进行优化。③排名位置在竞价排名之后。这个是由百度的规则决定的，自然排名所在的位置只能在竞价排名的网站之后，如果第一页全都做满了竞价排名，那自然排名只能出现在第二页。

从以上分析来看，搜索引擎竞价排名和搜索引擎优化技术各有千秋，每个企业可以根据自身的预算情况进行选择。预算充足的企业可以考虑先做竞价排名一段时间，在这个时间内同时进行网站 SEO 的工作，并根据企业网站 SEO 后的关键词排名情况实施调整竞价策略。这样可以很好地过渡，不会对营销造成影响。对于任何企业而言，营销效果都是第一位的，因此，不管是进行 SEO 还是竞价排名，对营销效果进行综合评估都非常重要。

2.3.1.3　购买关键词广告

购买关键词广告，指在搜索结果页面显示广告内容，实现高级定位投放，用户可以根据需要更换关键词，相当于在不同页面轮换投放广告。

2.3.2 网络广告

网络广告是企业与顾客之间进行交流的工具，指利用网站上的广告横幅、文本链接、动画等方法，在互联网刊登或发布广告，通过网络传递到互联网用户的一种电子商务时代的广告运作方式。

2.3.2.1 网络广告的特点

网络广告的主要特点为：

（1）受众范围的广泛性。网络广告在网站上面以各种形式出现，被无数网页浏览者观看和点击，其覆盖面广，观众数目庞大，有广阔的传播范围。

（2）信息的高度密集性。网络广告有很高的密集性，比如打开一些知名的门户网站，就会看见，仅仅首页就有各种类型的网络广告出现，横幅广告、Flash 广告、GIF 广告、通栏广告、按钮广告、链接广告、Flash 和 GIF 动画广告等。

（3）广告效果的可见性和生动直观性。网络广告在网页上面以图片、动画等效果显示，效果非常生动直观。

（4）广告内容跟进的实时性。网络广告的内容可以很容易地更换，因此内容更新很方便快捷，具有实时性。

（5）广告价位的可接受性。网络广告的价位与其效果相比，具有非常好的性价比。

（6）不受时间和空间限制，广告效果持久。放在网页上的网络广告，只要浏览者打开网页就能够看到，不管是在家里还是办公室，也不管是白天还是夜晚，不受时空限制，因此，能够达到最好的广告效果。

（7）方式灵活，互动性强。网络广告方式非常灵活，可以以动画、游戏、网上答题、调查问卷等方式进行，而且互动性强。

（8）技术成熟，制作简捷。网络广告的制作技术已经非常成熟了，使用 Photoshop、Flash、GIF 动画制作等软件就可以很简捷地制作出较好的网络广告。

2.3.2.2 网络广告的形式

网络广告的形式主要有旗帜广告、按钮广告、竞价排名广告、弹出广告、通栏广告、全屏广告、Flash 和 GIF 动画广告等。

（1）旗帜广告。旗帜广告是非常常见的网络广告。旗帜广告是一个长方形形状的广告，该长方形区域内可呈现表现商家广告内容的图片等，并且一般包括企业的网址链接。通常大小为 468×60 像素的称为全幅旗帜广告，半幅旗帜广告尺寸为 234×60 像素，直幅旗帜广告尺寸为 120×240 像素。旗帜广告有静态图片和动画两种形式，具有很强的视觉吸引力，应用在其他浏览量较大的站点发布广告信息。

企业在其他网站上打旗帜广告一般有两种不同方式：一种是企业与企业之间交换旗

帜广告；另一种是企业寻找吸引它潜在客户的网站，并在该网站上付费打旗帜广告。

（2）按钮广告。方形按钮为 125×125 像素，此外还有 120×90 像素的按钮以及 120×60 像素的按钮，还有一种小按钮为 88×31 像素。图 2.1 中下方三个小方形图片就是典型的按钮广告。

图 2.1　按钮广告

（来源：http://cd.soufun.com）

（3）竞价排名广告。这种形式的广告是企业注册属于自己的"产品关键字"，这些"产品关键字"可以是产品或服务的具体名称，也可以是与产品或服务相关的关键词。当潜在客户通过搜索引擎寻找相应产品信息时，企业网站或网页信息出现在搜索引擎的搜索结果页面或合作网站页面醒目位置的一种广告形式。由于搜索结果的排名或在页面中出现的位置是根据客户出价的多少进行排列，故称为竞价排名广告。这种广告按点击次数收费，企业可以根据实际出价，自由选择竞价广告所在的页面位置。因而企业能够将自己的广告链接更加有的放矢地发布到某一页面，而只有对该内容感兴趣的网民才会点击进入，因此广告的针对性很强。

（4）弹出广告。弹出广告指当打开某页或者关闭某页时就会弹出来的广告（如图 2.2 所示）。这种广告是目前在网上最常见的广告类型。

（5）通栏广告。该类型广告以横贯页面的形式出现，该广告形式尺寸较大，视觉冲击力强，能给网络访客留下深刻印象。特点：吸引力更强，表现更突出，备受来访者关注。

（6）全屏广告。在用户打开某个网页时被强制插入广告页面或弹出广告窗口，当该插播式广告的尺寸为全屏时就称为全屏广告，全屏广告将整个页面屏幕占满。全屏广告可以是静态的也可以是动态的。

（7）Flash 和 GIF 动画广告。网站 Flash 广告包括：网站内 Flash 动画、用 Flash 制作的 banner、Flash 专题网页、Flash 网站导航页动画等。GIF 动画广告是指通过使用专门的动画制作工具或者采用逐帧拍摄对象的方法，让多个图片按一定规律快速、连续播放运动的广告画面。

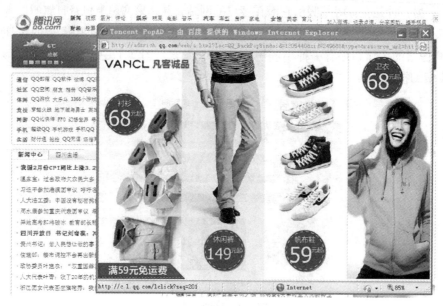

图 2.2　弹出广告

（来源：http://www.qq.com）

2.3.3　交换链接

交换链接又称互换链接，即分别在自己的网站首页或者内容页放上对方网站的 LOGO 或关键词并设置对方网站的超级链接，使用户可以从对方合作的网站中看到自己的网站，达到互相推广的目的。交换链接主要有几个作用，即可以获得访问量、增强用户浏览时的印象、在搜索引擎排名中增加优势、通过合作网站的推荐增加访问者的可信度等。此外，交换链接还可以提升网站在业内的认知和认可度。

2.3.4　博客营销

博客营销是通过博客网站或博客论坛接触博客作者和浏览者，利用博客作者个人的知识、兴趣和生活体验等传播商品信息的营销活动。博客营销并不直接推销产品，而是通过影响消费者的思想来影响其购买行为。例如某母婴产品商赞助某知名育儿专家博客，并向其灌输自己相关产品的内容，而后这些产品由该博客为源头传播开来，影响其他育儿爱好者和相关用户。专业博客往往是那个圈子中的意见领袖，他们通过自己的一举一动和博客文章的观点影响自己的追随者和围观者。

2.3.5　在线商店

在线商店的代表是 B2C 类型的电子商务网站亚马逊（见图 2.3），消费者可以在线检索、订购、支付货款。另外一类在线商店是由生产企业直接设立的，如戴尔。

图 2.3　亚马逊网站

（https://www.amazon.cn）

2.3.6　网上店铺

这种类型的店铺与在线商店不同，是建立在第三方提供的电子商务平台上，由商家自行经营网上商店，如同在大型商场中租用场地开设商家的专卖店一样，淘宝网就属于这类。网上商店除了通过网络直接销售产品这一基本功能之外，还是一种有效的网络营销手段。从企业整体营销策略和顾客的角度考虑，网上商店的作用主要表现在两个方面：一方面，网上商店为企业扩展网上销售渠道提供了便利的条件；另一方面，建立在知名电子商务平台上的网上商店增加了顾客的信任度。从功能上来说，网上店铺对不具备电子商务功能的企业网站也是一种有效的补充，对提升企业形象并直接增加销售量具有良好效果，尤其是将企业网站与网上商店相结合，效果更为明显。

2.3.7　病毒性营销

病毒性营销（viral marketing）是一种常用的网络营销方法，常用于进行网站推广、品牌推广等。病毒性营销并非真的以传播病毒的方式开展营销，而是指通过用户的口碑宣传，借助于网络的快速传播效应进行营销。在互联网上，通过这种口碑传播,信息可以像病毒一样迅速蔓延,利用快速复制的方式向数以千计、数以百万计的受众传播。因此病毒性营销成为一种高效的信息传播方式,而且病毒性营销通过提供有价值的信息和服务,利用用户之间的主动传播来实现网络营销信息传递的目的,由于这种传播是用户之间自发进行的,因此几乎是不需要费用的网络营销手段。

病毒性营销的经典范例是 Hotmail,它是世界上最大的免费电子邮件服务提供商,在创建之后的一年半时间里,就吸引了 1 200 万注册用户,而且还在以每天超过 15 万新用户的速度发展。令人不可思议的是,在网站创建的 12 个月内,Hotmail 只花费很少的营销费用,还不到其直接竞争者的 3%。Hotmail 之所以有爆炸式的发展,就是因为利用了病毒性营销的巨大效力。

正是由于病毒性营销具有巨大优势,因此它在网络营销方法体系中占有一席之地,吸引着营销人员不断创造各种各样的病毒性营销计划和病毒性营销方案,其中有些取得了极大成功,当然也有一些病毒性营销创意虽然很好,但在实际操作中可能并未达到预期的效果,有些则可能成为真正的"病毒"传播而为用户带来麻烦,对网站的形象可能造成很大的负面影响。因此,在认识到病毒性营销的基本思想之后,还有必要进一步了解病毒性营销的一般规律,这样才能设计出成功的病毒性营销方案。

小知识:病毒式营销案例

病毒性营销的经典范例出自 Hotmail.com,这种战略其实很简单:

1. 提供免费邮件地址和服务;

2. 在每一封免费发出的信息底部附加一个简单标签:"Get your private free email at http://www.hotmail.com";

3. 然后,人们利用免费邮件向朋友或同事发送信息;

4. 接收邮件的人将看到邮件底部的信息;

5. 这些人会加入使用免费邮件服务的行列;

6. 它提供免费邮件的信息将在更大的范围扩散。

2.3.8 论坛营销

论坛营销就是企业利用论坛这种网络交流的平台,通过文字、图片、视频等方式发布企业的产品和服务的信息,从而让目标客户更加深刻地了解企业的产品和服务,最终达到企业宣传、加深市场认知度的网络营销活动。

2.3.9　即时通信工具营销

即时通信工具（IM）营销一般是指通过 QQ、微信、MSN、旺旺等即时通信软件来实现营销的目的，常用方法为群发消息，利用弹出窗口弹出信息，或者采用工具皮肤内嵌广告的形式进行。

即时通信工具是开展网络营销的必备工具，是进行在线客服、维护客户关系等有效沟通的有力武器。有了即时通信工具，企业可以实现与客户零距离、无延迟、全方位的沟通，特别是在企业网站或电子商务网站，即时通信工具的合理利用，既可以与客户保持密切联系，促进良好关系，也可以有效促进销售，实现商务目的。

常见的即时通信工具主要可分为两类：一类是通用型即时通信工具，以 QQ、微信、MSN、Skype 等为代表；另一类是专用型即时通信工具，以阿里旺旺、慧聪发发、移动飞信、联通超信、电信灵信等为代表。

通用型即时通信工具应用范围广，使用人数多，并且捆绑服务较多，如邮箱、博客、游戏等。这类软件由于应用人数多，用户之间建立的好友关系组成一张庞大的关系网。通用型即时通信工具属于网络营销利益主体外第三方运营商提供的服务，具有寡头垄断地位，进入门槛高，后来者难以与已经成熟的市场主导者抗衡。

专用型即时通信工具应用于专门的平台和客户群体，如阿里旺旺主要应用阿里巴巴及淘宝、口碑等阿里公司下属网站，移动飞信则限于移动用户之间。这类即时通信工具与固有平台结合比较紧密，拥有相对稳定用户群体，在功能方面专用性、特殊性较强，但由于应用者主要是自身平台的使用者，所以在应用范围、用户总量方面有一定限制。这类即时通信工具应用于有稳定客户群体和专业平台，并且有相当实力的大企业。

即时通信工具的优点非常明显，通用型即时通信工具有利于经营和积累营销关系网，专用型即时通信工具有利于激发有效需求并为交易的实现提供功能性服务。虽然即时通信软件各有特点，但各个即时通信工具之间的用户并非彼此分离，而是存在很大程度的交叉和叠加，对各个即时通信工具来说用户具有"共享性"。在网络营销应用中，实现各个即时通信工具之间信息的互联互通，是进行即时通信工具网络营销应用的迫切需求，这样才能发挥进行即时通信工具网络营销应用的最高价值。

2.3.10　邮件营销

邮件营销即通过向潜在顾客发送邮件宣传自己企业的产品和服务，达到营销的目的。这种营销方式目前非常普通，我们的邮箱里有时会收到各种各样的宣传企业产品和服务的垃圾邮件或者是定制的产品目录邮件，这主要是通过购买潜在顾客的邮件地址等相关资料信息进而向潜在顾客群发邮件进行的。在大众维权意识比较强并且相关法律法规健全的国家中，企业向大众群发邮件广告常会面临法律诉讼问题，但如果网站浏览者明确表示需要定期或者不定期地接受企业的产品信息的邮件（如在某网站注册时同意网站定期发送产品目录的邮件），则邮件营销就是合理合法的。

2.3.11 网络商品交易中心

网络商品交易中心这种模式的代表是"阿里巴巴"。它主要是为企业之间进行交易提供一个平台。

2.3.12 微博营销

（1）定义。国内知名新媒体领域研究学者陈永东率先给出了微博的定义：微博是一种通过关注机制分享简短信息的广播式的社交网络平台。理解这个定义要注意四个方面：第一，微博的关注机制是可单向可双向的；第二，微博的内容比较简短，通常为140字以内；第三，微博的信息是公开的，谁都可以浏览，即具有广播式的特点；第四，微博是一种社交网络平台。

微博营销是新兴的营销方式，指企业开设微博进行品牌传播，开发新客户，增加销量。用户关注企业营销的微博平台的前提是他觉得可以获得价值，这种价值或者是对该企业品牌或者企业领头人的认可，或者是对产品和服务的喜爱，或者是对微博内容的欣赏。可见，微博营销与博客营销是有很大区别的。

（2）特点。微博的特点主要有以下几点：

第一，发布门槛低，成本远低于广告，效果却不差。140个字的微博，远比博客发布容易，而比同样效果的广告则成本更加低廉，与传统的大众媒体（报纸、流媒体、电视等）相比受众同样广泛。

第二，传播效果好，速度快，覆盖面广。微博信息支持各种平台，包括手机、电脑与其他传统媒体。同时传播的方式有多样性，转发非常方便。利用名人效应能够使事件的传播量呈几何级放大。

第三，针对性强，有利于后期维护及反馈。微博营销是投资少见效快的一种新型的网络营销模式，其营销方式和模式可以在短期内获得最大的收益。传统媒体广告往往针对性差，难以进行后期反馈。而微博针对性极强，绝大多数关注企业或者产品的粉丝都是本产品的消费者或者是潜在消费者。企业可以进行精准营销，并且可以实时查看反馈信息和回复。

第四，手段多样化、人性化。微博营销可以方便地利用文字、图片、视频等多样化的展现形式，而且企业品牌的微博本身就可以将自己拟人化，更具亲和力。

（3）微博营销分类。微博营销可分为个人微博营销和企业微博营销。前者指一个人，后者指一个企业以网络营销方式做好自己的微博，以及如何做好该微博的方法和经验技巧。

（4）与博客营销的区别。微博营销与博客营销的区别主要表现在博客营销以信息源的价值为核心，主要体现信息本身的价值；微博营销以信息源的发布者为核心，体现了人的核心地位，但某个具体的人在社会网络中的地位，又取决于他的朋友圈子对他的言论的关注程度，以及朋友圈子的影响力（即群体网络资源）。简单地说，微博营销与博客营销的区别在于：博客营销可以依靠个人的力量，而微博营销则要依赖社会网络资源。

（5）微博营销的内容建设。企业微博营销包括：第一，官方微博。内容较为正式，可以在第一时间发布企业最新动态，对外展示企业品牌形象，成为一个低成本的媒体。第二，企业领袖微博。领袖微博是以企业高管的个人名义注册，具有个性化的微博，能够影响目标用户的观念，在整个行业中的发言具有一定号召力。第三，客服微博。与企业的客户进行实时沟通和互动，深度交流，让客户在互动中提供产品服务的品质，缩短了企业对客户需求的响应时间。第四，公关微博。对于危机能实时监测和预警，出现负面信息后能快速处理，及时发现消费者对企业及产品的不满并在短时间内快速应对。如遇到企业危机事件，可通过微博客对负面口碑进行及时的正面引导。第五，市场微博。通过微博组织市场活动，打破地域人数的限制，实现互动营销。

新闻事件：

玩转微博热搜　赋能文旅营销

2022年7月15日，由四川省乐山市人民政府主办的2022乐山旅游全球营销活动（成都站）在成都市宽窄巷子拉开帷幕。

此次乐山旅游全球营销活动通过线上线下五项主题活动，联动友好城市重庆市南川区，以"奇妙城市游乐山"为主线，在成都宽窄巷子景区现场布置"成渝乐列车"主题活动、"光影时空"主题摄影展、"乐山味道"美食体验、"乐山好货"网络直播间等四个主题区域，邀请广大成都市民和游客体验乐山旅游新项目、新产品、新场景。

座谈交流会上，在夏季主题旅游资源及产品推介后，乐山市文化广播电视和旅游局与新浪四川签订了《关于微博热搜推广战略合作框架协议》，双方基于微博生态赋能、文旅行业网络生态合作治理、数字化宣传体系打造、新媒体矩阵业务培训等内容达成战略合作。乐山市文旅局将重点借助新浪集团的政务新媒体学院、微博商学院，引入学院资深"智囊团式"智库，助力乐山文旅在政务宣传、文旅营销、产业项目等多个方面开启营销新模式。新浪四川将围绕框架协议内容，为乐山市加快建成世界重要旅游目的地提供强大微博平台舆论支持、项目和活动宣传支持。

在新媒体蓬勃发展的今天，除了常规营销宣传之外，懂得如何使用新媒体是很多文旅人需要了解掌握的新议题。新浪是全球具有影响力的中文门户媒体平台，旗下涵盖新浪 PC、APP、WAP 等流量平台，均稳居业界前列。微博是中国领先的社交媒体平台，截至 2022 年第一季度，微博月活跃用户达 5.82 亿，日活跃用户突破 2.52 亿。

为在后疫情时代助力四川文旅复苏及四川区县/景区在社交媒体的影响力，新浪四川推出了"流量扶持专项计划-区县/景区上热搜"计划，将围绕微博生态赋能、文旅行业网络生态合作治理、数字化宣传体系打造、新媒体矩阵业务培训等为市州提供强大微博平台舆论支持、项目和活动宣传支持。

乐山是名副其实的文旅资源大市、文旅经济大市。多年来，乐山致力于建设世界重要旅游目的地、参与共建巴蜀文化旅游走廊的重要使命，打造出了沫若戏剧小镇、苏稽古镇、上中顺特色街区等一大批文旅新产品；《只有峨眉山》《乌蒙沐歌》《少年郭沫若》等文旅精品剧目赢得市场青睐；峨眉旅游度假区成功创建为国家级旅游度假区，罗城古镇、苏稽古镇创建为全省文旅特色小镇，"开往春天的小火车"入选全国 60 条美丽乡村精品线路，38 个 A 级景区每年吸引 7 000 余万游客，成为四川旅游必须去的打卡地。

资料来源：中国日报四川记者站. 玩转微博热搜 赋能文旅营销［EB/OL］.（2022-07-15）［2022-12-20］. https://sc.chinadaily.com.cn/a/202207/15/WS62d1685ca3101c3ee7 adf6ce.html.

2.3.13 新兴网络营销方式

随着电子商务的不断发展，近年来，出现了一些新兴的网络营销方式。

2.3.13.1 社会化媒体营销

社会化媒体营销的核心特点主要包括互动，交流与社区化。这样的平台可以增加商品的曝光率、成本低、利益大。如今通过头条、快手、拼多多等短视频平台进行的营销均可归入此类营销方式。随着移动终端的普及和网络的加速，短而快速的大规模流量分发内容逐渐成为一种受到自媒体平台，粉丝与资本青睐的营销方式。

2.3.13.2 软文营销推广

软文营销推广是由企业的营销策划者或广告公司的撰稿人撰写的"文字广告"，它不是传统的硬性广告。软性文章就如同将针头藏在棉绒中，当浏览者发现时，已深陷精心设计的"软文广告"陷阱。目前，很多平台都通过撰稿人撰写"软文广告"

对产品进行营销推广。

2.3.13.3 直播营销

直播营销是指在现场随着事件的发生、发展进程同时制作和播出节目的营销方式，该营销活动以直播平台为载体，达到企业获得品牌提升或销量增长的目的。李佳琦等当红主播或明星通过淘宝与抖音等平台直播带货等均属于此类营销方式。

2.3.13.4 热门事件营销

热门事件营销的优点是面对的范围广，成本低，受众群体多，能准确抓住用户心理。但是其缺点也很明显，比如，需要抓住事件的时间、地点与用户对事件的不同观点。此外，一个热门事件热度的持续时间有限。因此，要利用好热门事件，往往要配合其他营销方式进行营销。

2.3.13.5 商品包装营销

商品包装营销（见图 2.4）也是一种新兴的网络营销方式，需要线上与线下相结合来进行。商品包装一定要符合与突出商品的特点，这样才能让包装发挥最大的效果。

图 2.4　包装营销案例

（图片来自京东江小白官方旗舰店）

2.4　市场细分

市场细分指按照某一标准将消费者市场细分为不同类型，其客观基础是消费者需求的异质性。进行市场细分的主要依据是异质市场中需求一致的顾客群，实质就是在异质市场中求同质。市场细分的目标是为了聚合，即在需求不同的市场中把需求相同的消费者聚合到一起。这一概念的提出，对于企业的发展具有重要的促进作用。

市场细分的概念是美国市场学家温德尔·史密斯（Wendell R. Smith）于 1956 年提出来的。按照消费者欲望与需求把因规模过大导致企业难以服务的总体市场划分成若干具有共同特征的子市场，处于同一细分市场的消费群被称为目标消费群。

第二次世界大战结束后，美国众多产品市场由卖方市场转化为买方市场。在这一新的市场形势下，企业营销思想和营销战略有了新的发展，由此产生了市场细分的概念。市场细分是企业贯彻以消费者为中心的现代市场营销观念的必然产物。

2.4.1 市场细分的方式

有的专家认为市场细分有两种极端的方式——完全市场细分与无市场细分，而在这两个极端之间存在一系列的过渡细分模式。

（1）完全市场细分。完全市场细分就是市场中的每一位消费者都单独构成一独立的子市场，企业根据每位消费者的不同需求为其生产不同的产品。理论上说，只有一些小规模的、消费者数量极少的市场才能进行完全细分。这种做法对企业而言是不经济的，近几年开始流行的"订制营销"就是企业对市场进行完全细分的结果。

（2）无市场细分。无市场细分是指市场中的每一位消费者的需求都是完全相同的，或者是企业有意忽略消费者彼此之间需求的差异性，而不对市场进行细分。

2.4.2 市场细分的必要性和可能性

（1）顾客需求的绝对差异造成市场细分的必要性。顾客需求的差异性是指不同顾客之间的需求是不一样的。在市场上，消费者总是希望根据自己的独特需求去购买产品，而消费者需求又可以分为"同质性需求"和"异质性需求"两大类。同质性需求是指消费者需求的差异性很小，甚至可以忽略不计，因此没有必要进行市场细分。异质性需求是指消费者所处的地理位置、社会环境不同、自身的心理和购买动机不同，造成他们对产品的价格、质量款式等需求存在差异性，这种消费者需求的绝对差异决定了市场细分的必要性。此外，现代企业由于受到自身实力的限制，不可能向市场提供能够满足所有消费者一切需求的产品和服务。为了有效地进行竞争，企业必须进行市场细分，选择最有利可图的目标细分市场，集中企业的资源，制定有效的竞争策略，以取得和增加竞争优势。

（2）顾客需求的相对同质性使市场细分有了实现的可能性。在同一地理条件、社会环境和文化背景下，人们形成相对类似的人生观、价值观，其需求特点和消费习惯大致相同。正是基于消费需求在某些方面的相对同质，市场上存在绝对差异的消费者才能按一定标准聚合成不同的群体。所以消费需求的相对同质性则是使市场细分有了实现的可能性。

2.4.3　市场细分方法

每个企业都要把顾客分为不同的组别，并对每个组进行不同的营销信息的传递。研究表明，在网络营销中，顾客的分组会更细，而且网络营销中，企业网站会满足不同组别的顾客在不同时段的不同需求。

对市场特定的目标顾客群的确定以及对这些不同群体采用的不同广告策略称为市场细分。企业营销策略制定者在进行市场细分时，一般会根据不同的细分变量对目标市场进行细分。归纳起来，细分变量主要有地理环境因素、人口统计因素、消费心理因素、消费行为因素以及消费受益因素等，因此，市场细分也就有了地理细分、人口细分、心理细分、行为细分、受益细分这五种市场细分的基本形式。其中，常见的有三种市场细分的分类方法：

（1）使用地球环境因素细分变量的地域细分法，即根据目标顾客所处不同地域将顾客分为不同组别。

（2）使用人口统计因素细分变量的人口统计学细分法，即根据目标顾客的不同年龄、性别、家庭人口规模、收入、教育程度、宗教和种族等状况将顾客分为不同组别。

（3）使用心理因素细分变量的心理学细分法，即根据目标顾客的不同社会地位、个性以及生活方式等将顾客分为不同组别。

下面举例说明这三种不同市场细分方法的应用。

【例2.1】某饮料厂家针对儿童推出"O泡"果奶。

该例是针对儿童推出的系列饮料产品，目标顾客群锁定为儿童。这属于市场细分中的人口统计学细分方法，即根据目标顾客的不同年龄将顾客分为不同组别，将年龄较小的儿童归入"O泡"果奶的目标顾客群。

【例2.2】某方便面厂家推出四川话版的劲辣牛肉面电视广告。

该例是一种混合的市场细分方法的应用。四川话版的辣味方便面主要的目标顾客群就是四川等地喜欢吃辣的人群，因此这是地域细分法的体现；而喜欢吃辣的人群被锁定为该产品的目标顾客群，又是心理学细分法中按生活方式进行分类的体现。因此，本例是地域细分法与心理学细分法相结合的市场细分法的应用。

【例2.3】某银行针对公务员、医生等信用状况良好的人群推出一款可享多种优惠的信用金卡。

该例是典型的将心理学细分法与人口统计学细分法相结合而进行市场细分的应用。公务员、医生等人群社会地位比较高，受教育程度比较高，易于接受信用卡消费（生活方式）。

【例2.4】某家具厂针对不同收入家庭设计和生产了三大类家具产品：面向高收

入家庭的别墅用豪华家具、面向中等收入家庭的中档家具、面向中低收入家庭的低档家具。

该例是以不同收入状况对目标顾客群进行分类的例子，因此是典型的人口统计学细分法的应用。

【例2.5】某饮料厂推出运动饮料系列。

该例的目标顾客是爱好运动的人群，以男性为主。因此，本例是心理学细分法与人口统计学细分法相结合进行市场细分的例子。

2.5 企业与顾客关系的生命周期

企业市场营销的目标就是在企业与顾客间建立密切的联系。良好的购物经验有助于提高顾客对企业产品的忠诚度。

随着时间的推移，顾客与企业的忠诚度关系发展有五个阶段，分别是意识、探索、熟悉、忠诚以及分离阶段。在这五个阶段中，忠诚阶段顾客与企业关系的密切程度最高。下面举例对这五个阶段进行说明。

（1）某快餐店推出一款新式汉堡，路过时经常听到其广告。（意识阶段：对某个企业的某种产品或某系列产品有一些意识和初步印象。）

（2）路过时偶尔买了一次，感觉味道挺不错，价格也合适；再去时居然买一赠一，一次吃不了的还可以领赠送券以后去取，挺好。（探索阶段：在有一定印象的基础上有意或无意地尝试使用该新产品，或者主动了解该品牌企业或产品的一些背景情况。）

（3）经常路过那家快餐店时去买汉堡来当早餐，时刻关注其优惠活动及店里的新产品。（熟悉阶段：对产品的功能和特点非常熟悉。）

（4）不但自己天天吃，还向其他朋友推荐早餐都去那里吃。（忠诚阶段：不但自己在同种类型和功能的产品中只使用该产品，还向其他人介绍和推荐该产品。）

（5）街对面新开了一家店，新推出的虾球真好吃，而且买两串还送一个蛋挞加一杯可乐，价格也合适，经常吃汉堡也吃腻了，以后每天的早餐就改吃虾球了。（分离阶段：由于有其他竞争对手推出类似或者功能更佳的产品，或者该产品推出了其他功能系列产品，自己转而选择其他品牌或者其他功能系列的产品。）

可见，顾客与企业和企业产品关系的密切程度不是一成不变的，而是由不密切变为密切，再转为不密切。因此，企业一定要了解这一点：当自己的产品受市场欢迎、市场占有率高的时候一定要想到这不是永久的，要考虑如何迎合顾客对产品外观和功能不断求新的需求变化。因此，聪明的企业会在产品推出一段时间后进行市场调查，了解目标顾客新的需求，不断改进产品功能和外观，适时推出一些新款产品去满足顾客不断变化的需求。

2.6 网络营销策略

2.6.1 网络营销产品特点与分类

2.6.1.1 网络营销产品特点

不是所有商品都适合进行网络营销，网络营销的产品具有自身的特点。网络营销的产品价格应该比较便宜，适合网上销售；产品样式符合该国或地区的风俗习惯和宗教信仰，可以满足购买者的个性化需求。当然，网络营销的产品品牌必须明确、醒目，包装要适合网络营销的要求，产品的目标市场适合覆盖广大的上网人群所在的地理范围。

2.6.1.2 网络营销产品分类

（1）以产品形态分类。以产品形态划分，网络营销产品可分为实体产品和虚拟产品。实体产品包括消费品、工业品等实体的产品。虚拟产品可以分为电脑软件、网络付费游戏等软件产品，网上法律援助、医疗服务等服务产品，以及股票行情分析等信息咨询服务产品。

（2）以产品品种分类。以产品品种划分，网络营销产品可以分为普通产品（主要是日常消费品等实体产品）、软件产品及服务产品等。

2.6.2 网络营销价格策略

企业的定价目标一般包括：生存定价、获取当前最高利润定价、获取当前最高收入定价、销售额增长最大量定价、最大市场占有率定价和最优异产品质量定价。企业的定价目标一般与企业的战略目标、市场定位和产品特性相关。企业制定价格一方面会依据产品的生产成本，另一方面会从市场整体来考虑。它取决于需求方的需求强弱程度和价值接受程度，以及替代性产品（也可以是同类产品）的竞争压力程度。

网络营销的市场还处于起步阶段的开发期和发展期，企业进入网络营销市场的主要目标是占领市场，然后才是追求企业的利润。目前，网络营销产品的定价一般都是低价甚至是免费，以求在迅猛发展的网络虚拟市场中寻求立足机会。

网络营销中的价格策略一般有以下几种类型。

2.6.2.1 低价定价策略

借助互联网进行销售，比传统销售渠道的费用低廉，因此网上销售价格一般来说比市场价格要低。由于网上的信息是公开和易于搜索、比较的，因此网上的价格信息对消费者的购买起着重要作用。根据研究，消费者选择网上购物，一方面是因为网上购物比较方便，另一方面是因为从网上可以获取更多的产品信息，从而以最优惠的价格购买商品。

低价定价策略可以分为直接低价定价策略、折扣定价策略和促销定价策略几种类型。

（1）直接低价定价策略就是指在定价时大多采用成本加一定利润，有的甚至是零利润，因此这种定价在公开价格时就比同类产品要低。它是制造业企业在网上进行直销时经常采用的定价方式，如戴尔公司电脑定价比同性能的其他公司产品低 10% ~ 15%。这种低价可以帮互联网企业节省大量的成本费用。

（2）折扣定价策略是指在原价基础上进行打折来定价。这种定价方式可以让顾客直接了解产品的原价及降价幅度，以促进顾客的购买。这类价格策略主要用在一些网上商店，一般按照市面上的流行价格进行折扣定价。如亚马逊的图书价格一般都有折扣，而且折扣达到 3~5 折。例如，当当网的图书价格会标出原价以及折扣价以吸引顾客（如图 2.5 左所示）；天猫双 11 前后也会标出原价以及折扣价以吸引顾客（如图 2.5 右所示）。

图 2.5　网上商品标价示例

（3）如果企业是为拓展网上市场，但产品价格又不具有竞争优势时，则可以采用促销定价策略。由于网上消费者的覆盖面很广，且具有很大的购买能力，许多企业为打开网上销售局面和推广新产品，采用临时促销定价策略。促销定价除了前面提到的折扣策略外，比较常用的是有奖销售、附带赠品以及赠积分等策略。

企业在采用低价定价策略时要注意以下几点：首先，用户一般认为网上商品比从传统渠道购买的商品要便宜，在网上不宜销售那些顾客对价格敏感而企业又难以降价的产品；其次，在网上公布价格时要注意区分消费对象，一般要区分一般消费者、零售商、批发商、合作伙伴，分别提供不同的价格信息发布渠道，否则可能因低价策略混乱导致营销渠道混乱；最后，网上发布价格时要注意比较同类站点公布的价格，因为消费者可以通过搜索功能很容易地在网上找到更便宜的商品，否则价格信息公布将起到反作用。

2.6.2.2 定制生产定价策略

（1）定制生产内涵。按照顾客需求进行定制生产是网络时代满足顾客个性化需求的基本形式。由于消费者的个性化需求差异性大，加上消费者的需求量又少，因此企业实行定制生产要在管理、供应、生产和配送各个环节上适应这种小批量、多式样、多规格和多品种的生产和销售变化。为适应这种变化，现在企业在管理上采用企业资源计划系统（enterprise resource planning，ERP）来实现自动化、数字化管理，在生产上采用计算机集成制造系统（computer integrated manufacturing system，CIMS），并且在供应和配送上采用供应链管理（supply chain management，SCM）。

（2）定制定价策略。定制定价策略是在企业能实行定制生产的基础上，利用网络技术和辅助设计软件，帮助消费者选择配置或者自行设计能满足各种需求的个性化产品，同时承担愿意付出的价格成本。戴尔公司的用户可以通过其网页了解产品的基本配置和基本功能，根据实际需要和在能承担的价格内，配置出自己最满意的产品，使消费者能够一次性买到自己中意的产品。同时，消费者也会选择自己认为价格合适的产品，因此对产品价格有比较全面的认识，有利于增加企业在消费者面前的信用。目前，这种定制定价的方式还处于初级阶段，只能在有限的范围内进行使用，还不能完全满足消费者的个性化需求。

2.6.2.3 使用定价策略

在传统交易关系中，顾客购买产品后即拥有对产品的完全产权。但随着经济的发展，人民生活水平的提高，人们对产品的要求越来越多，而且产品的使用周期也越来越短，许多产品在购买后被消费者使用几次就不再使用，非常浪费。为改变这种情况，可以在网上采用类似租赁的方式，按使用次数定价。

比如一些软件产品，企业可将其产品放置到网站，用户在互联网按使用次数付钱。对于音乐产品，也可以通过网上下载或使用专用软件点播。按使用次数的定价策略，一般要考虑产品是否适合通过互联网传输，是否可以实现远程调用。目前，比较适合的产品有软件、音乐、电影等。按次数定价的策略对互联网的带宽提出了很高的要求，因为许多信息都需要通过互联网进行传输，如带宽不够势必会影响顾客租赁使用和观看。

2.6.2.4 拍卖竞价策略

网上拍卖是目前发展比较快的领域，经济学认为市场要想形成最合理价格，拍卖竞价是最合理的方式。网上拍卖由消费者通过互联网轮流公开竞价，在规定时间内由价高者赢得。根据供需关系，网上拍卖竞价方式有下面几种：

（1）竞价拍卖。最大量的是 C2C 的交易，包括二手货、收藏品，也可以是普通商品以拍卖方式进行出售。

（2）竞价拍买。它是竞价拍卖的反向过程，消费者提出一个价格范围，求购某一商品，由商家出价，出价可以是公开的或隐蔽的，消费者将与出价最低的商家成交。

（3）集体议价。在互联网出现以前，这种方式在国外主要是多个零售商结合起来，向批发商（或生产商）以数量议价的方式。互联网的出现使得普通的消费者也能使用这种方式购买商品。目前的国内网络竞价市场中，这还是一种全新的交易方式。

2.6.2.5 免费价格策略

免费价格策略是市场营销中常用的营销策略，就是将企业的产品或服务以零价格或近乎零价格的形式提供给顾客使用，满足顾客需求。在传统营销中，免费价格策略一般是短期和临时性的；在网络营销中，免费价格策略是一种长期并行之有效的企业定价策略。

采用免费策略的产品一般都是利用产品成长推动占领市场，帮助企业通过其他渠道获取收益，为未来市场发展打下基础。企业在制定价格策略时要注意，并不是所有的产品都适合免费定价策略。受企业成本影响，如果产品开发成功后，只需要通过简单复制就可以实现无限制的生产，使免费商品的边际成本趋近于零；或通过海量的用户，使其沉没成本摊薄，这就是最适合用免费定价策略的产品。免费价格策略如果运用得当，便可以成为企业的一把营销利器。

目前，网络营销中常见的免费产品包括只付运费的免费产品、申请免费试用产品等类型。

2.6.2.6 其他价格策略

其他价格策略有"满就送"（买一送一等）、撇脂定价、渗透定价等。"满就送"的含义是每消费一定数额的商品即可享受一定数量的赠品。在产品刚进入市场时，采用高价格策略，以便在短期内尽快收回投资，这种方法称为撇脂定价。撇脂定价策略除了适用于全新产品，还适用于受专利保护的产品、需求的价格弹性小的产品、流行产品及未来市场形势难以测定的产品等。价格定于较低水平，以便迅速占领市场，从而抑制竞争者的渗入，这种价格策略称为渗透定价。

2.6.3 网络营销低价定价策略的定价基础

在 2.6.2.1 小节中我们提到，企业在网络营销中，经常采用低价策略，这种低价存在的可能，或者说定价的基础是什么呢？下面对此进行分析。

（1）降低采购成本费用。企业借助互联网可以减少人为因素和信息不畅通带来的问题，在最大限度上降低采购成本。第一，利用互联网可以将采购信息进行整合和处理,统一从供应商处订货,以求获得最大的批量折扣。第二,通过互联网实现库存、订购管理的自动化和科学化,可最大限度减少人为因素的干预;同时能以较高效率进行采购,可以节省大量人力,避免人为因素造成的不必要损失。第三,通过互联网可以与供应商进行信息共享,帮助供应商按照企业生产的需要进行供应,不影响生产,也不会不增加库存产品。

(2)降低库存。利用互联网将生产信息、库存信息和采购系统连接在一起,可以实现实时订购。企业可以根据需要订购,最大限度降低库存,实现"零库存"管理,这样,一方面减少资金占用和减少仓储成本,另一方面可以避免价格波动对产品的影响。减少库存量意味着现有的加工能力可以更有效地得到发挥,更高效率的生产可以减少企业的额外投资。

(3)生产成本控制。互联网发展和应用将减少产品生产时间,节省大量的生产成本。首先,利用互联网可以实现远程虚拟生产,在全球范围寻求最适宜的生产厂家生产产品;其次,利用互联网可以大大缩短生产周期,提高生产效率。使用互联网与供货商和客户建立联系使企业大大缩短了用于收发订单、发票和运输通知单的时间。

本章小结

本章主要介绍了网络营销,包括网络营销的定义与类型、网络营销的特点、网络营销方式、市场细分、企业与顾客关系的生命周期、网络广告以及网络营销策略。本章重点掌握内容:网络营销方式、网络营销定价策略、搜索引擎营销。

(1)市场营销过程就是首先确定目标消费者,然后制定相应的市场营销组合。营销中的"4P"是将企业及其产品摆在第一位,从企业的角度考虑生产什么产品、产品价格如何制定以及产品的销售渠道等的营销理念。"4C"是迎合电子商务时代的营销策略,从"4P"的产品向"4C"的顾客需求转变,考虑市场情况和自身实力,最大化满足顾客需求,并提供满足顾客需求的个性化服务,根据消费者需求开发和改进产品包装,并提供顾客需要的物流服务。从"4P"的价格向"4C"的成本转变,定价目标由实现厂商利润最大化变成最大限度地满足顾客需求并实现利润最大化,通过与消费者沟通,根据消费者和市场需求,了解顾客网上购物的心理价位,客观科学地计算出顾客满足在线购物需求所愿意付出的成本。从"4P"的地点向"4C"的便利转变,由传统的生产者—批发商—零售商—消费者的渠道组织转变为通过网络直接连接生产者和消费者,不受时间和空间限制进行在线销售,通过网络处理订货单,并提供第三方物流直接将商品送到客户手中,让消费者享受方便快捷的网上购物服务。从

"4P"的促销向"4C"的沟通转变，企业进行促销的手段主要有广告、公共关系、人员推销和营业推广，企业的促销策略实际上是各种促销手段的有机结合。

（2）网络营销是以互联网为媒体，以新的方式、方法和理念实施的营销活动，能有效促成个人和组织交易活动的实现。网络营销具有全球性、交互性、商品多样性等特点。网络营销主要方式有：搜索引擎营销、交换链接、网络广告、博客营销、在线商店、网上店铺、病毒性营销、论坛营销、即时通信工具营销、邮件营销、网络商品交易中心及微博营销等不同类型。

（3）每个企业都要把顾客分为不同的组别，并对每个组进行不同的营销信息的传递。对市场特定的目标顾客群的确定，以及对这些不同群体采用的不同广告策略称为市场细分。企业营销策略制定者在进行市场细分时一般有三种分类方法：地域细分法、人口统计学细分法以及心理学细分法。

（4）企业市场营销的目标就是在企业与顾客间建立密切的联系。良好的购物经验有助于建立顾客对企业产品的忠诚度。顾客与企业的忠诚度关系发展有五个阶段，分别是意识、探索、熟悉、忠诚以及分离阶段。在这五个阶段中，忠诚阶段顾客与企业关系的密切程度最高。

（5）网络广告的形式主要有：旗帜广告、按钮广告、竞价排名广告、弹出广告、通栏广告、全屏广告等。

（6）搜索引擎营销是企业利用一些方法来提高自己在搜索引擎中的排名。搜索引擎营销一般有两种方法：一种方法是竞价排名，另一种方法是SEO。搜索引擎竞价排名和网站SEO各有千秋，每个企业可以根据预算情况进行选择。预算充足的企业可以考虑先做竞价排名一段时间，在这个时间内同时进行网站SEO的工作，并根据企业网站SEO后的关键词排名情况，实施调整竞价策略。这样可以很好地过渡，不会对营销造成影响。对于任何企业而言，营销效果都是第一位的，不管是进行SEO还是竞价排名对效果进行综合评估就非常重要了。

（7）网络营销中的定价策略主要包括低价定价策略（包括直接低价定价策略、折扣定价策略和促销定价策略）、定制生产定价策略、使用定价策略、拍卖竞价策略以及免费价格策略等类型。

本章习题

单项选择题

1. 企业开展网络营销的根本目的是（　　）。
   A. 满足顾客需求　　　　　　　　　B. 实现利润最大化
   C. 销售商品　　　　　　　　　　　D. A 和 B

2. 充分利用网页制作中超文本链接功能形成的最常见的长条形广告是（　　）。
   A. 横幅广告　　　B. 按钮广告　　　C. 弹出广告　　　D. 文字广告

3. 以下网络促销形式中主要的也是企业首选的促销形式是（　　）。
   A. 销售促进　　　B. 网络广告　　　C. 站点推广　　　D. 关系营销

4. 人们在互联网上收集资料，目前遇到的最大困难是（　　）。
   A. 信道拥挤
   B. 信息量过少
   C. 如何快速、准确地从信息资料中找到自己需要的信息
   D. 语言障碍

多项选择题

1. 传统营销学中的"4P"组合包括以下哪几项？（　　）
   A. 定位（position）　　　　　　　B. 产品（product）
   C. 分销（place）　　　　　　　　D. 促销（promotion）

2. 网络营销学中的"4C"组合包括以下哪几项？（　　）
   A. 顾客需求（consumer）　　　　B. 成本策略（cost）
   C. 方便购买（convenience）　　　D. 用户沟通（communication）

3. 下列网站哪些是使用较多的中文搜索引擎（　　）。
   A. http://www.sohu.com　　　　　B. http://search.sina.com.cn
   C. http://www.baidu.com　　　　　D. http://www.yahoo.com

4. 网络广告的类型有（　　）。
   A. 旗帜广告　　　B. 按钮型广告　　　C. 电子邮件广告　　　D. 新闻式广告

判断题

1. 网络营销站点推广就是利用网络营销策略扩大站点的知名度，吸引网上流量访问网站，起到宣传和推广企业产品的效果。　　　　　　　　　　（　　）

2. 关系营销是通过借助互联网的交互功能吸引用户与企业保持密切关系，培养顾客忠诚度。　　　　　　　　　　　　　　　　　　　　　　　　（　　）

3. 在网页上可以移动的小型图片广告，称为旗帜广告。　　　　　（　　）

简答题

以下哪些是"4P"的理念、哪些是"4C"的理念，并且分别说明它们是"4C"或者"4P"中的哪条理念。

1. 企业在设计新产品前进行市场调查，以确定其目标顾客群对产品功能的需要，并据此对新产品的功能进行定位。

2. 企业在生产成本基础上，加上一定的生产利润和销售利润，对产品进行定价。

3. 戴尔决定通过其网站直接面向顾客提供定制化电脑的定购和销售。

4. 某方便面厂家每周末都在高校设点进行促销。

5. 在一段时间内，某药品企业在网上的广告全是公益广告，宣传其企业的慈善事业与文化理念，并在网上召开消费者联谊会。

6. 李丽接到某策划部电话，其某房产项目策划人员约她去面谈，并填写需求调查表。调查的主要内容是如果购买该项目，自己对该项目功能的需求和心理价位。

7. 竞争对手研发生产了新产品，我的企业也能制造和生产，我也将开发制造类似产品与其竞争。

简述题

1. 简述搜索引擎营销的特点及优缺点。

2. 介绍目前主要的中英文搜索引擎。

3. 对竞价排名的稳定性进行简单说明。

4. 举例说明常见的网络营销价格策略。

5. 简述网络广告的主要类型。

3 电子支付

3.1　常用支付方式

3.1.1　现金

在现金交易中，买卖双方处于同一位置，而且交易是匿名进行的。卖方不需要了解买方的身份，因为现金本身是有效的，其价值由发行机构加以保证。现金具有使用方便和灵活的特点，很多交易都是通过现金来完成的，现金的交易流程如图 3.1 所示。

图 3.1　现金交易流程图

从图 3.1 中可以看出，现金交易方式的程序非常简单，即一手交钱，一手交货。交易双方在交易结束后立即就可以实现其交易目的：卖方用货物换取现金，买方用现金买到货物。

然而，这种交易显然也存在一些固有的缺陷：第一，现金交易受时间和空间的限制，因为一手交钱一手交货的方式只适合买卖双方在同时同地进行的交易，对于不在同一时间及同一地点进行的交易，就无法采用现金支付的方式。第二，现金表面金额是固定的，这意味着如果要使用现金交易，则在大宗交易中需携带大量的现金，显然这非常不方便，这种携带的不便性以及由此产生的不安全性在一定程度上限制了现金作为支付手段的功能。

3.1.2　票据

票据一词，可以从广义和狭义两种意义上来理解。广义的票据包括各种记载一定文字、代表一定权利的文书凭证，如股票、企业债券、货单、车船票、汇票、国库券、发票等，人们笼统地将它们称为票据；而狭义的票据是一个专用名词，专指票据法所规定的汇票、本票和支票等票据。

支票交易流程图如图 3.2 所示，汇票交易流程与支票交易大体相同。票据本身的特性决定了交易可以异时、异地进行，这样就突破了现金交易同时同地的局限，大大增加了交易实现的机会。此外，票据所具有的汇兑功能也使得大宗交易成为可能。票据虽然和现金交易相比具有很多优势，但本身也存在一些不足，如票据的伪造、遗失等都可能带来一系列的问题。

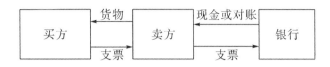

图 3.2　支票交易流程图

3.1.3　银行卡

信用卡和借记卡是银行或金融公司发行的，是授权持卡人在指定的商店或场所进行记账消费的凭证，是一种特殊的金融商品和金融工具。信用卡和借记卡都是比较成熟的支付方式，在世界范围内得到了广泛的应用。

目前，我国在线购物大部分也是用信用卡和借记卡来进行支付的。

3.1.3.1　信用卡

信用卡是一种非现金交易付款的方式，是由银行或金融公司发行的，授权持卡人在指定的商店或场所进行记账消费的信用凭证。持卡人持信用卡消费时无须支付现金，待结账日时再行还款。

图 3.3 是信用卡交易流程图。

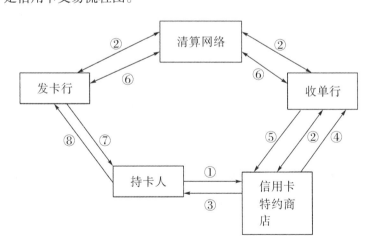

图 3.3　信用卡交易流程图

图 3.3 中：①表示持卡人到信用卡特约商家处消费。②表示特约商家向收单行发出请求，要求支付授权，收单行通过信用卡组织向发卡行要求支付授权。③表示特约商家向持卡人确认支付金额与密码。④表示特约商家向收单行请款。⑤表示收单行付

款给特约商家。⑥表示收单行与发卡行通过信用卡组织的清算网络进行清算。⑦表示发卡行给持卡人寄账单。⑧表示持卡人还款。

3.1.3.2 借记卡

信用卡又称贷记卡（credit card），是一种非现金交易付款的方式，是由银行或金融公司发行的，给予持卡人一定的信用额度，授权持卡人在指定的商店或场所进行记账消费的信用凭证。持卡人持信用卡消费时无须支付现金，待结账日时再行还款。依据《商业银行信用卡业务监督管理办法》① 第七条，信用卡是指记录持卡人账户相关信息，具备银行授信额度和透支功能，并为持卡人提供相关银行服务的各类介质。

最早发行信用卡的机构是一些百货商店、饮食业、娱乐业和汽油公司，它们为了招徕顾客，推销商品，扩大营业额，有选择地在一定范围内发给顾客一种信用筹码作为客户购货消费的凭证，顾客可以在这些发行筹码的商店及其分号赊购商品，约期付款。这就是信用卡的雏形。

1952 年，美国加利福尼亚州的富兰克林国民银行作为金融机构首先发行了银行信用卡。1959 年，美国的美洲银行在加利福尼亚州发行了美洲银行卡。此后，许多银行加入了发卡银行的行列。到了 20 世纪 60 年代，银行信用卡得到了迅速发展，信用卡在日本、加拿大以及英国等地盛行起来。从 20 世纪 70 年代开始，新加坡、马来西亚等地也相继开展信用卡业务。我国信用卡业务市场起步较晚。1985 年，中国银行珠海分行正式发行了中国第一张信用卡——中银卡；1995 年，广发银行率先在国内推出了第一张真正意义上的标准信用卡——广发信用卡，正式将信用消费模式引入中国。根据央行发布的《2021 年第四季度支付体系运行总体情况》与《2021 年支付体系运行总体情况》，截至 2021 年末，全国信用卡和借贷合一卡发卡量共 8 亿张，同比增长 2.85%。人均持有信用卡和借贷合一卡 0.57 张。

借记卡（debit card）是指发卡银行向持卡人签发的，没有信用额度，持卡人先存款、后使用的银行卡。个人可持银行借记卡向特约单位购物、消费和向银行存取现金。在商店购物时，持卡人可使用借记卡在商店刷卡消费，刷卡时直接由存款账户扣款，持卡人在使用借记卡支付前需要在卡内预存一定的金额，不能透支或动用循环利息等，账户内的金额按活期存款计付利息。1996 年 8 月，中国银行首次在国境内发行具有国际标准的人民币借记卡——长城电子借记卡。

图 3.4 是借记卡交易流程图。

---

① 中国银行业监督管理委员会于 2011 年 1 月 13 日公布并施行。

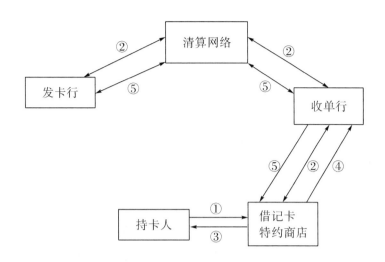

图 3.4　借记卡交易流程图

　　图 3.4 中：①表示持卡人到借记卡特约商家处消费。②表示特约商家向收单行要求支付授权，收单行向发卡行验证卡号、密码及账户金额。③表示特约商家向持卡人确认支付金额与密码。④表示特约商家向收单行请款。⑤表示收单行从发卡行的持卡人账户划拨资金到特约商家。

3.2　电子支付概述

3.2.1　电子支付的特征

　　所谓电子支付，是指消费者、厂商与金融机构等从事电子商务交易的当事人，通过信息网络，使用安全的信息传输手段，采用数字化方式进行的货币支付或资金流转。与传统的支付方式相比，电子支付具有如下特征：

　　（1）电子支付的工作环境基于如互联网的开放的系统平台之上，而传统支付则在较为封闭的系统中运作，如银行系统的专用网络。

　　（2）电子支付采用先进的信息技术来进行信息传输，其各种支付方式均采用数字化方式进行；而传统的支付方式则是通过现金的流转、票据的转让及银行的汇兑等物理实体的流转和信息交换来完成的。

　　（3）电子支付方便、快捷、高效、经济。用户足不出户便可在很短的时间内完成整个支付过程。

　　（4）电子支付使用的是最先进的通信手段，如因特网、外联网等，且对软、硬件设施的要求很高，一般要求有联网的微机、相关的软件及其他一些配套设施；而传统支付使用的则是传统的通信媒介，对软、硬件设施没有这么高的要求。

3.2.2　电子支付的发展阶段

电子支付的发展可以划分为五个不同阶段。

第一阶段是银行利用计算机处理银行之间的业务，办理结算。

第二阶段是银行计算机与其他机构计算机之间资金的结算，如代发工资，代交水费、电费、煤气费、电话费等业务。

第三阶段是利用网络终端向用户提供各项银行服务，如用户在自动柜员机（ATM）上进行取、存款操作等。

第四阶段是利用银行销售点终端（POS）向用户提供自动扣款服务。

第五阶段即网上支付是其最新发展阶段，该阶段将第四阶段的电子支付系统与互联网进行整合，实现电子支付，随时随地通过互联网络进行直接转账结算，形成电子商务交易支付平台。因此，这一阶段的电子支付一般又被称为网上电子支付。网上电子支付就是电子商务环境下的在线支付方式。网上支付的形式即网上支付工具，主要包括信用卡、电子现金、电子支票等。

> **小知识：销售终端（POS）**
>
> 销售终端（POS）是一种多功能终端，把它安装在信用卡的特约商户和受理网点中与计算机联成网络，就能实现电子资金自动转账。它具有支持消费、预授权、余额查询和转账等功能，使用起来安全、快捷、可靠。
>
> 它主要有以下两种类型：
>
> （1）消费POS，具有消费、预授权、查询支付名单等功能，主要用于特约商户受理银行卡消费。
>
> （2）转账POS，具有财务转账和卡卡转账等功能，主要用于单位财务部门。
>
> 其中消费POS的手续费如下：①航空售票、加油、大型超市一般扣率为消费金额的0.5%。②药店、小超市、批发部、专卖店、诊所等POS刷卡消费额不高的商户，一般扣率为消费金额的1%。③宾馆、餐饮、娱乐、珠宝首饰、工艺美术类店铺一般扣率为消费金额的2%。④房地产、汽车销售类商户一般扣率为固定手续费，按照POS消费刷卡笔数扣收，每笔按规定不超过40元。

3.2.3　电子商务环境下的支付方式

电子商务环境下的支付方式主要有两大类：一是在线电子支付，二是线下支付。在线电子支付即网上支付，买方在互联网上直接完成款项支付。线下支付是传统的电子商务支付方式，主要包括货到付款以及通过邮局、银行汇款。线下支付方式由于存在付款周期长、手续烦琐等问题，一直无法适应电子商务发展需要，一定程度上反而削弱了电子商务的优势，阻碍其持续发展。

3.2.3.1　银行卡在线转账支付

银行卡包括信用卡和借记卡等，客户可使用银行卡随时、随地完成在线安全支付操作，有关的个人信息、信用卡及密码信息经过加密后直接传送到银行进行支付结算。

银行卡在线支付是目前我国应用非常普遍的电子支付模式。付款人可以使用已经申请了在线转账功能的银行卡（包括借记卡和信用卡）转移小额资金到收款人的银行账户中，完成支付过程。

3.2.3.2　电子现金

电子现金（e-cash）又称为数字现金，是一种以数据形式存在的现金货币。它把现金数值转化为一系列的加密序列数，通过这些序列数来表示现实中各种金额的币值，是以数字化形式存在的电子货币。电子现金的应用开辟了一个全新的市场，用户在开展电子现金业务的银行开设账户，并在账户内存钱后，就可以在接受电子现金的商店购物。电子现金不同于银行卡，它具有手持现金的基本特点。在网上交易中，电子现金主要用于小额零星的支付业务，使用起来比借记卡、信用卡更为方便和节省。

电子现金既具有现钞所拥有的基本特点，又由于和网络结合而具有互通性、多用途、快速简便等特点，已经在国内外的网上支付中广泛使用，而其安全性也由于数字签名技术的推广应用而有了很大提高。

电子现金在开发与应用的过程中也存在一些问题，比如不排除出现电子伪钞的可能性。尽管存在种种问题，电子现金的使用仍呈现增长势头。随着较为安全可行的电子现金解决方案的出台，电子现金一定会像商家和银行界预言的那样，成为未来网上交易方便安全的支付手段。

3.2.3.3　电子支票

电子支票是客户向收款人签发的无条件的数字化支付指令。它可以通过因特网或无线接入设备来完成传统支票的所有功能。电子支票是以纸基支票的电子替代品而存在的，用来吸引不想使用现金而愿意使用信用方式的个人和公司。电子支票的安全和认证工作是由公开密匙算法的电子签名来完成的。它的运用使银行介入到网络交易中，用银行信用弥补了商业信用的不足。

电子支票是一种借鉴纸张支票转移支付的优点，利用数字传递将钱款从一个账户转移到另一个账户的电子付款形式。比起前几种电子支付工具，电子支票的出现和开发是较晚的。电子支票使得买方不必使用写在纸上的支票，而是用写在屏幕上的支票进行支付活动。电子支票几乎和纸质支票有着同样的功能。电子支票既适合个人付款，也适合企业之间的大额资金转账，故而可能是最有效率的电子支付手段。

用户可以在网络上生成一张电子支票，然后通过互联网络将电子支票发向商家的电子信箱，同时把电子付款通知单发到银行。像纸质支票一样，电子支票需要经过数字签名，被支付人数字签名背书，使用数字凭证确认支付者或接收者身份、支付银行以及账户，金融机构就可以根据签过名和认证过的电子支票把款项转入商家的银行账户。

如今在一些国家，由于信息安全技术的应用以及纸质支票的处理成本较高、支付速度慢等，纸质支票的使用已逐步减少，电子支票的使用正逐渐增加。但在国内，由于普通消费者大多对票据的使用不甚了解，在网上交易中电子支票的应用较少①。

3.2.3.4 移动支付

3.2.3.4.1 移动支付的概念

移动支付就是允许用户使用其移动终端（通常是手机）对所消费的商品或服务进行账务支付的一种服务方式。整个移动支付价值链包括移动运营商、支付服务商（比如银行、银联等）、应用提供商（公交、校园、公共事业等）、设备提供商（终端厂商、卡供应商、芯片提供商等）、系统集成商、商家和终端用户。

移动支付可分为近场支付和远程支付两种。所谓近场支付，就是用手机刷卡的方式坐车、买东西等，很便利。远程支付是指通过发送支付指令（如网银、电话银行、手机支付等）或借助支付工具（如通过邮寄、汇款）进行的支付方式。目前支付标准不统一给移动支付的推广工作造成了一定困难。

3.2.3.4.2 移动支付的优点和潜力

移动支付的最大特色就是它在操作上的便捷。这一支付方式不仅大大方便了消费者，而且必将引起商业领域的深层变革。移动支付作为一种崭新的支付方式，具有方便、快捷、安全、低廉等优点，将会有非常大的商业前景，而且将会引领移动电子商务和无线金融的发展。手机付费是移动电子商务发展的一种趋势，它包括手机小额支付和手机钱包两大内容。手机钱包就像银行卡，可以满足大额支付，通过把用户银行账户和手机号码进行绑定，用户就可以通过短信息、语音、GPRS等多种方式对自己的银行账户进行操作，实现查询、转账、缴费、消费等功能，并可以通过短信等方式得到交易结果通知和账户变化通知。

与传统支付手段相比，移动支付操作简单、方便快捷，有了移动支付，用户点击键盘即可轻松完成一笔交易。而且，凭借银行卡和手机 SIM 卡的技术关联，用户还可以用无线或有线 POS 打印消费单据，账目信息一目了然。

目前，我国已成为全球最大的移动市场，手机用户数超过十亿，移动支付市场在我国的前景一片光明。从消费者购买行为来看，消费者在商场、超市等零售卖场进行

---

① 2015 年 12 月，我国香港地区推出电子支票。

购物时使用手机支付也是符合市场发展规律和现代人生活方式的一种趋势。

3.2.3.4.3 移动支付的方法

移动支付的方法主要有两种：一种是网上支付，即用户在网站上购物时，可以使用手机支付账户完成交易；第二种是短信支付，即用户选定商品后，将"商品编号"发送到商户指定的特定的号码下订单，回复"Y"直接支付，支付成功后会收到手机支付平台发送的确认信息。此外，随着二维码的普及，手机扫码支付也已成为一种潮流。

3.2.3.4.4 移动支付方式的展望

作为传统支付手段的有效补充，移动支付能否得到推广和普及，最终取决于广大移动终端用户是否认同。对于那些习惯于传统交易方式的消费者，尤其是老年消费者来说，采用移动支付购物，可能一开始会感到心里不踏实，对支付的安全性比较担心。要消除用户对移动支付的担心，关键在于技术上加强安全防范，培育移动支付市场，安全乃是第一要素。只要在信用安全、手续费用、快捷程度以及和零售企业方的合作方面的问题得到有效的解决，消费者就能更容易接受手机支付这一移动支付新方式。

3.2.4 我国电子商务环境下的主要支付方式

由于中国人有一手交钱一手交货的消费习惯，目前我国电子商务的支付方式中，传统的线下支付方式（如货到付款）仍然占有相当的比例。而随着支付宝为代表的第三方支付平台的建立，打通了阻碍我国电子商务发展的在线支付这一瓶颈，通过支付宝等进行在线支付的电子商务交易也正在不断增加。

现阶段，我国电子商务环境下的主要支付方式有以下几种：

（1）汇款。银行汇款或邮局汇款是一种传统支付方式，属于网下支付，避免了诸如黑客攻击、账号泄漏、密码被盗等问题。但无法防止卖方收到货款之后否认和抵赖的发生。同时，消费者需亲自到银行或邮局办理相关手续并支付一定费用，无法实现电子商务低成本、高效率的优势。因此，汇款这一支付方式并不适应电子商务的长期发展。但由于有的用户对电子支付方式的排斥，汇款这种电子商务环境中的支付方式作为电子支付的补充形式在我国还依然存在。

（2）货到付款。货到付款又称送货上门，指买方在网上订货后由卖方送货至买方处，经买方确认后付款的支付方式。由于这种方式顺应了国人一手交钱一手交货的消费习惯，因此，这种方式对买方来说具有安全感。目前，我国很多购物网站（如当当网）都提供这种支付方式。货到付款可以说是一个充满中国特色的电子商务支付、物流方式，它既解决了中国网上零售行业的支付和物流两大难题，又培养了客户对网络购物的信任。对于这种支付方式,虽然消费者无须支付额外的交易佣金,但是将支付与物流结合在一起会存在很多问题,此外,这种方式过于依赖物流,若物流方面出现问题,支付也将受到影响。而且这种方式和汇款一样不能真正发挥电子商务的优势,不适应电子商务的长期发展需要。但对于有电子商务交易需求却又对网上支付不信任或者不习惯的买方,货到付款提供了我国电子商务环境中买方支付方式的有效选择。

(3)网上支付。这是电子支付的高级方式,它以互联网为基础,利用银行所支持的某种数字金融工具,发生在购买者和销售者之间的金融交换,从而实现从购买者到金融机构、商家之间的在线货币支付、现金流转、资金清算、查询统计等过程,由此为电子商务和其他服务提供金融支持。随着电子商务的深入发展,网上支付将是一个极有潜力的发展点。目前,我国电子商务交易尤其是C2C等交易中,使用第三方支付平台进行的网上支付比例日渐上升。

(4)第三方支付平台结算支付。为了建立网上交易双方的信任关系,保证资金流和货物流的顺利对流,实行"代收代付"和"信用担保"的第三方支付平台应运而生,通过改造支付流程,起到交易保证和货物安全保障的作用。第三方支付平台指平台提供商通过采用规范的连接器,在网上商家与商业银行之间建立结算连接关系,实现从消费者到金融机构、商家之间的在线货币支付、现金流转、资金清算、查询统计等业务流程。一方面,消费者可以离线或在线在第三方开设账号,避免信用卡信息在开放的网络上多次传送,降低信用卡资料被盗的风险;另一方面,利用第三方支付平台可以有效避免电子交易中的退换货以及买卖双方信用等方面的风险,为商家开展B2B、B2C、C2C等电子商务及增值服务提供了支付上的支持。

以阿里巴巴支付宝为例,支付宝的结算支付最初是为了保证在其关联企业淘宝网C2C业务中买家和卖家的货款支付流程能够顺利进行,现在也推广到阿里巴巴和其他许多网站使用。2004年以后,随着阿里巴巴支付宝的发展,整个网上支付产业都被带动起来了,支付宝模式为解决制约我国电子商务发展中的支付问题和信用体系问题提供了思路。

信用担保型第三方支付平台的第三方代收款制度,不仅保证了资金的安全转让,还可担任货物的信用中介,从而约束交易双方的行为,并在一定程度上缓解彼此的猜疑,增加网上购物的可信度,大大减少了网络交易欺诈。

(5)移动支付。伴随着移动互联通信技术的不断发展、智能手机的普及应用以及电子商务的爆发式增长,移动支付已经成为人们生活中必不可少的支付工具。移动支付是指用户使用移动终端(包括智能手机/智能平板/可穿戴设备等)通过移动互联网发出数字化支付指令,对购买的商品和服务进行支付和结算的一种方式,常见的有短信支付、扫码支付、刷脸支付等。移动支付作为一种新型的电子支付方式,除了具有电子支付的基本功能外,还具有移动性、实时性、集成性以及安全性等特点,正是这些优势使得移动支付在短期内呈现出爆发式发展。

目前，我国已成为全球最大的移动市场，2021 年 2 月 1 日中国银联发布的《2020 移动支付安全大调查研究报告》显示，2020 年中国人平均每人每天使用移动支付 3 次。中国互联网络信息中心（CNNIC）报告显示，截至 2022 年 6 月，我国手机网民规模为 10.47 亿，较 2021 年 12 月新增手机网民 1 785 万人，网民中使用手机上网的比例达到 99.6%。2022 年第一季度移动支付业务 346.53 亿笔，金额 131.58 万亿元，同比分别增长 6.24% 和 1.11%。移动支付市场在我国的前景一片光明。从消费者购买行为来看，随着线上的手机支付方式逐渐普及，消费者在商场、超市等线下场景进行购物时使用手机支付也已成为一种常态。

> **小知识：二维码支付**
>
> 近年来，二维码支付在购物、餐饮等生活服务中的应用越来越广泛，其交易基数和市场规模庞大，且呈现高速增长态势。二维码支付基于移动互联网终端的新一代无线支付方案，实现了新型的线上和线下 O2O（online to offline）支付功能。用户在第三方平台上注册账号并绑定银行卡后，可以扫描二维码进行交易付款，通过二维码的扫码、解析、校验、扣款等代替刷卡和现金支付。

（6）数字人民币。数字人民币（e-CNY），是由中国人民银行发行的，基于数字支付（DC/EP）项目的开发而展现出的阶段性成果，以联盟链技术作为底层支撑，表现为数字化和信息化的法定货币形式的数字货币。数字人民币相当于一种"电子现金"。

2017 年末，经国务院批准，中国人民银行开始组织商业机构共同开展法定数字货币（以下简称数字人民币，字母缩写按照国际使用惯例暂定为"e-CNY"）研发试验。2019 年底，数字人民币相继在深圳、苏州、雄安新区、成都及第 24 届冬季奥林匹克运动会场景启动试点测试。2020 年 10 月增加了上海、海南、长沙、西安、青岛、大连 6 个试点测试地区。

作为我国法定数字货币，数字人民币与电子货币、虚拟货币和传统货币的性质存在不同。数字人民币具有公法属性和私法属性：既有传统实物货币的法偿性和基于信息载体所带来的身份性，又有作为特殊种类物的物权属性和央行负债的双重身份；数字人民币支持银行账户松耦合功能，不需要银行账户就可以开立数字人民币钱包；数字人民币支持双离线支付：其能够像纸钞一样实现网络信号不佳场所的电子支付需求。数字人民币还支持多终端选择：对于不愿意用或者没有能力用智能手机的人群而言，可以选择 IC 卡、功能机或者其他的硬件。

据中国互联网络信息中心（CNNIC）报告，截至 2021 年 12 月，已有 50 余个第三方平台支持数字人民币交易。

3.3 网上银行

3.3.1 电子银行和网上银行

电子银行是指通过因特网或公共计算机通信网络提供金融服务的银行机构。电子银行业务是指商业银行等银行业金融机构利用面向社会公众开放的通信通道或开放型公众网络，以及银行为特定自助服务设施或客户建立的专用网络，向客户提供的银行服务。

电子银行业务包括四个部分：第一部分，利用计算机和互联网开展的银行业务（简称网上银行业务）；第二部分，利用电话等声讯设备和电信网络开展的银行业务（简称电话银行业务）；第三部分，利用移动电话和无线网络开展的银行业务（简称手机银行业务）；第四部分，其他利用电子服务设备和网络，由客户通过自助服务方式完成金融交易的银行业务。

可见，网上银行是电子银行的一种业务。网上银行又称网络银行、在线银行，是指银行利用互联网技术，通过互联网向客户提供开户、查询、对账、行内转账、跨行转账、信贷、网上证券、投资理财等传统服务项目，使客户可以足不出户就能够安全便捷地管理活期和定期存款、支票、信用卡及个人投资等。

网上银行业务打破了传统银行业务的地域和时间限制，具有 3A 特点，即能在任何时候（anytime）、任何地方（anywhere）、以任何方式（anyhow）为客户提供金融服务。网上银行业务既有利于吸引和保留优质客户，又能主动扩大客户群，开辟新的利润来源。

3.3.2 我国网上银行的建设与发展

招商银行是国内较早开展网上业务的银行。1997 年 2 月，招商银行在因特网上推出了自己的主页及网上转账业务，在国内引起极大反响。在此基础上，招商银行又推出了"一网通"网上业务，包括"企业银行""个人银行"和"网上支付"三种服务。该项目的推出，大大促进了招商银行的网站建设，树立了招商银行的网上形象，使招商银行在短短几年中成为国内网上银行的排头兵。

中国银行也是我国较早开展网上业务的银行，20 世纪 90 年代中后期，中国银行认识到因特网是未来银行赖以进行客户服务的最好的物质基础，网上银行会带来一场深刻的银行业革命。最初，中国银行网页主要用于发布中国银行的广告信息和业务信息，进行全球范围的通信。在以后的几年里，中国银行逐步开展了家庭银行、信用卡、商业银行等网上业务。

1999 年，建设银行启动了网上银行，并在我国的北京、广州、成都、深圳、重庆、宁波和青岛进行试点，这标志着我国网上银行建设迈出了实质性的一步。

近年来，中国银行、建设银行、工商银行等陆续推出网上银行，开通了网上支付、网上自助转账和网上缴费等业务，实现了在线金融服务。

3.3.3 网上银行的特点

网上银行具有以下特点：

（1）服务方便、快捷、高效。通过网络银行，客户可以享受到方便、快捷、高效的全方位服务。客户可在任何需要的时候使用网络银行的服务，不受时间、地域的限制，即实现 3A 服务。

（2）功能丰富、提供个性化服务。网上银行可以打破传统银行的部门局限，综合客户的多种需求，提供多种类型的金融服务，如信用卡业务、储蓄业务、融资业务、投资业务、居家服务、理财服务、信息服务等。利用互联网和银行支付系统，网上银行可以满足客户咨询、购买和交易多种金融产品的需求。客户除办理银行业务外，还可以很方便地进行网上买卖股票债券等。网上银行能够为客户提供更加合适的个性化金融服务。

（3）操作简单，易于沟通。在使用中，网上银行以登录卡为主线，可为不同类型的账户申请不同功能，并可在线对各种账户的各项功能进行修改。而且采用网上银行提供的多种通信方式，也便于客户与银行之间以及银行内部进行有效沟通。

（4）无时空限制。网上银行可以提供跨区域和全天候的服务，即可以在任何时候、任何地点、以任何方式为客户提供金融服务，超越了传统银行受时间、地点、人员等多方面的限制，有利于扩大客户群体。

（5）信息共享。网上银行通过互联网可以更广泛地收集和分析最新的金融信息，并以快捷便利的方式传递给网络银行客户。网络资源的全球共享性，使银行与客户之间都能相互全面了解对方的信用及资产状况，从而大大减少了信用风险和道德风险，降低传统银行业务的交易成本。

（6）全面实现无纸化交易，提高效率、降低经营成本。使用网上银行后，以前使用的票据和单据大部分被电子支票、电子汇票和电子收据代替；原有的纸币被电子货币，即电子现金、电子钱包、电子信用卡代替；原有纸质文件的邮寄变为通过数据通信网络进行传送，提高了银行后台系统的效率。而且由于采用了虚拟现实信息处理技术，网络银行可以在保证原有的业务量不降低的前提下，减少物理的分支机构或营业网点数量，减少人员费用，降低经营成本，从而有效提高银行盈利能力。

3.3.4　网上银行产生的原因

（1）网上银行产生的原动力。在网上首先运行的是信息流。大规模的网上信息流动必然带来新的物流的产生。而物资的交换又必须以支付活动为基础，由此而产生网上资金流。信息流、物流和资金流相互融通构成了新型的"网上经济"。网上有了资金流的需求，也就有了网上银行产生的原动力。

（2）电子商务催生网上银行。电子商务的最终目的是通过网络实现网上信息流、物流和资金流的三位一体，从而形成低成本、高效率的商品及服务交易活动。在线电子支付是电子商务的关键环节，也是电子商务得以顺利发展的基础条件。

（3）生存环境迫使传统银行发展网上银行。传统的银行业务竞争越来越激烈。传统银行面临着竞争对手的增加、员工工资成本提高、客户需求变化等多重压力。面对严峻的现实，传统银行只有扩大服务范围、提高服务质量，才能在激烈的竞争中立于不败之地。网络技术的广泛应用，虚拟市场的开辟，为传统银行带来新的机遇。为了自身的生存和发展，传统银行必须尽可能快地拓展电子银行服务。

（4）银行信息化建设为电子银行的发展奠定了基础。网上银行作为一种新型的银行产业组织形式，是传统银行业务在网上的延伸和拓展，它仍然没有脱离"银行"的范畴。传统银行的信息化改造为网上银行的发展提供了雄厚基础。

第一，传统银行已经在过去投入了巨额资金，计算机网络信息系统建设也初具规模，具有较强的技术和设备基础可供利用。

第二，传统银行提供电子银行和网上银行业务，增加了对客户服务的渠道，它能够提升银行的竞争实力，但不会影响银行现阶段的业务结构和盈利结构。

第三，传统银行经过多年的金融创新，发展了一系列的电子金融产品，为电子银行与网上银行的发展奠定了基础。

第四，传统银行发展网上银行业务，有庞大的客户群体可供利用，它可以逐渐引导客户进入网络交易模式，逐步培育其客户群体。

3.3.5　网上银行的监管

随着网上银行业务品种的不断增加和业务量的快速上升，网上银行业务的经营风险也随之扩大。加强对网上银行业务的监管，进一步增强商业银行发展网上银行业务的风险控制能力，成为银行监管机构的一项重要任务。

3.4 电子商务网上支付解决方案

3.4.1 银行网上支付平台

各大银行正在不断努力推出自己的网上银行支付平台，如工商银行、建设银行等银行的网上支付平台都较成熟，下面以工商银行（以下简称工行）为例来介绍网上支付解决方案。

3.4.1.1 工商银行信用支付 B2B（中介商城）服务平台

中国工商银行（简称"工行"）为中介商城提供了专用支付平台（http://www.icbc.com.cn/icbc/xyzfb2bzj4），支持信用支付中 B2B 交易，买卖双方在网站进行交易时，工行在交易中承担资金监管的责任，不参与交易流程控制，只根据有关交易规则进行资金划转、清算。

（1）业务概述。信用支付功能是工行与特约单位合作，共同为买卖双方提供中介的服务——商城在工行建立中间账户，工行负责对买卖双方在商城交易的资金进行存管，并根据买卖双方对交易的确认结果办理资金清算，可实现订单支付、查询、退款、仲裁等功能。

（2）适用对象。信用支付功能适用于希望借助工行为买卖双方提供交易中介（资金清算）与信用保障（资金存管）的中介商城。

（3）主要特色优势。①信用支付交易中的资金不是进入商城一般结算账户而是进入商城在银行的保证金账户暂存，经过客户确认支付后才由银行进行资金划拨，确保买方资金账户安全；②引入仲裁机制，银行在发生交易纠纷时将会按照仲裁结果进行资金划拨，确保买卖双方利益。

（4）开办条件。企业网上银行注册客户，持有营业执照副本、国际域名注册证、ICP 经营许可证、组织机构代码证等复印件，经办人员提供有效身份证件复印件即可开办。

（5）开通流程。

①尚未成为工行特约商户的：

a. 领取特约网站注册申请书及电子商务业务客户证书信息表。

b. 携带如下材料到当地工商银行网点办理：营业执照副本及复印件、ICP 经营许可证、组织机构代码证，经办人员的有效身份证件，填写完整的特约网站注册申请书及电子商务业务客户证书信息表、域名注册证复印件或其他对所提供域名享有权利的证明。

c. 在当地分行报工行总行审批。

d. 工行审核通过后，与工行协商签订在线支付合作协议书，随后可收到工行的如下材料：测试证书，商户开发软件、接口及技术文档，工行电子企业标志。

e. 商户进行技术开发。

f. 与银行共同制定测试、投产计划，准备业务测试环境（含商户端及银行端），申请测试卡，并进行如下测试：特约网站端的交易测试、客户端支付交易、其他还需测试内容。

g. 测试通过后，提交测试报告，经银行审核通过后收到银行交来的正式 B2C 证书。

h. 与银行共同进行购物、退货等交易的系统验证，验证通过后，特约网站正式开通。

② 已经成为工行特约商户的：

a. 签订的在线支付协议中未包含信用支付内容，还需要重新签订在线支付协议。

b. 填写中国工商银行网上商城商户变更（注销）事项申请表。

（6）服务渠道与时间，企业网上银行提供 24 小时全天候服务。

（7）操作流程（如图 3.5 所示）。

（图片来源于中国工商银行网站）

图 3.5　中国工商银行信用支付 B2B（中介商城）服务平台操作流程图

（8）注意事项。商城需要在工行开通保证金账户，专用于信用支付交易资金的过渡账户，商城对于该账户中的资金只能够查询，不能够进行转出等操作。

3.4.1.2　工银 e 支付平台

（1）业务概述。"工银 e 支付"（http://www.icbc.com.cn/ICBC）是适应 PC、平板、手机、穿戴设备等多终端，覆盖线上线下多支付场景，包含指纹、支付密码、短信验证、密码器、U 盾等多种认证手段，可依据交易智能化推送最佳认证方式的新一代支付品牌。

（2）适用对象。适用于具有商品交易、支付需求的本（他）行客户。

（3）特色优势。①灵活的验签方式：既包括适用于大额安全支付的 U 盾、密码器等，又包括适用于小额便捷支付的短信认证、密码支付和指纹支付。②享受更多服务：开通工银 e 支付，将自动开通我行电子银行，通过我行网上银行、手机银行等渠道享受更多服务。③丰富的应用场景：涵盖线上商户支付、O2O 商户扫码支付、电子银行转账汇款、缴费、扫码取现、无卡取现等多项业务。

（4）开通流程。

工银 e 支付操作流程如图 3.6 所示。

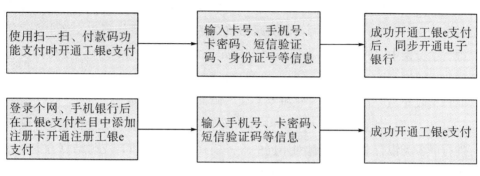

图 3.6　工银 e 支付操作流程图

（图片来源于中国工商银行网站）

（5）注意事项。B2B、B2C 在买家支付后，工行将直接把货款实时付给商城方，并由商城方进行资金划拨。

3.4.2　第三方网上支付平台

2004 年之前，由于社会诚信体系不发达，电子商务交易中存在着欺诈风险，电子商务交易的诚信问题阻碍和束缚了我国电子商务的发展。2004 年，以支付宝为代表的第三方网上支付平台的出现推动了我国电子商务交易的发展，在一定程度上解决了我国电子商务交易中的诚信问题。

3.4.2.1　银联在线支付平台

中国银联电子支付有限公司（ChinaPay）拥有中国银联的统一支付网关，其专业产品 OneLinkPay 解决了网上银行卡的支付问题。OneLinkPay 主要针对网上支付系统而设计，采用了先进的安全数据加密技术，可以同时为商户提供安全有效的网络连接，支持多种操作平台和支付工具。

（1）操作流程。第一步，消费者浏览商户网站，选购商品，放入购物车，进入收银台；第二步，网上商户根据购物车内容，生成付款单，并调用 ChinaPay 支付网关商户端接口插件对付款单进行数字签名；第三步，网上商户将付款单和商户对该付款单的数字签名一起交消费者确认；第四步，一旦消费者确认支付，则该付款单和商户对该付款单的数字签名将自动转发至 ChinaPay 支付网关；第五步，支付网关验证该付款单的商户身份及数据一致性，生成支付页面显示给消费者，同时在消费者浏览器与支付网关之间建立 SSL 连接；第六步，消费者填写银行卡卡号、密码和有效期（适合信用卡），通过支付页面将支付信息加密后提交支付网关；第七步，支付网关验证交易数据后，按照银行卡交换中心的要求组装消费交易，并通过硬件加密机加密后提交银行卡网络中心；第八步，银行卡交换中心根据支付银行卡信息将交易请求路由到消费者发卡银行，银行系统进行交易处理后将交易结果返回到银行卡交换中心；第九步，银行卡交换中心将支付结果回传到 ChinaPay 支付网关；第十步，支付网关验证交易应答，并进行数字签名后，发送给商户，同时向消费者显示支付结果；第十一步，商户接收交易应答报文，并根据交易状态码进行后续处理。

（2）支付平台特点。①一次性连接多家商业银行和金融机构，支持我国主要商业银行发行的各类银行卡种；②针对不同的业务模式，可量身设计支付结算方案，适用于电子商务支付业务；③支持交易加密验证、转发、对账、查询等功能，方便商户快速入网、交易监控及事后处理。

（3）支持的交易品种。支持的交易品种包括网上消费、商户单笔交易查询、商户多笔交易查询以及商户对账等。

（4）支持的发送报文协议。明文：商户与 ChinaPay 间采用 HTTP 协议。密文：商户与 ChinaPay 间采用数字信封方式。SSL：商户与 ChinaPay 间采用 HTTPS 协议。

（5）支持的业务范围。银联在线支付业务支持消费类、预授权类、账户验证和转账等交易类型，并提供互联网支付通知功能，能够广泛应用于以下业务领域：

①网上购物：支持境内及跨境的网上商城购物，支持团购、秒杀等形式的购物网站。

②网上缴费：支持全国多个城市的公共事业缴费（水、电、燃气、通信费、有线电视等）。

③商旅服务：支持全国多地区的酒店预订、机票预订等商旅预订服务。

④信用卡还款：提供安全方便的在线信用卡跨行还款服务。

⑤网上转账：提供简单、快捷、安全的网上跨行转账服务。

⑥微支付：支持 App Store 等电子商店的虚拟小额产品购买。

⑦企业代收付业务：手机自动缴费（账单缴费）、有线和付费电视自动缴费、水电煤账单自动缴费。

此外，还支持基金申购、理财产品销售、慈善捐款等业务。

3.4.2.2　财付通（Tenpay）

财付通是腾讯公司于 2005 年 9 月正式推出的专业在线支付平台，致力于为互联网用户和企业提供安全、便捷、专业的在线支付服务。财付通的综合支付平台业务覆盖 B2B、B2C 和 C2C 各领域，提供网上支付及清算服务。针对个人用户，财付通提供了包括在线充值、提现、支付、交易管理等丰富功能；针对企业用户，财付通提供了安全可靠的支付清算服务和 QQ 营销资源支持。

财付通附带的服务主要有用户财付通账户的充值（从绑定银行卡账户向财付通账户划款）、提现（从财付通账户把资金转入银行卡、银行账户上）、支付（将资金从买家财付通账户转入卖家财付通账户下）、交易管理（用户可以通过交易管理查看自己的交易状态）、信用卡还款业务（从财付通账户往信用卡账户划拨资金）、生活缴费业务（缴纳水费、电费、燃气费、通信费等）等。并且，对于企业用户，财付通还提供支付清算服务和辅助营销服务。

此外，游戏充值、话费充值以及腾讯服务购买等都可以用财付通平台进行。

除了上面列举的服务之外，财付通还提供了商家工具，以方便用户使用财付通出售自己的商品。主要的商家工具有"财付通交易按钮""网站集成财付通""成为财付通商户"。

3.4.2.3 支付宝

支付宝是国内领先的第三方支付平台。2004 年，支付宝的出现不仅提供了一种满足我国用户支付需要的安全支付方式，还扮演着信用中介的角色，更是对我国网上交易诚信环境产生了极大的影响。

（1）交易流程。买家先确定购买的商品后付款到支付宝，支付宝通知卖家发货，然后卖家发货到买家，买家收货后通知支付宝，支付宝再付款给卖家。从以支付宝为代表的信用担保型第三方支付平台的支付流程可见，第三方代收款制度可保证资金的安全转让，还可担任货物的信用中介，从而约束交易双方的行为，并在一定程度上减轻买卖双方对彼此的猜疑，增加双方对网上购物的信任度，有效减少网络交易欺诈。

支付宝的交易流程如图 3.7 所示。

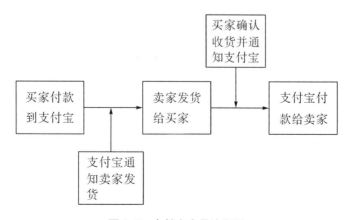

图 3.7 支付宝交易流程图

（2）支付宝模式及其发展。支付宝创新的技术以及独特的理念，尤其是其构建的网上交易诚信环境与由此带来的庞大的用户群已经吸引了越来越多的互联网商家，他们主动选择支付宝作为其在线支付体系。国内各大商业银行以及中国邮政、Visa（维萨）、MasterCard（万事达卡）国际组织等各大机构均与支付宝建立了深入的战略合作，不断根据客户需求推出创新产品。

（3）第三方支付对我国电子商务诚信的影响。2004 年以来，随着支付宝的发展，网上支付产业被带动起来，支付宝提出的建立信任、化繁为简，以技术的创新带动信用体系完善的理念已经是第三方支付的共同理念。支付宝模式为解决制约我国电子商务发展中的支付问题和网上交易的诚信问题提供了思路和解决方案，从支付宝的发展来看，尽管其起步落后于欧美等国的第三方支付（如 PayPal），但在发展速度和规模上，都超过了后者。支付宝的壮大带动着整个中国电子商务的高速前进，有效减少了网络交易欺诈，推动了互联网诚信体系的建立。

①第三方支付交易规模增长迅速。中国金融认证中心（CFCA）发布的 2010 中国电子银行调查报告显示，2010 年，全国第三方支付用户的比例达到 19%；2010 年中国第三方网上支付交易规模达到 10 105 亿元，同比 2009 年增长 100.1%，实现全年翻番。在 2008 年至 2010 年短短的三年间，第三方网上支付交易规模翻了近 4 番[①]。2015 年，中国第三方支付业务交易规模达到 49.5 万亿元，2021 年提升至 355.5 万亿元，六年间年均复合增长率为 39.8%。

可见，尽管支付宝是一个非官方机构，但是其创立的第三方支付平台所共同使用的信用担保模式已经获得了广泛认可。短短数年，我国已经有数以亿计的用户自发地选择了第三方平台这一种支付方式，以支付宝为首的第三方支付日益渗透网民生活，推动我国互联网市场的发展。

② 第三方支付交易所积累的信用数据已经成为可靠的授信参考数据。2008 年 1月，支付宝推出与中国建设银行合作的支付宝"卖家信贷"服务，符合信贷要求的淘宝网卖家将可获得最高十万元的个人小额信贷，而银行给中小卖家发放贷款正是参考了支付宝的信用数据。这一贷款的不良贷款率远远低于传统的贷款方式。由此可见，支付宝交易所积累的信用数据可靠性强，这一信用体系也逐步获得各方面的认可[②]。

（4）第三方支付本身的诚信问题及我国的相应措施。尽管以支付宝为代表的第三方支付平台的发展在一定程度上改善了我国的社会诚信环境，但在发展的过程中，第三方支付本身也存在诚信问题，这主要体现在两个方面：第一，付款人的银行卡信息将暴露给第三方支付平台，如果这个第三方支付平台的信用度或者保密手段欠佳，将带给付款人相关风险；第二，第三方支付平台的备付金（沉淀资金）被挪用的风险以

---

① 数据来源：艾瑞咨询。
② 资料来源于支付宝官方网站。

及第三方支付公司破产后带来的备付金风险问题。

第三方支付平台的这两个主要的诚信问题已经被监管部门考虑到，并对此制定了相关法律法规，中国人民银行继 2010 年 6 月发布《非金融机构支付服务管理办法》后，2011 年先后发布了《支付机构预付卡业务管理办法（征求意见稿）》和《支付机构客户备付金存管暂行办法（征求意见稿）》，2015 年发布了《非银行支付机构网络支付业务管理办法》。这一系列的相关法规对第三方支付平台的申请和管理以及沉淀资金的使用和监管进行了详细的规定。《非银行支付机构网络支付业务管理办法》第二十条规定："支付机构应当依照中国人民银行有关客户信息保护的规定，制定有效的客户信息保护措施和风险控制机制，履行客户信息保护责任。支付机构不得存储客户银行卡的磁道信息或芯片信息、验证码、密码等敏感信息，原则上不得存储银行卡有效期。因特殊业务需要，支付机构确需存储客户银行卡有效期的，应当取得客户和开户银行的授权，以加密形式存储。支付机构应当以'最小化'原则采集、使用、存储和传输客户信息，并告知客户相关信息的使用目的和范围。支付机构不得向其他机构或个人提供客户信息，法律法规另有规定，以及经客户本人逐项确认并授权的除外。"

此外，商务部于 2011 年发布了《第三方电子商务交易平台服务规范》，该规范确定了第三方电子商务交易平台的运行原则、设立条件与服务规则，调整了第三方电子商务交易平台、站内经营者与消费者之间的关系，对第三方电子商务交易平台提出新要求，明确了网络交易中的禁止行为。《第三方电子商务交易平台服务规范》对第三方电子商务交易平台的经营活动进行了规范和引导，保护了参与电子商务交易的广大企业和消费者合法权益，营造了公平、诚信、安全的交易环境。

可见，虽然第三方支付可能存在一些风险，但我国已经出台了相关法律法规保障当事人的合法权益，促进了第三方支付行业健康发展。

本章小结

本章介绍了电子支付，包括常用支付方式、典型的网上支付工具、我国电子商务环境下的支付方式、网上银行以及电子商务网上支付解决方案等内容。

（1）常用支付方式包括现金、本票、支票、贷记卡和借记卡等，各支付方式的流程不一样。

（2）电子支付的发展分为五个阶段，网上支付是其最新发展阶段，电子支付可随时随地通过互联网络进行直接转账结算，这一阶段的电子支付称为网上电子支付。网上电子支付就是电子商务环境下的在线支付方式。电子支付具有方便、快捷、高效、经济的优势。用户只要拥有一台联网的微机，足不出户便可在很短的时间内完成整个支付过程。

（3）电子商务环境下的支付方式主要有两大类：一是在线电子支付，二是线下支付。银行卡在线转账支付、电子现金、电子支票以及第三方支付平台结算支付是其主要支付方式。我国电子商务环境下的支付方式中，传统的线下支付方式仍然占有相当的比例。我国电子商务环境下的主要支付方式包括：银行汇款、货到付款、网上支付、移动支付以及第三方支付平台支付等方式。

（4）电子银行是指通过因特网或公共计算机通信网络提供金融服务的银行机构。电子银行业务是指商业银行等银行业金融机构利用面向社会公众开放的通信通道或开放型公众网络，以及银行为特定自助服务设施或客户建立的专用网络，向客户提供的银行服务。

（5）电子商务网上支付解决方案包括银行网上支付平台以及以支付宝为代表的第三方支付平台等。

本章习题

单项选择题

1. 目前，电子支付存在的最关键的问题是（　　　）。
   A. 技术问题　　　　B. 安全问题　　　C. 成本问题　　　　D. 观念问题
2. 以下不是第三方支付平台的是（　　　）。
   A. 支付宝　　　　　　　　　　　B. 财付通
   C. 银联在线支付平台　　　　　　D. 工行网上银行在线支付平台

多项选择题

1. 下面属于银行卡的有（　　　）。
   A. 信用卡　　　　B. ATM 卡　　　C. 电话卡　　　D. 借记卡
2. 常见的信用货币主要有（　　　）。
   A. 纸币　　　　　B. 硬币　　　　C. 银行支票　　　D. 金币

判断题

1. 借记卡和贷记卡都不用在卡上预存现金，只要透支限额够用，就可以直接去信用卡特约商家购买商品。
   （　　　）

2. 所谓电子货币，就是将现金价值预存在集成电路晶片内的一种货币。　　（　　）

3. 对于贷记卡，银行预先不设定透支限额，只限定超支部分的归还日期及利息的计算方法。　　（　　）

4. 网上银行是一种在任何时间、任何地点，以任何方式提供金融服务的全天候银行。

（　　）

5. 在现金交易中，买卖双方处于同一位置，而且交易是匿名进行的，卖方不需要了解买方的身份，因为现金本身是有效的，其价值由发行机构加以保证，现金具有使用方便和灵活的特点，故而很多交易都是通过现金来完成的。　　（　　）

6. 电子商务的实现必须由两个重要环节组成，一是交易环节，二是支付环节。前者在客户与销售商之间完成，后者需要通过银行网络来完成。　　（　　）

问答题

1. 什么是数字人民币？

2. 网上支付方式有哪些？支付宝是哪种类型的网上支付方式？

实践操作题

请使用工商银行的网上银行或者手机银行服务，了解数字人民币的使用流程。

4 电子商务的商业模式

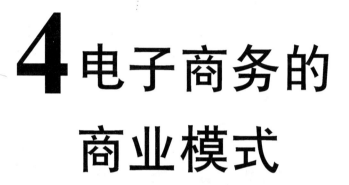

4.1 商业模式及其要素

4.1.1 商业模式

对于商业模式，理论界与实务界有着各种理论解释。系统论认为，商业模式是一个由很多因素构成的系统，是一个体系。价值创造模式论认为，商业模式是企业创造价值的模式，是企业创新的焦点和企业为自己、供应商、合作伙伴及客户创造价值的决定性来源。

商业模式就其最基本的意义而言，是指做生意的方法，是一个公司赖以生存的、能够为企业带来收益的模式，是企业在市场竞争中逐步形成的企业特有的赖以盈利的商务结构及其对应的业务结构。商业模式是为了在市场中获得利润而规划好的一系列商业活动，规定了企业在价值链中的位置，并指导其如何赚钱。可见，商业模式就是企业赚钱的渠道，即通过怎样的模式和渠道来赚钱。

进入 20 世纪 90 年代后，随着互联网的兴起，亚马逊书店、阿里巴巴等都开创了全新的网络商业模式，而每种新的商业模式的出现，都为社会带来了巨大的财富。

4.1.2 商业模式的要素

商业模式具体体现了电子商务项目现在如何获利以及在未来长时间内的计划。研究商业模式主要要回答如下问题：企业提供何种产品或者服务？不同商业角色潜在利益如何？企业的收入来源，即盈利模式是什么？

可见，商业模式的要素主要包括：

1. 价值体现

价值体现即企业提供什么产品或者服务，消费者为什么要买你的东西。

2. 盈利模式

盈利模式即企业如何赚钱。盈利模式分为自发的盈利模式和自觉的盈利模式两种，前者是自发形成的盈利模式，企业对如何盈利、未来能否盈利缺乏清醒的认识，也就是说，企业虽然盈利，但其盈利模式不够明确和清晰，即盈利模式具有隐蔽性和模糊性的特点；而自觉的盈利模式，则是企业通过对盈利实践进行总结，主要调整和设计其盈利模式，因此，自觉的盈利模式具有清晰性、针对性、相对稳定性、对环境的适应性及灵活性等特征。在市场竞争的初期和企业成长的不成熟阶段，企业的盈利模式大多是自发的，随着市场竞争的加剧和企业的不断成熟，企业开始逐步重视对市场竞争和自我盈利模式进行研究。

3. 营销战略

营销战略即企业对所提供的产品和服务的销售计划，包括如何将产品和服务销售出去、通过什么样的渠道、用什么样的促销手段等。

4. 竞争环境与优势

竞争环境与优势是指企业产品和服务的目标市场的竞争性企业有哪些，以及本企业进入该目标市场的特点和优势是什么。

4.2　电子商务的商业模式类型

电子商务为商业模式增加了许多新的类别，网络经济环境下的电子商务商业模式是指可以利用和发挥互联网和万维网的特征为目标的商业模式。B2C、C2C 和 B2B 等不同类型电子商务企业的商业模式是不一样的，而同一种类型电子商务的电子商务模式也会有所不同。

电子商务企业的在线业务一般可以通过以下五种方式实现收益：

第一，商务活动，即销售产品或者服务给顾客或企业。

第二，广告，即销售广告空间给有兴趣的广告客户。

第三，收取费用，即向预定信息内容或服务以及参与拍卖等活动的顾客收取费用。

第四，出售用户信息，即收集顾客的相关信息，并出售给对其感兴趣的个人或者企业。

第五，信用。先从消费者手中取得资金，一段时间后付给卖主，从中担任信用担保角色。

任何一个电子商务企业都可以把不同的商业模式组合在一起作为其商业策略的一部分。如一个企业可以将广告和出售用户信息两种模式混合在一起，产生一个有利可图的全新商业策略。同样，在网上经常见到广告与会员费相结合的混合模式，以及其他混合的商业模式。电子商务企业的商业模式正在被不同的企业进行实践，而更多的企业会选择经过实践检验的可靠的模式。

4.2.1　B2C 电子商务的商业模式

B2C 模式是我国最早产生的电子商务模式，以 8848 网上商城正式运营为标志。

B2C 是企业对个人的电子商务，是企业通过互联网为消费者提供一个新型的购物环境，即网上零售商店等类型的电子商务网站，消费者通过网络在网上购物、在线支付。由于这种模式节省了客户和企业的时间和空间，大大提高了交易效率，特别是对于工作忙碌的上班族，这种模式可以为其节省宝贵的时间。近几年来，虽然 B2C 电子商务在我国发展非常迅速，但目前许多 B2C 电子商务企业因不能盈利而面临生存危机。根据企业经营模式的特点，针对 B2C 电子商务面临的困难，采取适合 B2C 企业发展的商业模式，是促进 B2C 电子商务可持续发展的关键所在。

4.2.1.1 广告

不同类型 B2C 电子商务企业的商业模式是不同的，但目前广告收益几乎是所有电子商务企业的主要盈利来源。从某种意义来说，正是广告商推动了中国互联网的茁壮成长。

在 B2C 的代表性网站当当的盈利中，广告费增长得很快。从 B2C 门户网站的代表新浪网的收入结构来看，广告收入占到 1/3 还多，而对于一些小型的网站来说，广告收入则几乎达到其收入的 90% 以上。所以说，广告是网站的头号盈利工具，但并不是人人都可以拿得到广告资源，能够吸收广告商的网站必须首先提升自己网站的知名度和点击率。

B2C 的另外一个代表是腾讯网，极大的浏览量为其带来了丰厚的广告收入，广告收入是其主要的收入来源。腾讯公司的广告形式多种多样，包括 Flash 动画、按钮广告、横幅广告、系统广播、浮动广告等，能够满足各类客户的市场推广需求，充分体现各种产品的特点和个性。腾讯 QQ 的用户群规模非常大，且覆盖面很大，形成一种巨大的群聚效应。腾讯 QQ 的 80% 以上用户处于 12~30 岁这一年龄段，腾讯 QQ 已经成为聚集年轻一代的最好的信息、休闲、娱乐平台，同时也成为商家通过广告与用户进行互动的平台，以及良好的广告载体。2021 年腾讯财报显示，2021 年全年，腾讯年度盈利 2 278.1 亿元，同比增加 42%；按业务划分来看，2021 年腾讯网络广告收入886. 66 亿元，占总收入的 16%。

4.2.1.2 销售自己的产品获利

此模式是指生产商通过互联网直接接触最终用户而不是通过批发商或零售商的商业运作模式，即生产商通过网络平台销售自己生产的产品或加盟厂商的产品。商品制造企业主要是通过这种模式扩大销售，从而获取更大的利润，如海尔电子商务网站、戴尔、雅芳、天狮集团、新时代集团等。以戴尔公司为例，戴尔通过其电子商务网站，与顾客保持互动；通过网站实行直销，不仅可以更深入地了解顾客需求，而且能获取传统模式中留给中间商的利润空间，降低了销售成本。

4.2.1.3 电子零售商

1. 定义

电子零售商是指零售商或个人通过互联网将商品或服务信息传送给顾客，顾客通过互联网下订单，采取一定的付款和送货方式，最终完成交易。

可见，电子零售商就是在线的零售店，其规模各异，内容也相当丰富。电子零售商具有商品种类多、无时空限制、商品价格较低、网上商店库存小、资金积压少、商品信息更新快、消费者购物成本低、为消费者省时间、给消费者以方便、向消费者送信息等优点。

电子零售商又分为纯网络型 B2C 网上商店和传统零售企业的 B2C 网上商店。前者如全国性的大型网上购物商店当当、卓越网、京东商城、红孩儿商城等，以及本地的小型网上商店；后者如沃尔玛、家乐福、国美电器等。

2. 当当的主要商业模式

（1）直接销售，压低制造商（零售商）的价格，在采购价与销售价之间赚取差价。这类商品主要是图书音像等当当自营商品。该模式最大优势是靠品牌效应吸引投资者，凭借市场份额的优势，主打规模效应。2014 年，当当实现净营收 79.6 亿元，同 2013 年比增长 25.8%；全年总营收（GMV）达到 142 亿元，比 2013 年同期增长 46%；自营图书销售比重降至 35%，实现了向综合电商的全面转型。

（2）虚拟店铺出租费。当当的商品分为两类：一类是当当自营的商品，另一类是通过虚拟店铺招商后其他商家售卖的商品。因此，通过虚拟店铺出租，当当可以获取租金（保证金+月租费），这是当当的一个收入来源。

3. 京东商城的主要商业模式

京东商城是百货商店的统一解决方案，产品统一采购，统一配货，京东自己的物流送货。京东商城的商业模式主要为：统一采购进货以享受到相对低价的进货，可以低价（甚至低于进价）销售产品，获得较大规模的销售量，然后靠厂商返点和其他补贴获得利润①。

4.2.1.4 内容提供商

1. 定义

内容提供商是通过信息中介商向最终消费者提供信息、数字产品、服务等内容的信息生产商，或直接给专门信息需求者提供定制信息的信息生产商。其特点是：处理大量的信息，包括图像、图形、声音、文本等。由于信息安全性是第一要求，因此，信息内容提供商在存储介质和网络设施上投资较大。

2. 商业模式

内容提供商的商业模式是向最终消费者提供有价值的内容，并向其收取内容订阅

---

① 京东财报显示，2021 年第四季度，京东集团净收入为 2 759 亿元，同比增长 23%，环比增长 26.2%，2021 年一季度至三季度增速分别为 39%、26.23%、25.5%。2021 年全年净收入达到 9 516 亿元，同比增长 27.6%，京东零售总收入达到 8 663 亿元。在 2018 年的时候，京东还属于亏损的状态，一年亏损了 25 亿，用一年的时间从亏损到盈利（2019 年京东一年的净利润达到了 122 亿元，从亏损 25 亿元到盈利 122 亿元）。这跟京东的转型有着非常大的联系，京东不再将重点放在发展家电上面，而是重点攻略下沉市场，并且把便利店和京东物流作为整个集团的发展重心。

费、会员推荐费等。内容提供商的典型例子是付费电子杂志，或者免费电子报刊中的付费升级内容。这种网站商业模式的核心竞争能力不在于信息技术，而在于提供给用户的高质量的信息内容。

如中国经济信息网（简称"中经网"），作为国家的一个信息中心，网站定位为为政府、企业提供高质量的经济信息服务。为把内容做专做深，中经网大量网罗专家和经济领域的顶尖人物，进行信息分析，然后利用网络技术把这些高价值信息内容系统化地进行组织整理，即集中力量解决数据库和网上的联系和应变。中经网提供的是对整体经济环境可靠、准确的描述，有利于政府的宏观决策，也有利于企业经营者减少经营风险，提高经济活动的有效性。中经网提供的信息现在对政府是免费的，对企业是收费的。也许随着政府职能的转变和进一步深化改革，将来也可对政府收费。目前，中经网的主要收入来源是企业信息收费。

4.2.1.5 提供增值业务

这一类的 B2C 网站以腾讯为代表，其为广大用户打造了会员服务、社区服务、游戏娱乐等各类个性化增值服务，包括 QQ 音乐、腾讯视频、腾讯游戏、超级 QQ 秀（如图 4.1 所示）等服务内容。2021 年腾讯财报显示，2021 年全年，腾讯收入 5 601.18 亿元，同比增加 16%；年度盈利 2 278.1 亿元，同比增加 42%；按业务划分来看，2021 年腾讯增值服务收入 2 915.72 亿元，占比高达总收入的 52%。

图 4.1　QQ 秀

4.2.1.6 网上交易经纪人

网上交易经纪人是通过电话、电子邮件或者网上互动为消费者处理个人交易的网站。采用这种模式的最多的是网上保险、网上基金等金融服务，旅游服务以及职业介绍服务等。其商业模式是通过向每次成功的交易收取佣金获得收入。

4.2.1.7 收费邮箱

与免费邮箱相比，一般来说，收费邮箱的邮箱容量是无限的，拦截垃圾邮件的效果与售后服务也比免费产品更好。收费邮箱做得比较好的是网易企业邮箱，如图 4.2 所示。对于网站来说，提供无限容量、没有垃圾邮件、收发方便快速、管理界面功能强大、风格亲和的邮箱服务不是难事。随着网络的普及和现代化水平的不断提高，收费邮箱的销售量还会不断提升。

图 4.2　网易企业邮箱服务

4.2.1.8　网络游戏

盛趣游戏是网络游戏的受益者，它吸引了无数网游爱好者，做到了门户与游戏的结合；同时，诞生了众多游戏装备网站、游戏论坛、战队等附属产业。盛趣游戏的收入主要来自玩家所付的游戏费用，玩家通常要购买游戏预付卡，从而获得进入游戏的账号和密码，并可以给账户充值。通常，盛趣游戏的休闲游戏是免费的，但是有很多玩家选择付费购买"点数"来获得游戏的增值道具，从而增强游戏体验。

除了盛趣游戏以外，还有很多免费的在线游戏也很流行，虽然对于玩家不收费，但是其中的特殊道具购买、晋级均可进行收费，游戏中的场景还可以卖给相关企业以取得收入。

4.2.2　B2B 电子商务的商业模式

绝大部分中小企业要通过第三方电子商务平台开展电子商务，进行网络营销。如通过第三方电子商务平台发布和查询供求信息，与潜在客户进行在线交流和商务洽谈等。第三方电子商务平台又分为两种类型：一种是综合性平台，即可服务于多个行业与领域的电子商务网站，如阿里巴巴、慧聪网、环球资源网等；另一种是行业垂直性平台，即定位于某一特定专业领域的电子商务网站，如中国化工网、中国医药网、中国纺织网等。

4.2.2.1 广告

不同类型 B2B 电子商务企业的商业模式是不同的，但广告收入是 B2B 电子商务网站的主要收入来源。

4.2.2.2 会员费

B2B 网站中收取会员费做得最好的就是阿里巴巴。阿里巴巴提供覆盖亚、欧、美的网络渠道，供会员获取传统渠道无法获取的供求信息，并为之提供诚信安全的服务，通过支付宝这个电子支付系统，确保买卖双方资金的安全流动。阿里巴巴的主要收入来源就是会员费。其收费会员主要有两类，一类是"诚信通"会员，另一类是"中国供应商"会员。"诚信通"会员缴纳 6 688 元的年费，就可开展国内贸易，无须支付其他附加费用（如图 4.3 所示）。而"中国供应商"会员每年缴纳最高 8 万元，就可以从网站获得更多的供需信息，帮助其产品出口。来自"诚信通"和"中国供应商"两类注册用户的年费合计贡献了阿里巴巴大约 95% 的年收入，可见，阿里巴巴的商业模式是以收取会员费为主的。除阿里巴巴外，全球采购的商业模式也主要是收取会员费。

图 4.3　阿里巴巴诚信通会员服务

4.2.2.3 信息中介

信息中介是指网站以收集消费者信息并将其出售给其他企业为商业模式，其赢利模式就是收取信息费用和数据挖掘后的咨询等费用。

这方面做得比较好的是慧聪网（如图 4.4 所示），慧聪网的目标客户就是有资金又有市场需要的企业。慧聪网聚集了非常齐全的行业信息，而且有全面的分析报告。慧聪网成立于 1992 年，是国内领先的 B2B 电子商务服务提供商，依托其核心互联网产品"买卖通"以及良好的传统营销渠道"慧聪商情广告"与"中国资讯大全"和行业分析报告等为客户提供线上、线下的全方位服务。2003 年 12 月,慧聪网实现了在香港联交所创业板的成功上市,为国内信息服务业及 B2B 电子商务服务业首家上市公司。2009 年 2 月,慧聪网顺利通过 ISO 9001 质量管理体系认证,成为国内首个引入该标准的互联网公司。

图 4.4　慧聪网

4.2.2.4　B2B 服务提供商

B2B 服务提供商是为企业级采购、分销等供应链过程提供服务。B2B 服务提供商将买卖双方的松散的供求关系改变为紧密的供求关系,能够扮演供应链资源整合者的角色。B2B 服务提供商的代表是环球资源网(如图 4.5 所示)。环球资源是国际贸易线上线下电子商务服务公司,以全球展会、杂志、光盘,与网上推广相结合,为客户提供线上线下的打包服务,打造多角度全方位的宣传模式,以帮助供应商拓展全球市场。

环球资源的盈利来源除了前面提到的会员费以及专业杂志和光盘的广告费用之外,其主要的盈利来源就是贸易展览会的推广收入,而且这一块收入占其总收益比例的增速最快。

图 4.5　环球资源网

4.2.2.5 大型企业自建 B2B 电子商务网站

一些大型企业希望通过电子商务来降低采购和分销成本、提高销售量。因此，目前出现很多大型企业自建 B2B 电子商务网站来开展电子商务，如海尔、联想等推出的网上采购和网上分销。

> **小知识：阿里巴巴集团发展简况**
>
> 1999 年，马云创立了阿里巴巴这一企业对企业（B2B）的网上贸易市场平台，2003 年 5 月阿里巴巴集团创立了个人网上贸易市场平台——淘宝网。2004 年 10 月，阿里巴巴投资成立支付宝公司，面向中国电子商务市场推出基于中介的安全交易服务。阿里巴巴在香港成立公司总部，在杭州成立中国总部，并在海外设立美国硅谷、伦敦等分支机构与合资企业，在中国北京、上海、浙江、山东、江苏、福建、广东等地区设立分公司和办事处。
>
> 2008 年，淘宝 B2C 新平台淘宝商城（天猫前身）上线，2012 年 1 月 11 日上午，淘宝商城正式宣布更名为"天猫"。2014 年 2 月，阿里巴巴正式推出天猫国际，让国际品牌直接向中国消费者销售产品。2014 年 9 月 19 日，阿里巴巴集团于纽约证券交易所正式挂牌上市。2014 年 10 月，阿里巴巴集团关联公司蚂蚁金融服务集团（前称"小微金融服务集团"）正式成立。
>
> 2018 年 9 月 19 日，阿里巴巴首席技术官张建锋在云溪大会上表示，阿里巴巴将成立平头哥半导体有限公司，这使得阿里巴巴成为继 IBM、微软、谷歌和英特尔之后，全球第五家启动量子硬件研发项目的大型科技企业。2019 年 11 月 8 日，阿里巴巴集团宣布，已领衔完成对菜鸟网络新一轮增资，持有的菜鸟股权增加到约 63%。新一轮融资后，菜鸟将继续加大技术投入，推动物流行业数字升级；打造智慧供应链，服务商家降本增效；加快建设全球智能物流骨干网。2021 年，淘宝和天猫陆续推出各项支持商家举措，例如通过开设服务中心、给予店铺保证金优惠、免费提供部分分析工具和营销工具助商家提升营运效率。
>
> 可见，阿里巴巴集团的经营涉及众多业务，另外也从关联公司的业务和服务中取得经营商业生态系统上的支援。

4.2.3 C2C 电子商务的商业模式

C2C 电子商务指消费者通过网络与其他消费者之间进行相互的个人交易，如网上个人拍卖等。C2C 电子商务的特点包括：交易成本低、经营规模不受限制、信息搜集便捷、销售范围和销售力度扩大等。

4.2.3.1 C2C 电子商务的主要商业模式

1. 广告费

C2C 网站在网络中的地位就像大型超市在生活中的地位，网民经常光顾，拥有超强的人气、频繁的点击率和数量庞大的会员，蕴藏无限的商机。这就为网站带来了广告收入，广告费是 C2C 网站利润的一大来源。

C2C 网站超强的人气是其吸引广告的最大优势，企业可将网站上有价值的位置用于放置各类型广告，根据网站流量和网站人群精度标定广告位价格，然后再通过各种形式向客户出售。

如果 C2C 网站具有充足的访问量和用户黏度，广告业务会非常大。但是目前 C2C 电子商务平台的广告背后都对应相应的店铺，以淘宝首页为例，其页面上的广告还主要是淘宝商家的产品或店铺广告，这也是 C2C 电子商务网站的共有特点。这是由于 C2C 网站出于对用户体验的考虑，没有完全开放广告业务，只有个别广告位不定期开放。因此，C2C 电子商务网站应该在广告模式上不断创新，吸引能够投放大额广告但又不属于其网站的商家，以实现广告收入的大幅提升。基于 C2C 电子商务网站上巨大的用户数量，可以预测，广告费会成为 C2C 电子商务的主要来源。

2. 销售首页"黄金铺位"

很多上网者一般只浏览网站的首页，所以网站首页的广告铺位和展位具有更高的商业价值。对于 C2C 网站首页的"黄金铺位"，网站可以定价销售也可以进行拍卖，购买者或者中标者可以在规定时间内在铺位上展示自己的商品。然而，网站的首页位置毕竟是有限的。因此，此种商业模式只能作为 C2C 电子商务网站收入的一个次要来源，一般不能作为主要的盈利来源。

3. 搜索排名竞价

C2C 网站的商品非常丰富，购买者会在网站上频繁地搜索所需商品。因此，商家的商品信息在网站搜索结果中的排名就显得尤为重要，由此便引出了根据搜索关键字竞价的业务。用户可以为某关键字提出自己认为合适的价格，最终由出价最高者竞得，在有效时间内该用户的商品可获得竞得的排位。

基于 C2C 电子商务网站上品种繁多、款式纷杂的特点，随着网站的不断发展，搜索引擎的作用逐步凸显出来。而类似百度搜索的商业模式，C2C 电子商务平台也可以通过搜索引擎竞价排名的模式进行盈利。卖家也逐步认识到竞价能为他们带来的潜在收益，愿意花钱使用。但是，基于 C2C 电子商务网站用户的特点，这种商业模式不可能和百度的搜索竞价排名完全相提并论，用户对于此种服务的接受程度依赖于用户本身的实力发展和壮大。对于一般卖家用户而言，搜索引擎竞价排名服务还离自己有一定距离。

4. 信用认证

信用认证在 B2B 电子商务领域取得盈利，成为 B2B 电子商务平台收入的重要组成部分。如前所述，阿里巴巴正是利用开展企业的信用认证，敲开了创收的大门。直到现在，"诚信通"仍然是阿里巴巴主要的收入来源之一。作为阿里巴巴"诚信通"的会员，可以享受四大特权，包括独享买家信息、第三方认证、优先排序和网上专业商铺。这些特权对于从事电子商务的商家而言，是非常有吸引力的。

目前我国 C2C 电子商务平台还没有向所提供的信用认证系统服务收费，主要原因在于，C2C 电子商务平台的买卖双方交易基本是小额交易，很少有用户愿意通过付会员费的方式获得信用认证。可见，这一模式依赖于 C2C 电子商务平台的发展，以及用户在此过程中的不断壮大和交易需求的扩大。

5. 会员费

会员费也就是会员制服务收费，是指 C2C 网站为会员提供网上店铺出租、公司认证、产品信息推荐等多种服务组合而收取的费用。由于提供的是多种服务的有效组合，较能适应会员的需求，因此这种模式的收费比较稳定。缴纳的会员费到期时客户续费后再进行下一年的服务，不续费则恢复为免费会员，不再享受多种服务。

6. 交易提成

交易提成是 C2C 网站的主要利润来源。因为 C2C 网站是一个交易平台，为交易双方提供机会，就相当于现实生活中的交易所和大卖场，从交易中收取提成是其市场本性的体现。

7. 支付环节收费

支付问题曾一度是制约电子商务发展的瓶颈，我国的电子商务发展尤其如此。直到阿里巴巴推出了支付宝，才在一定程度上促进了我国网上在线支付业务的开展。买家可以先把预付款通过网上银行打到支付公司的个人专用账户，待收到卖家发出的货物后，再通知支付公司把货款打入到卖家账户。这样买家不用担心付了款却收不到货，卖家也不用担心发了货而收不到款，而支付公司就按成交额的一定比例收取手续费。

4.2.3.2 淘宝网商业模式分析

淘宝网成立之初是免费的，但任何一家企业的最终目标都是盈利，因此，淘宝网在承诺的 3 年免费期结束后，也开始寻找自己的商业模式。2007 年春节开始，淘宝尝试在网络广告上与众多品牌合作，广告是淘宝官方正式宣布的首个盈利模式。至此，广告成为淘宝网的主要收入来源。淘宝网推出各种类型小广告，比如商家关于品牌的 Banner 广告，也有按照点击与成交效果付费的广告以及搜索结果的右侧广告位。淘宝还向广告客户推出了增值的服务计划，包括品牌推广、市场研究、消费者研究、社区活动等；帮助客户开拓网络营销渠道以促进销售，包括品牌旗舰店建设、代理商招募等。

另外，淘宝还给卖家提供很多其他增值服务，比如店铺管理、装饰工具等，一方面受到了商家的欢迎，另一方面也拓宽了自己的收益来源。

在商业模式探索的道路上，淘宝 2006 年曾推出了"招财进宝"——竞价排名服务，即为愿意通过付费推广而获得更多成交机会的卖家提供的增值服务。但是"招财进宝"一经推出，很多店主就表示"淘宝是在用财富的不平等制造交易的不平等"，致使用户迅速流向拍拍，最终"招财进宝"业务在推出后不到一个月就不得不叫停。

而利用支付宝的备付金投资生利方面，中央银行已出台规定，针对第三方支付平台的备付金（沉淀资金）被挪用的风险以及第三方支付公司破产后带来的备付金风险问题做了相关规定。中国人民银行继 2010 年 6 月发布《非金融机构支付服务管理办法》后，2011 年先后发布了《支付机构预付卡业务管理办法（征求意见稿）》和《支付机构客户备付金存管暂行办法（征求意见稿）》。2015 年 12 月，中国人民银行发布了《非银行支付机构网络支付业务管理办法》，该办法是根据《中华人民共和国中国人民银行法》《非金融机构支付服务管理办法》等规定制定的，目的是规范非银行支付机构网络支付业务，防范支付风险，保护当事人合法权益。

总结起来，淘宝有如下主要商业模式：

第一，通过竞价展位等收费。第二，通过店铺装饰工具等增值服务收费。第三，广告收入。淘宝网站有频繁的点击率和数量庞大的会员，其中蕴藏着巨大商机。广告收入一直以来都是淘宝最重要的收入来源之一。第四，交易提成。C2C 平台为交易双方提供机会，并从交易中收取相应提成。

除此之外，淘宝还有包括年费与技术服务费以及其他关联业务板块收入等盈利模式。

4.2.3.3　C2C 商业模式发展问题与建议

我国 C2C 商业模式有参与便利、启动资金小、交易概率大、成交金额低等特点，但也存在发展的制约因素，如电子商务的法律环境不完善、电子商务交易所需的诚信体系不健全、网络安全保障还不够成熟等。

可见，要进一步促进我国 C2C 电子商务的良性发展，还有很多方面需要完善：①完善物流系统和信息安全系统；②完善网上支付系统；③完善信用体系建设；④完善相关法律法规。

本章小结

本章介绍了电子商务商业模式及其要素，重点叙述了 B2C、B2B、C2C 等不同类型电子商务的商业模式。

（1）商业模式具体体现了电子商务项目现在如何获利以及在未来长时间内的计划。研究商业模式主要要回答如下问题：企业提供何种产品或者服务？不同商业角色潜在利益如何？企业的收入来源，即盈利模式是什么？

商业模式的要素主要包括价值体现、盈利模式、营销战略、竞争环境与优势。

（2）B2C 电子商务的主要商业模式有广告、销售自己的产品获利、电子零售商、内容提供商、提供增值业务、网上交易经纪人、收费邮箱以及网络游戏。

（3）B2B 电子商务的主要商业模式有广告、收取会员费、信息中介、B2B 服务提供商以及大型企业自建 B2B 电子商务网站等。

（4）C2C 电子商务的主要商业模式有广告、销售"首页黄金铺位"、搜索排名竞价、信用认证、收取会员费、交易提成以及支付环节收费等。淘宝的主要商业模式有：①通过淘宝旺铺、旺旺 E 客服和阿里软件网店版、店铺装饰工具等提供增值服务，进行收费；②以淘客推广、黄金推荐位和淘宝直通车等为代表的广告收费；③交易佣金；④通过向卖家提供店铺管理工具等增值服务收费。

本章习题

多项选择题

1. 当当的主要商业模式有（　　　）。
   A. 广告
   B. 会员费
   C. 直接销售，压低制造商（零售商）的价格，在采购价与销售价之间赚取差价
   D. 虚拟店铺出租费

2. 淘宝的主要商业模式有（　　　）。
   A. 通过店铺装饰工具等提供增值服务进行收费
   B. 广告收费
   C. 交易提成
   D. 通过竞价展位等收费

3. 要进一步促进我国 C2C 电子商务的良性发展，还有很多方面需要完善，主要包括（　　　）。
   A. 完善物流系统和信息安全系统　　　B. 完善信用体系建设
   C. 完善网上支付系统　　　　　　　　D. 完善相关法律法规

判断题

1. 阿里巴巴的商业模式是混合型的商业模式，即多种商业模式，主要有广告服务和收取会员费。（　　）

2. 腾讯公司的商业模式是混合型的商业模式，即多种商业模式。（　　）

3. 广告收入是 B2B 电子商务网站的主要收入来源。除此之外，不同的 B2B 电子商务网站还有其他不同类型的商业模式。（　　）

4. B2C 是企业对个人的电子商务，是企业通过互联网为消费者提供一个新型的购物环境，即网上零售商店等类型的电子商务网站，让消费者在线购物、在线支付。（　　）

简答题

1. 门户网站一般属于哪种电子商务模式，举出其三种最主要的商业模式。

2. 网上保险经纪是哪种电子商务模式，其商业模式属于哪种类型？

3. 淘宝网的商业模式包括哪些？

5 电子商务网站建设与相关技术

5.1 电子商务网站概述

5.1.1 网站的分类

按不同分类标准,网站可分为不同类型。

1. 个人网站与企业网站

个人网站是指个人因某种兴趣或提供某种服务等目的,将自己的作品或商品等进行在线展示而制作的具有独立空间域名的网站。个人网站是一个可以发布个人信息及相关内容的网络平台,以个人主页为主。

企业网站主要是企业在互联网上进行网络建设、形象宣传及商品和服务销售与展示的平台。企业可以利用网站来进行宣传、产品资讯发布、招聘以及与客户互动等,如图 5.1 所示的戴尔公司网站。

图 5.1 戴尔公司网站

2. 电子商务网站和非电子商务网站

电子商务包括三个方面:物流、信息流、资金流。电子商务网站就和这三方面有联系。比如,淘宝是一个 C2C 的电子商务网站,就包括这三个方面:一个客户需要某种商品,他去淘宝上搜索相关信息,然后确定购买某件商品,在线支付后,快递送货到家,这中间就包括了这三种流。

非电子商务网站是通过网站来展示政府、企业形象和产品的互联网平台,用户可通过该网站了解政府、公司的概况与主要服务种类。同时,通过这一平台,政府与企业可以在网络上宣传自己,并通过 SEO 或竞价等让用户通过搜索引擎了解相关业务时能更容易地找到自己。

典型的电子商务网站包括阿里巴巴网站等,典型的非电子商务网站包括中华人民共和国教育部政府门户网站（http://www.moe.gov.cn）等。

3. 电子商务网站的分类

我国目前的电子商务网站主要有以下几类：

（1）网上银行在线销售型电子商务网站：工商银行的网上商城等。

（2）网上销售型电子商务网站：当当、卓越网等。

（3）提供交易平台型电子商务网站：淘宝网等。

（4）传统零售商销售型电子商务网站：国美网等。

5.1.2　电子商务网站的功能和特点

电子商务网站具有节省信息查询时间，提高效率、提供多种沟通渠道、为客户提供个性化的网站与服务、提供企业信息，提供网络广告及客户反馈、提供客户在线支付与查询、提供决策工具、在线使用多媒体等功能。企业通过电子商务网站可以在线宣传其形象，发布企业产品动态，展示产品目录，集成产品发布系统，集成订单系统，具有易用性、及时性等特点。

5.2　电子商务技术基础

5.2.1　互联网

互联网（Internet）的用户遍及全球，目前仍在不断上升。互联网已经成为企业、政府和研究机构共享信息的基础设施，同时也是开展电子商务的基础。一个网络连接到互联网的任何一个节点上，就意味着连入了整个互联网，并作为它的一个组成部分。

5.2.1.1　互联网的发展阶段

（1）互联网的起源。互联网起源于阿帕网（ARPAnet）。20世纪70年代，美国国防部提出组建一个新的网络的构想，当它遭到攻击而部分损坏时，整个网络仍能正常工作。这一组建计划由美国高级研究规划署（Advanced Research Projects Agency）执行，因此被称为ARPAnet，它使人们能够共享硬件和软件资源（起初只限于军事、国防项目的承包单位以及从事有关国防研究的各个大学）。1983年，ARPAnet被拆分为MILnet和ARPAnet两个网络，前者用于军事，后者用于研究，两者之间仍有网桥进行通信联系，因此就慢慢被称为互联网。

（2）互联网的第一次快速发展。互联网的第一次快速发展是在20世纪80年代。

20世纪80年代初，作为美国的一个科研机构，全国科学基金会（National Science Foundation）开发了六个超级计算机相连的网络NSFnet。NSFnet是一个三级计算机网络，分为主干网、地区网和校园网，覆盖美国主要的大学和研究所。1986年，NSFnet实现与ARPAnet的互联，不久很多学术团体和企业研究机构也都纷纷加入该网络，进一步促进了互联网的发展。

（3）互联网的第二次飞跃。20世纪90年代，互联网开始第二次飞跃。1991年，全国科学基金会和美国的其他政府机构开始认识到互联网的使用范围必将扩大，不仅限于大学和研究机构，于是政府决定将互联网的主干网交给私人公司来经营，并开始对介入互联网的单位收费。随后，IBM、MERIT和MCI成立了一家非营利性公司ANS（Advanced Network and Services）。正是由于这些公司的加入，ANS在世界范围内迅速发展，也使得在互联网上进行商业活动有了可能，而商业化机构的介入也使得互联网在通信、资料检索和客户服务等方面显现出巨大潜力，世界各地无数的企业及个人纷纷涌入互联网，带来了互联网发展史上一次质的飞跃。

到20世纪末，互联网已经成为一种通过服务器将小型网络连接起来的错综复杂的网络结构。大部分情况下，服务器通过专门进行互联网通信的线路来传送数据，个人计算机则通过直接线路，或者通过电话线与调制解调器等连接到这些服务器上。

5.2.1.2 互联网的构成、接入技术与应用服务

互联网由下列网络群构成：

（1）主干网。主干网通常为大规模网络，这些网络主要用来与其他网络互连，如美国的NSFnet、欧洲的EBONE、大型的商用主干网。

（2）区域网。如连接大专院校的区域网。

（3）商用网络。商用网络是为客户提供连接骨干网的服务网络，或只供公司内部使用且连接到互联网。

（4）局域网，如校园网等。互联网接入技术的目的在于将用户的局域网或计算机与公用网络连接在一起。目前，我国互联网用户接入互联网主要采用以下几种方案：拨号上网（PSTN+MODEM）、专线（DDN）接入、综合业务数字网（ISDL）、Cable MODEM、数字用户线（XSDL）以及无线接入技术等。

互联网的产生、发展和应用反映了现代信息技术发展的新特点。无论从管理角度，还是从商业角度来看，互联网最重要的特性就是它的开放性，由此可以带来无限生机。互联网连接的地区、集体乃至个人，超越种种自然或人为的限制。从用户角度来看，互联网是一系列通过网络来完成通信任务的应用程序。互联网最普通和最广泛的网络应用服务包括信息查询浏览（WWW）、电子邮件、文件传输（FTP）、远程登录（Telnet）等。

5.2.2　IP 地址与域名

5.2.2.1　IP 地址

互联网是由上亿台主机互相连接形成的全球性网络，因此，互联网上的每一台主机都必须有一个唯一的地址，以便识别和区分网络上的每台主机，就像电话有唯一的电话号码一样。作为该主机在互联网上的唯一标志，这个地址就称为 IP 地址。

IP 地址是一个 32 位的二进制数，为书写方便和记忆，通常采用点分十进制表示法，即 8 位一组分成四组，每组用十进制数表示，并由圆点分隔。比如，百度主机服务器的 IP 地址为 119.75.218.70，而四川大学服务器的 IP 地址为 125.69.85.18。

5.2.2.2　域名

由于用数字表示的 IP 地址难以记忆，不如用字符表示来得直观。为了便于使用和记忆，也为了易于维护和管理，我们采用一种称为域名的表示方法来表示 IP 地址，如百度服务器的域名为 www.baidu.com。所以，域名可以看作用字符表示的 IP 地址。

域名（domain name）是由一串用点分隔的名字组成的互联网上某一台计算机或计算机组的名称，用于在数据传输时标识计算机的电子方位（有时也指地理位置）。域名由若干部分组成，各部分之间用小数点分开，每个部分由至少两个字母或数字组成。域名比较常用的格式如下：站点服务类型名、公司或机构名、网络性质名、最高层域名。

最高层域名也称顶级域名，往往是国家或地区的代码，如中国的代码是 cn、美国的代码是 us；网络性质名即第二级域名，往往表示主机所属的网络性质，如商业界是 com、教育界是 edu、政府部门是 gov、科学机构是 ac 等；公司或机构名是第三级域名，如新浪网是 sina、搜狐网是 sohu 等；站点服务器类型名即第四级域名，如万维网是 www、文件传输服务是 ftp 等。

在互联网名称与数字地址分配机构（ICANN）巴黎年会（2008 年）上，ICANN 理事会一致通过一项重要决议，允许使用其他语言包括中文等作为互联网顶级域字符。至此，中文国家代码".中国"正式启用。自 2009 年始，全球华人上网时，在浏览器地址栏通过直接输入中国域名后缀"中国"，就可以在互联网上访问到相应的网站，网民不用再安装任何插件。中文域名的推出客观上拓展了有限的域名资源空间，从一定程度上缓解了域名资源的需求与供给方面的紧张情况；另外，中文域名也在一定程度上解决了原来由于英文域名中，不同域名注册商标权人的读音相同的不同汉字商标而导致的用英文或拼音注册域名时的冲突问题。然而，域名的本质特征不可能因中文域名的出现而改变，域名抢注导致的商标权侵犯问题仍然大量存在。

5.2.2.3　域名的注册

一个企业只有通过注册域名，才能在互联网上确定自己的一席之地。域名的注册包括以下几部分：

（1）域名的一般命名规则：域名中只能包含 26 个英文字母，0~9 十个数字，"–"英文中的连字符；域名中字符的组合规则，不区分英文大小写，对于一个域名的长度有一定的限制；不得使用被限制使用的名称，如对国家、社会或者公共利益有害的名称，公众知晓的其他国家或地区名称、国外地名、国际组织名称等。

（2）确定本企业的域名。既然域名被视为企业的网上商标，那么注册一个好的域名至关重要。一个好的域名往往与单位的信息一致，单位名称的中英文缩写，企业产品的注册商标，与企业广告语一致的中英文内容，比较有趣、好记或者有特殊意义的名字等。同时，选择域名是需要注意保护避免与其他网站混淆。

（3）要选择域名服务提供商。提供域名注册服务的服务商很多，应该选择具有一定经营规模并且能够为用户提供便捷服务的站点。通常可以使用 www.cnnic.net、www.net.cn 等。

（4）域名注册流程。以万网作为域名注册商为例，首先登录 www.net.cn 的主页，进入万网主页，选择"域名注册"，在注册一个域名前，先要进行域名查询，以判断选择的域名是否可以使用。如果申请的域名已被注册，则视为发生了冲突。一般解决冲突的方法是换一个相近的名称，或是在申请的域名中加入一些字母等，也可以选择其他可用的域名。如果选用的域名没有被注册，就可以进行注册了。注册时首先要同意万网的在线域名注册服务条款，选择同意后，进入填写注册表单页面。相关信息填写完成后，用户需核对信息，如果确定所填写的信息准确无误，即可提交信息。然后根据要求缴纳域名使用费，通常可以采用网络支付或者汇款等方式。完成以上步骤，域名注册工作就全部完成了。

5.2.3 TCP/IP 协议

5.2.3.1 TCP/IP 网络协议

互联网统一使用传输控制/互联（TCP/IP）协议，该协议是互联网最基本的协议，其英文名称是 Transfer Control Protocol/Internet Protocol。

TCP 协议是传输控制协议，它向应用程序提供可靠的通信连接。TCP 协议能够自动适应网上的各种变化，即使在互联网暂时出现堵塞的情况下，也能够保证通信的可靠性。TCP 规定了为防止传输过程中数据包丢失的检错方法，用以确保最终传送信息的正确性。IP 协议是国际网络协议，它能适应各种各样网络硬件，对底层网络硬件几乎没有任何要求。任何一个网络只要可以从一个地点向另一个地点传送二进制数据，就可以使用 IP 协议。

TCP 协议和 IP 协议是互补的，两者结合保证了互联网在复杂环境下能够正常运行。TCP/IP 协议经过精心设计，运行效率很高。虽然计算机的速度已比 TCP/IP 刚诞生时提高了几千倍，接入互联网的计算机数量大幅增加，数据传输也飞速增长，但 TCP/IP 仍能满足互联网的需要。

尽管这两个协议可以分开使用，各自完成自己的功能，但由于它们是在同一时期为一个系统来设计的，并且功能上也是相互配合、相互补充的，因此计算机必须同时使用这两个协议，因此常把这两个协议称作为 TCP/IP 协议。

5.2.3.2 TCP/IP 参考模型

TCP/IP 参考模型是一种建立在既成事实上的标准。参考模型是在 TCP/IP 协议出现之后制定的。TCP/IP 参考模型采用了四层的体系结构，如图 5.2 所示。

| 应用层（Telnet，FTP…） |
| 传输层（TCP，UDP…） |
| 网际层（IP，ICMP，ARP…） |
| 网络接口层 |

图 5.2　TCP/IP 参考模型示意图

（1）应用层（application layer）是指使用 TCP/IP 进行通信的应用程序，是 TCP/IP 的最高层，为用户提供一组公用程序，它通过传输层传送与接收数据。应用软件和传输层之间的接口由端口号（port）和套接字（socket）定义。一个套接字是一个通信端点的抽象表示。例如，在 TCP 之上通信的两个应用程序，它们之间的逻辑连接由相关的两个套接字唯一确定，套接字可以由三元组（TCP、IP 地址、端口号）唯一标识。运行时，套接字的地址是一个三元组（TCP、本地 IP 地址、本地进程号），而两个应用进程的连接由五元组（TCP、本地 IP 地址、本地进程号、远程 IP 地址、远程进程号）唯一标识。

应用层的协议比较多，常见的有：①Telnet（远程登录协议），可以远程登录网络上任何一部主机；②FTP（文件传输协议），可以在两台主机之间传输文件；③SMTP（简单的电子邮件传输协议），可以将电子邮件传送给网络上任何一台主机，或接收别人传送过来的电子邮件；④SNMP（简单的网络管理协议），可以监督网络上任何一台主机的活动情形；⑤DNS（域名服务器），可将主机名称转换成 IP 地址格式等。

（2）传输层（transfer layer）。传输层的主要任务是使资源和目的端主机上的对等实体进行会话，完成所谓的"端到端"通信，支持多个应用，确保数据交换的可靠性。其两个端到端的协议是 TCP 和 UDP。TCP（传输控制协议）是一种面向连接的可靠的数据传输服务，报文可以从一端无差错地送往互联网上的其他机器。UDP（用户数据协议）与 TCP 协议的功能相同，但 UDP 是一种不可靠的、无连接的基于数据包的协议，用于不需要 TCP 而是自己完成这些功能的应用程序。

（3）网际层（internet layer）。网际层提供网络的一个虚拟网络，也就是屏蔽各个物理网络的差异，使得传输层和应用层间这个互联网络被看作一个整体的虚拟网络。网际层的主要任务是使主机可以将信息分组发送到任何网络。网际层有四个重要的协议，即 IP 协议、ICMP 协议、ARP 协议和 RARP 协议。IP 协议是这个层次中最重要的协议，它是一个无连接的报文分组发送协议，包括处理来自传输层的分组发送请求、路径选择、转发数据包等，但并不具有可靠性，也不提供错误恢复等功能。在 TCP/IP 网络上传输的基本信息单元是 IP 数据包。ICMP 协议用于网络中传送各种控制信息。ARP（地址解析协议）知道对方的网络地址而询问其网络适配卡的地址（硬件地址）。RARP（反向的解析协议）向网络上的其他主机询问自己的 IP 地址。

（4）网络接口层（network interface layer）。网络接口层是 TCP/IP 协议的最底层，负责接收和发送 IP 数据包，提供网络硬件设备的接口。这个接口可能提供可靠的传送，也可能是不可靠的传送；可能是面向数据包的，也可能是面向流的。TCP/IP 协议在这层次并没有规定任何的协议，但可以使用绝大多数的网络接口。

5.2.4 万维网简介

万维网（world wide web，WWW）起源于 1989 年 3 月，是由欧洲量子物理实验室 CERN（the European Laboratory for Particle Physics）所发展出来的主从结构分布式超媒体系统。它是互联网的多媒体信息查询工具，也是发展最快和目前最广泛使用的服务。万维网是一种建立在互联网上的全球的、交互的、动态、多平台的分布式图形信息系统。

5.2.4.1 万维网的特点

万维网遵循 HTTP 协议，其中最基本的概念就是 hypertext（超文本）。万维网技术解决了远程信息服务中的文字显示、数据连接以及图像传递的问题，使得万维网成为互联网上最为流行的信息传播方式。而且万维网（以下简称为 Web）界面非常友好，用户在通过 Web 浏览器访问信息资源的过程中，无须再关心一些技术性的细节。因而 Web 在互联网上一推出就受到了热烈的欢迎，现在 Web 的应用已远远超出了原设想，成为互联网上最受欢迎的应用之一，它的出现极大地推动了互联网的发展。

万维网之所以取得了如此快速的发展，是因为它自身的一些特点。

（1）Web 是一种超文本信息系统。Web 的一个主要的概念就是超文本（hypertext）连接，它使得文本不再像一本书一样是固定的线路，而是可以从一个位置跳到另外的位置，因此，用户只需要轻轻一点，就可以获取更多的信息，也可以转到别的主题的内容上。

（2）Web 是图形化的且易于导航。Web 流行的一个非常重要的原因就在于它可以在一页上同时显示色彩丰富的图形和文本。Web 可以提供将图形、音频、视频信息集合于一体的特性，而在 Web 之前，互联网上的信息只有文本形式。同时，Web 非常易于导航，只需要简单点击，即从一个连接跳到另一个连接，实现在各页各站点之间进行浏览。

（3）Web 与平台无关。浏览 Web 对系统平台没有什么要求，无论从 Windows 平台、UNIX 平台、Machintosh，还是其他平台，都可以通过互联网访问 Web。对 Web 的访问是通过一种叫作浏览器（browser）的软件实现的。常用的浏览器包括如 Netscape 的 Navigator、NCSA 的 Mosaic 以及 Microsoft 的 Explorer 等。

（4）Web 是分布式的。大量的图形、音频和视频信息会占用相当大的磁盘空间，而对于 Web 来说，没有必要把所有信息都放在一起，而是不同信息可以放在不同的站点上，而在浏览时，只需要在浏览器中指明这个站点就可以了，这就实现了物理上不一定在一个站点的信息在逻辑上一体化，从用户来看这些信息是一体的。

（5）Web 是动态的。Web 站点信息的提供者可以经常对站上的信息进行更新，如某个协议的发展状况、公司的广告以及产品信息等，因此 Web 上的信息是动态的、经常更新的。

（6）Web 是交互的。Web 的交互性，首先表现在它的超链接上，用户的浏览顺序和浏览站点的内容完全由自己决定。通过表单（form）的形式可以从服务器方获得动态的信息，用户也可通过填写表单向服务器提交请求，服务器则根据用户的请求返回相应信息。在登录到某个站点时经常会看到登录框，其中需要浏览者填写用户名及密码等内容，这个登录框就是用表单来实现的。

5.2.4.2 万维网服务

万维网将互联网上的信息资源以超文本形式组织成网页（Web），当用户阅读这些信息时，会注意到某些信息处被加了超文本链接，借助于这些超级链接，浏览者可以从一个网页跳到另一个网页。任何用户只需要鼠标点击，即可浏览感兴趣的含有相关文字、图像、声音等信息的页面内容。

如果企业想通过主页在全球范围宣传自己的企业，可以使用一些免费的主页空间来发布主页，但一般来说，企业最好注册一个域名，申请一个 IP 地址，然后让 ISP 将这个 IP 地址解析到企业的 Linux 主机上，并在 Linux 主机上架设一个 Web 服务器。这样，企业就可以将主页存放在自己的这个 Web 服务器上，通过它将企业的主页对外发布。

5.2.4.3 万维网体系机构

万维网是基于客户机/服务器方式的信息发现技术和超文本技术的综合。它由 Web 服务器、Web 浏览器、浏览器与服务器之间的超文本传输协议（hypertext transfer protocol，HTTP）、写 Web 文档的超文本标识语言（hypertext markup language，HTML）以及用来表示 Web 上资源的统一资源定位器（universal resource locator，

URL）几个基本元素构成。

Web 服务器通过 HTML 超文本标识语言把信息组织成为图文并茂的超文本，Web 浏览器的任务是使用一个 URL 来获取一个 Web 服务器上的 Web 文档，将文档内容以用户环境所许可的效果最大限度地显示出来，Web 浏览器为用户提供基于 HTTP 超文本传输协议的用户界面，用户使用 Web 浏览器通过互联网访问远端 Web 服务器上的 HTML 超文本。统一资源定位器用来唯一标识 Web 上的资源，包括 Web 页面、图像文件（如 gif 格式文件和 jpeg 格式文件）、音频文件（如 wav 格式）、视频文件（如 mpeg 格式文件）。

超文本传输协议是用来在互联网上传输文档的协议，它是 Web 上最常用也是最重要的协议，是 Web 服务器和 Web 客户（如浏览器）之间传输 Web 页面的基础。HTTP 是建立在 TCP/IP 之上的应用协议，但并不是面向连接的，而是一种请求/应答（request/response）式协议。浏览器通常通过 HTTP 向 Web 服务器发送一个 HTTP 请求，Web 服务器接收到 HTTP 请求之后，执行客户所请求的服务，生成一个 HTTP 应答返回给客户。

超文本标识语言（hypertext markup language，HTML）并不是一个程序设计语言，它所提供的标记是由 SGML（standard generalized markup language，标准的通用标记语言）定义的。SGML 是 ISO（国际标准化组织）在 1986 年推出的一个用来创建标记语言的语言标准，它源自 IBM 早在 1969 年开发的 GML（generalized markup language），该语言的名称也正好包含了三位创始人姓氏的第一个字母，他们分别是 Charles F. Goldfarb、Edward Mosher、Raymond Lorie。SGML 是一种元语言，即用来定义标记语言的语言，它提供了一种将数据内容与显示分离开来的数据表示方法，使得数据独立于机器平台和处理程序。1993 年形成 HTML 1.0，以后不断完善，HTML 4.0 发表于 1997 年。

超文本标识语言中有限的标记不能满足很多 Web 应用的需要，如基于 Web 的大型出版系统和新一代的电子商务，而为各种应用需要不断地往 HTML 中增加标记显然不是最终的解决方法，究其原因是 HTML 缺乏可扩展性。从 1996 年开始，W3C（world wide web consortium）的一个工作组在 Jon Bosak 的领导下致力于设计一个超越 HTML 能力范围的新语言，这个语言后来被命名为 XML（extensible markup language，可扩展标记语言）。1998 年 2 月，W3C 发布了 XML 1.0 作为其推荐标准。现在，W3C 已经用 XML 设计出一个与 HTML 4.01 功能等价的语言，称为 XHTML 1.0（extensible hypertext markup language）。

Web 客户通常指的是 Web 浏览器，如 Netscape Navigator 和 Microsoft Internet Explorer。这种浏览器能理解多种协议，如 HTTP、HTTPS、FTP；也能理解多种文档格式，如 text、html、jpeg 等。一般来说，HTML 文档中的链接在 Web 浏览器中通常以带下划线的方式显示，用户点击某个链接就能浏览到所链接的 Web 资源，而在比较专业的网站中，用户浏览网页时经常会发现，链接上的下划线不存在了，这主要是应用 CSS（层叠样式表单）对页面的效果进行批量定义而实现的。

总之，URL、HTTP、HTML（以及 XML）、Web 服务器和 Web 浏览器是构成 Web 的五大要素。Web 的本质内涵是一个建立在互联网基础上的网络化超文本信息传递系统，而 Web 的外延是不断扩展的信息空间。Web 的基本技术在于对 Web 资源的标识机制（如 URL）、应用协议（如 HTTP 和 HTTPS）、数据格式（如 HTML 和 XML）。这些技术在不断发展，新的技术不断涌现，因此 Web 的发展前景不可限量。

5.3 电子商务网站建设

5.3.1 电子商务网站规划设计

本节主要介绍电子商务网站的风格、网站功能定位、市场分析、盈利模式、支付系统等的规划设计。

5.3.1.1 网站规划

网站规划是指在网站建设前对市场进行分析，确定网站的目的和功能，并根据需要对网站建设中的技术、内容、费用、测试、维护等做出规划。网站规划对网站建设起到计划和指导的作用，对网站的内容以及维护起到定位作用。

5.3.1.2 网站规划的内容

电子商务网站建立之前，一般要进行细致和专业的规划，规划内容（有时也可称为策划方案）主要包括以下内容：

（1）建设网站前的市场分析。①相关行业的市场如何，市场有什么样的特点，是否能够在互联网上开展企业的业务。②对市场主要竞争者的分析，如竞争对手企业上网情况及其网站规划、功能等分析。③企业自身条件分析，包括公司概况、市场优势，可以利用电子商务网站对价值链的哪些环节进行改造、提升哪些竞争力，以及建设网站的费用、技术和人力支持，以及如何占领市场、扩大市场份额、以最快的速度实现盈利等。

（2）建设网站的目的及功能定位。①确定建立网站的目的，即明确建立该网站是为了宣传企业产品、在线电子商务交易，或者只是提供行业信息的平台，建立网站是企业自身的需要还是市场开拓的延伸。② 根据公司的需要、计划和建设能力，确定网站功能，即明确网站是产品宣传型、网上营销型、客户服务型、信息咨询型还是交易平台型等。确定网站的前期类型，是 C2C 还是 B2C 网站，服务对象是本地区市民还是更大范围的潜在顾客，经营的是小商品，还是食品、书籍或者软硬件类商品，是建立网上超市，还是二手交易市场平台。在前期目标实现后，网站的后期类型是否发展为 B2C 或者 B2B，是否增强交易平台功能，增加企业交易和产品类型，从经营低价商品扩充到大件商品、高产值、高利润产品等。③明确企业内部网的建设情况和网站的可扩展性。

（3）明确网站的发展目标。分阶段制定网站的发展目标，如初期目标、短期目标、中期目标以及中长期目标。①初期目标。如申请域名、申请贷款、吸收风险投资、制作网站、联系 ISP、申请网络介入、购买服务器等软硬件设备等。②中长期目标。如在半年内，建立网站、扩充网站内容、规范网站服务、吸引加盟营销商、使网站在本地区有一定知名度，建立服务网络；建立产品采购网络，建立产品配送网络，培训员工，产品采购、配送依托连锁超市等传统物流网络。依托传统物流网络采用合作加盟方式等。在一年内，在本地区有较高的知名度，能打出自己的品牌，进一步充实网站内容，争取更多的加盟营销商，丰富网上超市的产品，并向高端产品发展、吸纳投资，扩大经营范围，着手建立 B2B 商业交易平台、实现网站盈利等。在两年内，成为本地区最大的电子商务网站之一，巩固市场份额，网站集 B2B、B2C、C2C 三种经营方式为一体，建设自有的物流体系，降低经营成本；在巩固低端产品市场的同时，重心向高端产品发展，建立以高利润、高附加值产品为主的经营体系等。在三年内，收购产品供货企业，建设自己的产销体系，进一步降低产品成本，完全脱离传统零售商，建立更便捷、更优惠的产品营销网络等。

（4）网站板块及内容规划。①根据网站的目的和功能对网站内容进行规划。一般企业网站应包括企业简介、产品介绍、服务内容、价格信息、联系方式、网上订单等基本内容。网站建设初期，网站可分为产品索引、在线交易、新品发布、BBS、二手市场与行业资讯等几大板块，以后逐渐增加企业产品发布板块，增加会员板块，对付费会员提供更多的附加服务和优惠措施。②电子商务类网站要提供会员注册、详细的商品服务信息、信息搜索查询、订单确认、付款、个人信息保密措施、相关帮助等。③网站内容是网站吸引浏览者最重要的因素，因此，为了提高企业网站的可观性和吸引力，可事先对潜在消费者希望阅读的信息进行调查以及时调整网站内容。如果网站栏目比较多，则应考虑对网站各栏目确定专门的编程人员负责相关栏目内容。

（5）网页设计与网站风格的确定。①要结合企业整体形象确定自身的网站风格，要注意网页色彩、图片的应用及版面规划，保持网页的整体一致性。网站风格是指网站的整体形象给浏览者的综合感受。网站风格的确定有一些要注意的地方：将企业的标志尽可能地放在每个页面上最突出的位置；提出能反映网站精髓和产品服务特点的宣传标语；网站风格可定位为简洁明快，图片和文字相结合，页面可采用统一模块。此外，一定要突出页面的主色调，因为色彩永远是网页制作和设计中最重要的一环。网页给浏览者的第一印象往往不是其产品和栏目，而是网页的色彩给人的感觉，网站页面的基调一般应该与企业的形象相符，颜色也不宜过多，尽量控制在三至五种色彩以内，而且页面背景与文字颜色的对比尽量要大，以突出页面的主要文字内容。此外，页面中要加入一些 Flash、Javascript 等特效，让网页看起来更加生动活泼，互动性更强。②在新技术的采用上要考虑主要目标访问群体的分布地域、年龄阶层、网络速度、阅读习惯等。③制定网页改版计划，如每半年到一年进行一次较大规模的改版等，以满足目标访问群体对网站内容和风格变化的需求。

（6）网站技术解决方案。要考虑网站采用的技术方案，如可租用虚拟主机（或自建服务器），采用 IBM、惠普等公司提供的电子商务解决方案（或者自己开发），采用何种电子商务在线支付解决方案（如第三方支付等），相关程序开发，如网页程序 ASP、JSP、CGI、数据库程序等；并要注意采用安全的技术确保网站的安全，包括防止病毒的袭击、防止黑客的入侵、防止因为意外事故而导致数据丢失，以及在线支付等交易过程中不泄漏客户的银行账号、个人信息等讯息。使用安全可靠的杀毒软件，并且定时升级，不使用来历不明的软件，注意移动存储设备的使用安全，以有效地防止病毒的袭击。使用网络防火墙、定期扫描服务器，发现漏洞及时打补丁。为应付意外事故，必须每天备份数据，这对于保证客户信息的安全性是最重要的。在传输数据的过程中要对数据进行加密，例如使用密钥加密数据和数字签名技术等，保证客户的权益不受到损害。

（7）网站测试。①网站设计制作完毕，要对服务器的稳定性和安全性进行测试。②对网站网页的程序及数据库进行测试。③对网页的兼容性进行测试，如浏览器、显示器的兼容性等。④根据需要进行其他测试。

（8）网站发布与推广。网站测试后对网站的发布进行公关和广告活动，并进行搜索引擎登记等。网站可加入新浪、搜狐和百度等大型网站的搜索引擎，也可采取一些其他方法进行推广活动，等网站有了一定点击率之后可以找专门的策划公司来包装，并从网页到宣传口号进行一次大的改版，使品牌更具知名度，进一步开拓市场。

（9）网站维护。①服务器及相关软硬件的维护，对可能出现的问题进行评估，制定响应时间。②数据库维护。有效地利用数据是网站维护的重要内容，因此要重视对数据库的维护。③内容的定期和不定期更新和调整等。如需要经常更新本行业或企业产品等相关信息的内容，可设专门的网站维护部门或维护人员负责此项工作。将网站维护制度化、规范化。网站建设初期可聘请专门的数据库操作员，对网站内容进行实时更新；网站运行稳定之后，可在企业内部员工中培训一些人员进行网站维护操作，降低维护成本。

5.3.1.3　网站的结构

（1）页面的层次结构：一级页面、二级页面、三级页面。无论是复杂的商业网站，还是简单的个人网站，在网页的层次结构上都存在一些共同点，即任何一个网站均可用三层结构实现，也就是：首页→栏目页→内容页或一级页面→二级页面→三级页面。

　　制作好三级结构（如图 5.3 所示），就能够制作好其他类型的结构，因为任何网站都是以这三级结构为基准的，而且各级结构各有特点。

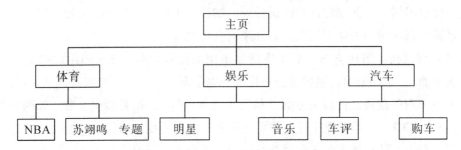

图 5.3　网站页面的三级结构示意图

　　（2）页面的链接关系。万维网将互联网上的信息资源以超文本形式组织成网页（Web），某些信息处被加了超文本链接，网站页面的最大特点就是各页面间的链接关系，借助于这些超级链接，浏览者可以从一个网页跳到另一个网页。而这些链接打开的方式或者称为链接的关系有两类：一类是"直接在当前页面打开"；另一类是"打开一个空白页"。两者的区别在于：前者是在当前页面打开，即新页面打开时把当前页面覆盖。因此，浏览者可以点击新页面左上角的返回按钮返回前一页（如图 5.4 所示）。而后者意味着新页面是重新打开的一个页面，也就是说，新页面打开后之前的页面仍然是打开状态。因此，浏览者会看见新页面左上角的返回按钮是灰色的，即不能返回之前那一页（如图 5.5 所示）。

图 5.4　"直接在当前页面打开"的新页面

图 5.5　"打开一个空白页"的新页面

5.3.2　电子商务网站制作设计

5.3.2.1　网页与主页

　　使用浏览器访问网站时，网站中第一个被执行的文件称为主页，主页的基本功能是帮助访问者轻松浏览网站。主页组成与一般网页一样，核心是 HTML（Hypertext markup language）语言。

5.3.2.2 网页制作工具

我们可以用任何文字编辑工具制作网页，前提是熟练掌握 HTML 语言。当然，现在出现了不用面对语言的工具软件如 Frontpage、Dreamweaver 以及 Flash 等，操作简单、实用，学起来比较轻松。

Dreamweaver：这是网页三剑客之一，是专门制作网页的工具。它可以自动将网页生成代码，是普通网页制作者的首选工具。其界面简单、实用功能比较强大，建议初学者选用。设计者也可以使用写字本、EditPlus 等代码编辑工具，这些工具主要编辑 asp 等动态网页。此外还有一些网络编程工具，如 Javascript 和 Java 编辑器等。

要真正做好一个网站，还必须有良好的设计功底，所以设计者还得掌握很多相关的网页制作设计软件，如 Photoshop、Flash 等。大型的网站往往还需要数据库的支持，所以数据库技术也是网页制作中常常需要用到的。

5.3.2.3 网页制作基础知识

（1）不要忘记加入网页的 title（标题）。title 是显示在浏览器标题栏的文字，在网页下载时，它是最先出现的，所以可以用它提示网页的主要内容，或者写些欢迎的话（如图 5.6 所示）。在网页中，title 的内容是用"<title>淘宝网-淘！我喜欢</title>"这一段 HTML 代码来定义的。

图 5.6 淘宝网首页 title 示例

（2）将首页命名为 index.htm。这是制作时一般的规定，一旦该页被取名叫 index.htm 以后，等整个网站发布后，它就是别人用网站网址打开后看到的第一页。

（3）将所有文件的文件名统一格式用英文字母，如都为英文小写。

（4）图片应使用 gif 和 jpg（jpeg）格式。这是两种位图文件格式，在同样的视觉清晰度下，文件量往往比其他文件格式小，也就是说在网上下载的时候时间会更短。

（5）用链接连接各个页面。各网页之间通过超链接构成一个整体。建议这步最后做，先将各个页面的其他部分做好。

超级链接一般有三种情况。第一种情况是从当前页链接到当前页面的另一个位置，这种情况经常在浏览一个比较长的页面时遇到，由于页面比较长，要连续滚动鼠标多次以往下寻找所需浏览的内容很不方便；因此，网页制作者可以在当前页面的适当位置添加带链接的文字如"第二章"，浏览者点击该文字，即可到达该页面的比较靠后的位置，而不需要连续滚动鼠标寻找"第二章"。第二种情况是从当前页链接到同一台服务器上的另一个网页文件，如新浪首页的娱乐频道，在新浪首页点击"娱乐"，即进入新浪的娱乐频道，两个页面同在新浪网站的服务器上。第三种情况是从当前页链接到互联网上的另一个网站的网页，如从四川大学首页的友情链接可以直接点击进入中华人民共和国教育部网站，如图 5.7 所示。

图 5.7　超级链接示例

5.3.2.4　网页的制作和测试

网页制作时可选择利用 Dreamwaver 等软件进行，下面讲解网页制作的主要步骤。

第一步是新建网页，选择"文件"菜单中的"新建"，再选择"网页"命令，此时在网页编辑区中即可看到新建的空白网页。当然，如果对 HTML 等语言非常熟悉，也可以直接用文本编辑器编辑网页。

第二步是保存网页。如果页面已经编辑完成，即可保存网页。

第三步是测试网页，如果是用网页制作软件，则可选择"文件"菜单中的"在浏览器中预览"，使用 IE 浏览器来打开指定的网页文档即可，如果是直接用文本编辑器编写网页，则可直接用 IE 浏览器打开即可。

5.3.2.5　插入 Web 组件

在网页的编辑过程中，可插入需要的字幕、悬停按钮等 Web 组件。

插入字幕：在网页中设置移动字幕，可以使某段文字在网页上循环作水平移动。

悬停按钮：悬停按钮是一个动感按钮，当访问者将鼠标指向该按钮时，按钮就会改变颜色或形状。

横幅广告管理器：在网页的同一地方轮流显示不同的图片，可以在有限的网页页面中提供尽可能多的信息（如图 5.8 所示）。

图 5.8 淘宝首页横幅广告管理器

站点计数器：站点计数器通常添加在主页中，用于统计和显示站点被访问的次数。

5.3.2.6 动态效果及网页过渡

动态 HTML 效果：设置动态 HTML 效果后，当打开网页，进行单击、双击或鼠标悬停等操作时，网页内指定的文本、图像、按钮、字幕、链接等对象能够实现某种动画效果，如飞出、缩放等。

网页过渡：网页过渡是指进入或离开网页时的特殊效果。

5.3.2.7 HTML 语言

网页制作的基础是 HTML 语言。HTML 语言是被用来编制网页文档的标记性语言，不是编程语言，它不需要经过编译，只需要通过浏览器来打开就可以看到结果。HTML 语言采用了标记方式，描述了文本段落、文本格式、图像、超链接等每个在网页上的组件，通过超文本链接能方便地进行各种网页信息之间的切换。

为了提高网页制作（特别是动态网页制作）的技术水平，就有必要了解、熟悉甚至精通 HTML 语言及脚本语言。

（1）HTML 编辑操作。编辑 HTML 时可使用 FrontPage 或者 Dreamwaver 等软件，也可用记事本，写字板等编辑器直接进行。此外，如果要查看某个网页的 HTML 源代码，一般可以点"查看"→"源文件"，或者直接在页面空白处点鼠标右键→"查看源文件"，编辑 HTML 时不区分大小写。

（2）HTML 文档的基本结构。每个 HTML 网页文档以标记<HTML>开始，以</HTML>结束。HTML 文档一般由两部分组成：头部（HEAD）和主体（BODY）。

标记以"<"">"及标记名组成，标记有两种类型，一种是双向标记，一种是单向标记。双向标记：<标记>……</标记>，如：<BODY> …… </BODY>，单向标记稍后介绍。

网页的四种基本标记如下：

  <HTML></HTML> 标明文档的开始和结束，定义文档。

  <HEAD></HEAD> 标明文档的头部。

<TITLE></TITLE> 标明标题，显示在浏览器的标题栏中。

<BODY></BODY> 标明文档的主体。

（3）常用的一些标记。

① 标题标记：<Hn > 标题文字 </Hn> 示例：<H₃> 网页制作 </H₃>

H_1 到 H_3 字体逐渐变小，如图 5.9 所示效果。

图 5.9　Hn 标记效果

② 文字标记：<FONT SIZE ="#" FACE ="#" COLOR ="#"> 文字 </FONT>，其作用是设置文字的大小、字体及颜色。

示例：<FONT SIZE ="3" FACE ="宋体" > 网页制作 </FONT>

③BODY 标记的 TEXT 属性及 BGCOLOR 属性：

<BODY BGCOLOR ="#" > 文字 </BODY>,其作用是设定整个网页的文字颜色和背景颜色。

示例：<BODY BGCOLOR =" #634000" text ="red"> 网页制作 </BODY>

④段落标记：<P > 文字块 </P>

示例：我的网页 1<P > 网页制作 </P>我的网页 2，其作用是该文字块被定义为一个段落，在页面中显示的效果即为前后都隔行换行显示（如图 5.10 所示）。

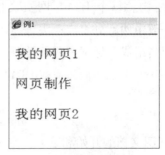

图 5.10　段落标记效果

⑤单向标记：换行标记
，表示
标记前后的文字要换行（不隔行）显示。

示例（如图 5.11 所示）：网页制作
网站管理。

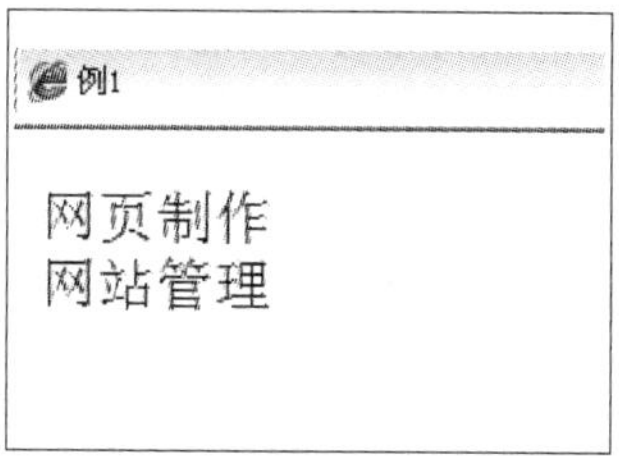

图 5.11 换行标记效果

⑥居中对齐标记：<CENTER> 文字 </CENTER>

示例：<CENTER> 网页制作 </CENTER>

⑦注释标记：<! −注释内容−> 或 <！注释内容>

示例：<! 以下设置小程序>

【例 5.1】 显示"欢迎您来到 HTML 世界！"

```
            <HTML>
        <HEAD>
    <TITLE> 例 1 </TITLE>
        </HEAD>
        <BODY>
            欢迎您来到 HTML 世界！
        </BODY>
    </HTML>
```

假设该文档的文件名为"Welcome.htm"，存放在当前站点中。

【例 5.2】 建立含有两个网页链接的 HTML 文档。

```
<HTML><HEAD>
<TITLE> 例 2 </TITLE>
</HEAD>
<BODY>
    <P><A HREF="Welcome.htm"> 欢迎您 </A></P>
        <P><A HREF="http://www.pku.edu.cn/">
            浏览北大 </A></P>
</BODY></HTML>
```

其中：<P></P>表示分段；

　　　<A HREF……> </A>表示插入超级链接。

思考：本例中两个链接分别是前面介绍的超级链接三种情况中的哪种情况？

【例 5.3】显示唐诗《游子吟》。

```
<HTML><HEAD>
    <TITLE> 一首唐诗</TITLE>
  </HEAD>
<BODY bgColor=#cc9999 > <center>
<FONT COLOR="blue"><H1>游子吟</H1><FONT>
<P><FONT SIZE="5" COLOR="yellow">
        慈母手中线,游子身上衣。<BR>
        临行密密缝,意恐迟迟归。<BR>
        谁言寸草心,报得三春晖。
        </FONT></P></center>
</BODY></HTML>
```

【例 5.4】显示唐诗《静夜思》。

```
<HTML>
    <HEAD><TITLE>静夜思 </TITLE> </HEAD>
    <BODY text="BLUE"> <CENTER> <H1> 静夜思 </H1>
  <P>（唐诗）</P>
        <FONT SIZE="5" FACE="楷体 GB2312" COLOR="RED">
        床前明月光,疑是地上霜。</FONT><BR>
        <FONT SIZE="5" FACE="黑体" COLOR="DARKBLUE">
        举头望明月,低头思故乡。</FONT>
        </CENTER>
    </BODY></HTML>
```

思考：【例 5.4】中页面有几行字，分别显示什么颜色？

5.3.3 网页脚本语言初步认识

脚本（script）实际上就是一段程序，用来完成某些特殊的功能（主要是让它完成 HTML 不能做的事），有两种类型的脚本，即服务器端脚本和客户端脚本。客户端脚本程序可以直接嵌入到 HTML 文档中，并由客户浏览器解释执行（可减轻服务器的负荷）。脚本语言有 VBScript 和 JavaScript 等。VBScript 简称 VBS，是基于 Visual BASIC 的由微软开发的一种脚本语言，目前这种语言广泛应用于网页和 ASP 程序制作。网页中的 VBS（JavaScript 也一样）可以用来指挥客户方的网页浏览器（浏览器执行

VBS 程序），可以用来实现动态 HTML，甚至可以将整个程序结合到网页中来。

【例 5.5】根据不同的时间段在网页上发出问候语，如"早上好"等。

```
<HTML><BODY><SCRIPT LANGUAGE = "VBScript">
                    H = HOUR(TIME())              '求出系统时间的小时数
            IF H<11 THEN                 '判断时数是否小于 11
              DOCUMENT.WRITE("上午好！")
            ELSE
              IF H<13 THEN                '再判断时数是否小于 13
                DOCUMENT.WRITE("中午好！")
              ELSE
                IF H<18 THEN             '再判断时数是否小于 18
                  DOCUMENT.WRITE("下午好！")
                ELSE
                  DOCUMENT.WRITE("晚上好！")
                END IF
              END IF
            END IF
          </SCRIPT></BODY></HTML>
```

也可以增加时间段，如下面【例 5.6】。

【例 5.6】如果系统时间为 17:20，页面将显示什么？

```
<HTML><BODY bgcolor = "lightblue"  text = darkred ><CENTER>
<font face = 黑体 size = 28 ><br>
    <SCRIPT LANGUAGE = "vbScript">
                    H = HOUR(TIME()) '求出系统时间的小时数
          IF H<7 THEN '判断时数是否小于 7
                DOCUMENT.WRITE("这么早就起床啦！佩服！")
              ELSE
          IF H<11 THEN '判断时数是否小于 11
                DOCUMENT.WRITE("早上好！上午精力充沛好好学习！")
              ELSE
              IF H<13 THEN '再判断时数是否小于 13
                  DOCUMENT.WRITE("中午好！睡会儿午觉精神饱满！")
              ELSE
                IF H<18 THEN '再判断时数是否小于 18
```

```
                        DOCUMENT.WRITE("下午好！下午的时间总是过得很快！")
                    ELSE
                        IF H<22 THEN '再判断时数是否小于22
                            DOCUMENT.WRITE("晚上好！吃完晚饭看场电影！")
                        ELSE '时数大于等于22
                            DOCUMENT.WRITE("夜深了！好好休息啦!")
                        END IF
                    END IF
                END IF
            END IF
        END IF
    </SCRIPT>
    </font> </CENTER>
    </BODY></HTML>
```

5.3.4　GIF、CSS 动画

5.3.4.1　介绍一款制作 GIF 动画的小软件：Ulead GIF Animator

Ulead GIF Animator 是友立公司出版的 GIF 动画制作软件，内建的 Plugin 有许多现成的特效可以立即套用，可将 AVI 文件转成动画 GIF 文件，而且还能将动画 GIF 图片最佳化，能将网页上的动画 GIF 图档"减肥"，以便让人能够更快速地浏览网页。

5.3.4.2　CSS

以前，网页一般都使用表格进行排版设计，优点在于设计制作速度快。尤其在 FrontPage 等可视化网页编辑器中，这样设计显得直观而方便。然而，层层嵌套的表格设计会使网页代码变得冗长复杂，使文件体积增大，且不容易被搜索引擎查找。同时，这样做也不利于大型网站的改版工作。因此，随着许多主流网页浏览器对 CSS 的支持度提高，近年来兴起了一种新的网页设计模式，即标记语言（如 HTML，XML）负责定义页面的内容，而不定义任何网站外观样式（风格）特点。网站外观样式（风格）则由单独的 CSS 文档负责进行批量定义。在排版方面，这种模式提倡使用由 CSS 定义的 DIV 进行页面排版，而表格则逐渐还原为排列数据的最初功能。这种模式有许多优点，如容易被搜寻引擎查找、减小文件体积、提高浏览速度，而且一个 CSS 文档可以被用来控制多个页面的样式，给改版带来了很大方便。图 5.12 和图 5.13 给出了四川大学网站使用 CSS 前后的效果。

图 5.12 未添加 CSS 的网页效果

图 5.13 添加了 CSS 的网页效果

网站建设之前，首先进行网站规划，然后进行网站设计，再进行静态网站制作，加入动态效果，最后嵌入程序，以上就是网站设计制作的基本步骤。

本章小结

本章主要介绍了电子商务网站建设与相关技术，包括互联网（Internet）概述、TCP/IP 协议、IP 地址与域名、万维网简介以及电子商务网站规划设计等内容。

（1）互联网已经成为企业、政府和研究机构共享信息的基础设施，同时也是开展电子商务的基础。一个网络连接到互联网的任何一个节点上，就意味着连入了整个互联网，并作为它的一个组成部分。

（2）互联网统一使用 TCP/IP 协议，该协议是互联网上最基本的协议，其英文名称是 Transfer Control Protocol/Internet Protocol。尽管这两个协议可以分开使用，各自完成自己的功能，但由于它们是在同一时期为一个系统来设计的，并且功能上也是相互配合、相互补充的，因此计算机必须同时使用这两个协议，因此常把这两个协议称作 TCP/IP 协议。

（3）IP 地址是一个 32 位的二进制数，为书写方便和记忆，通常采用点分十进制表示法，即 8 位一组分成四组，每组用十进制数表示，并由圆点分隔。由于用数字表示的 IP 地址难以记忆，不如用字符表示直观，为了便于使用和记忆，也为了易于维护和管理，我们采用一种称为域名的表示方法来表示 IP 地址，所以，域名可以看作用字符表示的 IP 地址。

（4）互联网的迅速发展有赖于万维网工具。万维网起源于 1989 年 3 月，是由欧洲量子物理实验室 CERN 所发展出来的主从结构分布式超媒体系统。万维网是互联网的多媒体信息查询工具，是互联网上近年才发展起来的服务，也是发展最快和目前最广泛使用的服务。万维网是一种建立在互联网上的全球的、交互的、动态的、多平台的分布式图形信息系统。利用万维网，人们只需要使用简单的方法，就可以迅速、方便地取得丰富的信息资料。

（5）电子商务网站具有节省信息查询时间、提高效率、提供多种沟通渠道、为客户提供个性化的网站与服务、提供企业信息、提供网络广告及客户反馈、提供客户在线支付与查询、提供决策工具、在线使用多媒体等功能。企业通过电子商务网站可以在线宣传其形象、发布企业产品动态、展示产品目录、集成产品发布系统、集成订单系统，电子商务网站具有易用性、及时性等特点。在建立电子商务网站时，对于电子商务网站的风格、网站功能定位、市场分析、盈利模式、支付系统等的规划设计非常关键。

（6）网站设计制作步骤：网站建设之前，首先进行网站规划，然后进行网站设计，再进行静态网站制作，加入动态效果，最后嵌入程序。

本章习题

单项选择题

1. 网页 HTML 语言中的标签<A>用来表示（　　）。

　A. 超级链接　　　B. 图片　　　　　C. 文字　　　　　D. 动画

2. IP 地址是一个（　　）位的二进制数。

　A. 32　　　　　　B. 16　　　　　　C. 64　　　　　　D. 8

简答题

1. 电子商务网站常见的网页元素有哪些？CSS 在网页源代码中添加的位置是哪里？CSS 的作用是什么？

2. 网页中的
与 <p>标记有何区别？

3. 文件 Welcome. htm 源文件代码如下：

```
<HTML>
    <HEAD>
<TITLE>
welcome
</TITLE>
</HEAD>
    <BODY bgcolor=purple>
<br>
    <font face=黑体 size=34 color=yellow>
        <center>
欢迎来到我的世界
</center>
        </font>
    </BODY>
</HTML>
```

请回答以下问题：

（1）该页面是否有背景颜色？如果有，是什么？该页面的内容是否居中显示？

（2）该页面是否有 TITLE？如果有，是什么？TITLE 的内容会在页面的什么地方显示出来？

（3）标签
的作用是什么？

（4）如果将<font>标签中的" color = yellow" 去掉，请修改 welcome.htm 的源文件，使其显示的效果不变（即修改其他标签内容，使该页面显示效果相同）。

实践操作题

1. 请使用任意一款 GIF 动画制作软件，进行 GIF 动画制作练习（自选效果），并回答 GIF 动画中的帧和层的关系是什么。

2. 用 Dreamwaver 和 Frontpage 软件制作网页时，如何添加图片？如果不使用网页制作软件，那么在网页源代码中，如何编写添加图片的代码？

6 电子商务物流

电子商务中的任何一笔交易都会涉及四个方面：商品所有权的转移、货币的支付、有关信息的获取与应用、商品本身的转交。即几种基本的"流"：商流、资金流、信息流、物流。

物流，作为四流中最为特殊的一种，是指物质实体（商品或服务）的流动过程，具体指运输、储存、配送、装卸、保管、物流信息管理等各种活动。而在电子商务交易中，我们作为买方能够直观地感受和体会到物流服务，比如在线购物一两天后快递送货上门。

6.1 物流概述

物流的概念最早源于美国，其内涵是指实物配送，是企业、销售商自身的运输、仓储、包装等活动。在第二次世界大战中，美国的后期组织成功地将战略物资源源不断地输送到全球各地，使得美军能够实施全球化战略。第二次世界大战后，随着美国企业全球化经营的发展，传统的实物配送 PD① 理论不能满足实践需要，PD 逐渐被 logistics（物流）取代。这一重要变革，是将物流活动从被动、从属的职能活动上升到企业经营战略的一个重要组成部分，而对物流活动作为一个系统整体加以管理和运行，从对活动的概述和总结上升到以实现顾客满意为第一目标，以企业整体效益最优化为目的，运用现代技术，对商品运动进行高效的一体化管理层次。

6.1.1 物流的定义

中国国家标准《物流术语》对物流的定义是：物品从供应地向接受地的实体流动过程，根据实际需要，将运输、仓储、装卸、搬运、包装、加工、配送、信息处理等基本功能实施有机结合。

美国物流管理协会（Council of Logistics Management，CLM）1998 年对物流的定义是：物流是供应链过程的一部分，是以满足客户需求为目的，以高效和经济的手段来组织产品、服务以及相关信息从供应到消费的运动和存储的计划、执行和控制的过程。

可见，不同国家的不同组织和研究机构对物流的定义不尽相同，但一般来说，物流是为满足消费者需要而进行的原材料、中间过程库存、最终产品和相关信息从起点到终点之间有效流动和存储的计划、实施和控制管理过程，主要包括运输、储存、包

---

① PD 是 physical distribution 的缩写。physical 在这里并不是"物质"的意思，而是"物理"的意思，distribution 是"流通"的意思，所以可把 PD 直译为"物理性流通"，中文意思为传统物流。

装、装卸、配送、流通加工、信息处理等活动。

6.1.2 商流与物流

电子商务也就是商品或服务所有权的买卖，即商流。商流要靠物流支持，所以物流是电子商务的重要组成部分，两者是相互对应的关系。

在商流活动中，商品所有权在购销合同签订的那一刻起，便由供方转移到需方，而商品实体并没有因此而移动。在传统的交易过程中，除了非实物交割的期货交易外，一般的商流都必须伴随相应的物流活动，即按照需方（购方）的需求将商品实体由供方（卖方）以适当的方式、途径向需方转移。

而在电子商务环境下，消费者通过上网购物，就完成了商品所有权的交割过程，即商流过程。但电子商务活动并未结束，只有商品和服务真正转移到消费者手中，商务活动才告以终结。在整个电子商务的交易过程中，物流实际上是以商流的后续者和服务者的姿态出现的。

6.1.3 物流的构成要素

物流活动的构成要素包括输送、储存、装卸、包装、流通加工、信息等。

输送是使物品发生场所、空间移动的物流活动。输送体系中的运输主要指长距离的两地点间的商品和服务移动，而短距离的、少量的输送常常被称为配送。储存具有商品储藏管理的意思，它有时间调整和价格调整的功能。装卸是跨越交通机关和物流设施而进行的，发生在输送、保管、包装前后的商品取放活动。包装是在商品输送或储存过程中，为保证商品的价值和形态而从事的物流活动。流通加工是在流通阶段所进行的为保存而进行的加工或者同一机能形态转换而进行的加工，流通加工是提高商品附加值、促进商品差别化的重要手段之一。信息是使物流活动能有效、顺利地进行的消息，包括与商品数量、质量、作业管理相关的物流信息，以及与订、发货和货款支付相关的商流信息。

6.1.3.1 运输

运输在实践中应用广泛。通过运输可以使货物在物流据点之间流动，从而产生场所功效，解决货物空间间隔的问题。运输具有扩大市场、稳定价格、促进社会分工、扩大流通范围等社会经济功能。因此，运输对发展经济，提高国民生活水平有着十分巨大的影响，现代的生产和消费，就是靠运输事业的发展来实现的。

运输一般分为输送和配送。在物流活动要素里介绍的运输是指前面一种输送的概念。运输是物流的关键功能之一。

1. 运输的两大功能

商品转移和商品储存。运输的主要功能就是将商品在价值链中不断移动。由于运输要利用时间、资金以及环境等各种资源，所以，只有当运输确实能提高商品价值时，这样的移动才是有价值的。在企业中，运输的主要目的就是要以最低的时间、财务和环境资源成本，将商品从供应地转移到需要地。此外，还要保证商品尽可能完好。此外，运输还有商品储存功能，即可以把运输工具作为对商品临时储存的场所，但要注意这是成本相当高的储存设施。

2. 运输的方式

运输的基本方式有五种，除管道运输外，在企业运输中，涉及四种，它们分别是铁路运输、公路运输、水运运输和航空运输。企业可以使用单一的运输方式，也可以将几种不同的运输方式组合起来使用。各种运输方式的特点如下：

（1）铁路运输。铁路是陆地长距离运输的主要方式。以前，铁路在货运中占主导地位，可是随着经济的发展，消费需求不断变化，铁路的不足之处逐渐显现出来。近年来，随着高速公路的建设，公路运输业蓬勃发展，使铁路的收入和吨公里运输份额逐渐下降。但是今天，随着对环境问题的日益关心，人们又重新开始重视铁路。铁路在运输市场中的份额逐渐趋于平稳。

（2）公路运输。汽车常用来配送产品的短距离运输。公路运输的优点非常明显，这也是其迅速增长的主要原因。然而，公路运输也存在缺点。尽管在公路运输中存在各种各样的问题，但是可以预见，公路运输将继续在物流作业中起着骨干作用。

（3）水路运输。水路运输是最古老的运输方式。水路运输通常又可以分为海洋运输和内河运输。在过去的时间里，水路运输的市场份额有所增长，大批的产品运输逐渐从铁路和公路转移到成本更低的水路运输上了。水路运输有优点和缺点。对于今后的物流系统来说，水路运输仍将继续成为可利用的选择。但要将它放入物流系统中，与其他运输方式相结合。除了本身所具有的优点，水路运输还具有中转存储的功能。

（4）航空运输。最新的运输方式是航空运输，它有明显的优点和缺点。目前采用航空运输的主要是像联邦快递和 UPS 这类提供溢价运输服务公司。对于高价值产品和对时间要求高的服务需求来说，航空运输是一种非常理想的运输方式。

3. 运输方式的选择

企业在评估以上各种运输方式时，要根据自身的需要对一些因素分配权重。一般认为运输费和运输时间是最为重要的因素。这里还需要注意的是运输服务与运输成本之间，运输成本与其他物流成本之间的关系。

在选择合适的运输方式时，一般需要考察以下方面：运费的高低、运输时间的长短、可以运输的次数（频率）、运能的大小、运输货物的安全性、运输货物时间的准确性、运输货物的适用性、能适合多种运输需要的伸缩性、与其他运输方式衔接的灵活性，以及提供货物所在位置信息的可能性。

4. 运输服务供应商

以前大多数的运输服务供应商只提供单一的运输服务（像铁路局、公路局、航空运输公司等这些运输服务供应商仅利用一种运输方式提供服务），而随着客户需求的变化，单一运输方式的格局逐渐被打破而形成了多式联运运输服务（多式联运是指使用多种运输方式，利用各种运输方式各自的内在经济，在最低的成本条件下提供综合性服务。对于每一种多式联运的组合，其目的都是要综合各种运输方式的优点，以实现最优化的绩效）、专门化运输等多种形式。

5. 运输管理

不论公司是否拥有车队，大多数公司都有运输管理部门，负责本公司内部、外部的运输事务。现代运输部门所肩负的责任远远超过传统的内容，因为运输部门能对公司的物流成本产生重大影响。运输部门负责的主要工作如下：评估运输商、费率谈判、跟踪和处理、索赔管理、制订设备计划。此外，还必须计划、协调和监督设备必要的维修和保养。

在大多数物流系统中，运输是单一成本最高的领域。物流系统对有效的运输能力有很强的依赖性，因此，运输部门必须在整个物流系统的计划制订中发挥积极的作用。此外，运输部门还有责任去寻找可供选择的方法，以便充分利用运输服务来降低整个物流系统的总成本。

6.1.3.2 储存

储存是物流的主要功能要素之一。在物流中，运输承担了改变商品空间状态的重任，物流的另一重任即改变商品时间状态则由储存来承担。所以，在物流系统中，运输和储存是物流的两大支柱，是其并列的两大主要功能。

储存的有利作用体现在两个方面：一是创造"时间效用"。储存的功能是解决生产与消费之间的时间差，使商品在需要时及时获得，保障了商品供给。这方面需要解决的问题主要是季节性生产和全年消费或季节性消费和全年生产之间的矛盾。二是创造利润。有了库存保证，就无须紧急采购，不致加重成本使该赚的少赚；有了储存保证，就能在有利时机进行销售，或在有利时机购进。

但储存如果管理不好，也经常有冲减物流系统效益、恶化物流系统运行的趋势。首先，库存会导致仓库建设、仓库管理、仓库工作人员工资、福利等费用开支增加。其次，储存物资占用资金的利息，以及这部分资金如果用于其他项目的机会成本都比较大。最后，物资在库存期间可能发生各种物理、化学、生物、机械等损失，还会产生储存物投保缴纳保险费的支出与进货、验收、保管、发货、搬运等工作工资成本。

确定合理库存是物流管理的重要内容之一。目前库存管理还没有统一的模型，企业需根据自己的具体情况，建立有关模型，解决具体问题。

6.1.3.3 包装

在物流中，包装包括商品的物质形态和盛装商品时所采取的技术手段和工艺操作过程，它是在流通过程中保护商品、方便储存、促进销售，按一定技术方法而采用的容器、材料及辅助物等的总称。

6.1.3.4 装卸搬运

物流作业系统的一个重要组成部分就是设备在设施内的移动，即装卸搬运活动。装卸活动是物流各项活动中出现频率最高的一项作业活动。装卸是指物品在空间上所发生的以垂直方向为主的位移；搬运是指物品在仓库范围内所发生的短距离的、以水平方向为主的位移。因为物品在多数情况下是装卸和搬运两者的叠加，所以将在同一区域范围内进行的，以改变物品的存放状态和空间位置为主要目的活动称为装卸搬运。

6.1.3.5 流通加工

流通加工是物流中具有一定特殊意义的物流形式，它不是每一个物流系统必需的功能。生产是通过改变物资的形式和性质创造产品的价值和使用价值，而流通则是保持物资的原有形式和性质，完成商品所有权的转移和空间形式的位移。

《中华人民共和国国家标准物流术语》对流通加工的定义如下：流通加工是为了提高物流速度和物品的利用率，在物品进入流通领域后，按客户的要求进行的加工活动，即在物品从生产者向消费者流动的过程中，为了促进销售、维护商品质量和提高物流效率，对物品进行一定程度的加工。流通加工通过改变或完善流通对象的形态来实现"桥梁和纽带"的作用，因此流通加工是流通中的一种特殊形式。随着经济增长，国民收入增多，消费者的需求出现多样化，促使在流通领域开展流通加工。目前，在世界许多国家和地区的物流中心或仓库经营中都大量存在流通加工业务，在日本、美国等物流发达国家则更为普遍。

6.1.3.6 物流中所涉及的信息问题

物流信息是伴随着物流而产生的，经过采集处理、传播形成的"信息流"，它引导和调节物流的数量、方向、速度，使物流按规定的目标和方向运动。

物流和信息关系十分密切，物流从一般活动成为系统活动，有赖于信息的作用。如果没有信息，物流则是一个单向的活动；只有靠信息的反馈作用，物流才成为一个有反馈作用的，包括了输入、转换、输出和反馈四大要素的现代系统。

物流信息对整个物流系统起着融会贯通的作用，对物流活动起支持作用，对提高经济效益也起着非常重要的作用，对物流现代化管理非常重要。

6.1.4 物流种类

（1）企业生产物流。生产周期内的物流活动：将原材料、半成品、燃料、外购件投入生产后，经过下料、发料，运送到各加工点和存储点，以及在制品形态从一个生产单位流入另一个生产单位，按照规定的工艺路线进行加工、存储，借助一定的运输工具在某个点内流转，又从某个点流出，物料始终处于实物形态的流转过程。

（2）企业废弃物物流。企业生产过程中排放的废弃物的运输、装卸、处理等物流活动。

（3）供应链物流。它包括企业供应物流和销售物流活动，是电子商务的支撑系统。

供应链（supply chain）指生产及流通过程中，涉及将产品或服务提供给最终用户活动的上游与下游企业，所形成的有一定方向的、相互依存关系称为供应链。

供应链分成内部供应链和外部供应链两种。内部供应链由采购、制造、分销等部门组成。外部供应链包括原材料和零配件供应商、制造商、销售商和最终用户。

供应链跨越了组织的边界。供应链中物流的方向是自供应商至零售商至客户。供应链中需求信息的方向是自客户到供应商。

供应链管理（supply chain management，SCM）指对整个供应链所有环节的活动进行统一的计划、组织、协调和控制。供应链管理包括订单生成、订单传送、订单完成以及商品和服务的配送过程的全面合作。供应链管理的目标是：①加快产品从生产到市场的时间；②降低库存水平；③减少总费用；④保证顾客服务及顾客满意。

6.1.5 多方物流

（1）第一方物流。由制造商或生产企业自己完成的物流活动称为第一方物流，第一方物流也叫自营物流，由物资提供者自己负责物资的流动、仓储和货运。也就是说，第一方物流即卖方、生产者或者商品供应方组织的物流活动，这些组织的主要业务是生产与供应商品，但为了其自身生产和销售的需要而对物流网络及设备进行投资、经营与管理。第一方物流在实施时，一般要求供应方或者厂商投资配备一些仓库、运输车辆等物流基础设施。卖方为了保证生产正常进行而建设的物流设施是生产物流设施，为了产品的销售而在销售网络中配备的物流设施是销售物流设施。海尔是第一方物流的知名企业，由自身来完成商品的配送运输活动。

（2）第二方物流。第二方物流是由物资的需求者自己解决所需物资的物流问题，以实现物资的空间位移。

133

（3）第三方物流。第三方物流是第一方、第二方之外的专业组织来完成物流功能。如在网上购物时，选择中通快递送货到家服务，就是典型的第三方物流服务。

此外，近年来，也出现了第四方物流与第五方物流等概念。

6.1.6 第三方物流

随着信息技术的发展和经济全球化趋势，越来越多的产品在世界范围内流通、生产、销售和消费，物流活动日益庞大和复杂，而传统物流中第一、第二方物流的组织和经营方式已不能完全满足社会需要；同时，为参与全球性竞争，企业必须确立核心竞争力，加强供应链管理，把不属于核心业务的物流活动外包出去，以降低物流成本。于是，第三方物流应运而生。

（1）第三方物流企业的定义。第三方物流企业指在物料转移过程中，与物流所有权不相关、专门从事物料转移服务工作的企业。它既不是委托方也不是接收方，而是第三方。

（2）第三方物流的优势。第三方物流是提供物流专业服务的企业，它可以满足客户多方面的需要、整合社会资源、节省成本、可向客户提供如物流报告或者在线货物流向跟踪等个性化服务。

（3）第三方物流的地位。第三方物流的发展水平是衡量一个国家物流业发展水平的重要标志。电子商务交易中的物流主要是采用第三方物流。

6.1.7 现代物流与传统物流的比较

（1）从物流功能上看，传统物流的主要功能是运输和仓储，而现代物流则包括了除运输、仓储之外的物流配送、物流信息技术处理和物流服务等功能，同时强调功能的集成。

（2）从运作理念上看，传统物流理念是以企业的生产制造过程即产品生产为价值取向的，企业在向市场提供服务时，主要着眼于企业所拥有的资源并以自身的成本核算为服务价值取向，而对服务比较淡薄，缺乏服务意识，这就表现为服务的被动性、波动性、短期性，因而难以达到服务增值的目的。而现代物流理念则以企业的客户服务为价值中心取向，因而更加强调了物流运作的客户服务导向性。

（3）从价值实现上看，传统物流主要通过商流与物流的统一来实现物的使用价值的转换，从而创造时间价值与空间价值。可见，其价值实现的方式和途径比较单一。而现代物流则强调以满足消费者的需求为目标，以第三方物流为基础，联合供应商和销售商，把战略、市场、研发、采购、生产、销售、运输、配送和服务等各个环节有机地融合在一起，通过商流与物流的分离，降低物流成本，优化物流资源配置，加强物流信息化建设，提供专业的物流服务来实现物流价值的增值。因此，其价值实现的方式和途径灵活多样。

（4）从管理模式上看，传统物流还没有出现真正意义上的物流管理意识，物流各要素相互之间独立发展，物流方式以第一、第二方物流为主；在物流成本的管理上，不是以降低物流总成本为目标，结果是物流总成本的上升。现代物流的管理强调超越现有的组织界限由企业内部延伸到企业外部，将供应商、分销商以及用户等纳入物流管理的范围，并建立和发展具有网络组织特点的物流联盟，以第三方物流的专业化物流服务为基础，有利于降低成本，并实现消费者与供应商之间的物流与信息流的整合。

6.2　电子商务物流管理

电子商务物流管理是研究最小费用下，配合电子商务的信息传递，将物质资料从供给地向需要地转移、满足客户需要的活动。

6.2.1　电子商务对物流主要作业环节的影响

（1）采购。传统的采购极其复杂。采购员要完成寻找合适的供应商、检验产品、下订单、接取发货通知单和货物发票等一系列复杂烦琐的工作。而在电子商务环境下，企业的采购过程会变得简单、顺畅。随着计算机网络技术发展和专业采购网站的出现通过网络采购，可以接触到更大范围的供应厂商，从而有效降低采购成本。

（2）配送。配送在其发展初期，主要是以促销手段的职能来发挥作用。而在电子商务时代，B2C 的物流支持都要靠配送来提供，B2B 的物流业务会逐渐外包给第三方物流，其供货方式也是配送制。没有配送，电子商务物流就无法实现，电子商务也就无法实现，电子商务的命运与配送业连在了一起。同时，电子商务使制造业与零售业实现"零库存"，实际上是把库存转移给了配送中心，因此配送中心成为整个社会的仓库。

6.2.2　电子商务与物流的关系

电子商务只是改变了交易的方式和流程，并没有改变交易的本质内容。电子商务交易活动依然是商流、物流、资金流和信息流的统一。其中，商流、信息流、资金流通过网络进行，而物流依然需要在现实世界通过物理的方式完成。因此，物流是电子商务赖以实现的条件。

虚拟商品或服务的交易可以直接通过网络传输的方式进行，如各种电子出版物、信息咨询服务、有价信息软件等，因此，这类电子商务交易不需要物流的参与。

6.2.3 运输成本控制是电子商务供应链管理中的关键环节

运输成本控制是电子商务供应链管理中的关键环节，而运输成本控制中最关键的就是选择有效的货物运输网络。

主要的运输网络包括：直接运输网络、利用"送奶线路"的直接运送网络、所有货物通过配送中心的运输网络等。它们各有优缺点，下面对此分别阐述。

6.2.3.1 直接运输网络

直接运输网络指所有货物直接从供应商处运达需要地（如图 6.1 所示），每一次运输的线路都是指定的，供应链管理者只需决定运输的数量并选择运输方式。

如果需要地的需求规模足够大，每次的最佳补给规模都与运输工具的最大装载量相接近，那么直接运输网络就是行之有效的。对小的需求来说，直接运输网络的成本过高。可见，直接运输网络的主要优势是：无需中间仓库，而且在操作和协调上简单易行；运输决策完全是地方性的，一次运输决策不影响别的货物运输；从供应商到需要地的运输时间较短。

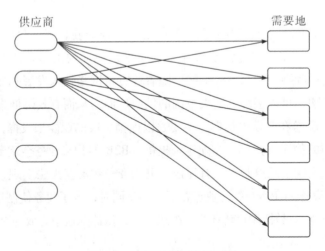

图 6.1　直接运输网络示意图

6.2.3.2 利用"送奶线路"的直接运送网络

一辆卡车将从一个供应商那里提取的货物送到多个零售店时所经历的线路，或者从多个供应商那里提取货物送至一个零售店时所经过的线路在物流中被称为"送奶线路"（如图 6.2 所示）。供应链管理者必须对每条送奶线路进行规划。送奶线路通过多家零售店在一辆卡车上的联合运输降低了运输成本。

显然，利用"送奶线路"的直接运送网络的适用于小批量货物运送，运输成本和库存水平都比较低。

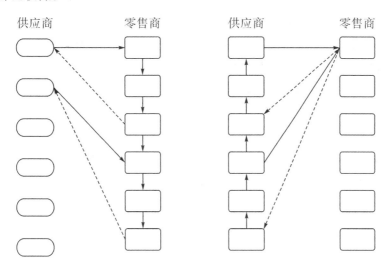

图6.2 利用"送奶线路"的直接运送网络示意图

6.2.3.3 所有货物通过配送中心的运输网络

（1）配送中心。根据物流用语国家标准，配送中心是装备有现代物流技术及信息系统的物料仓储机构，并提供一定服务范围内的送货上门服务，接受并处理末端用户的订货信息，对上游运来的多品种货物进行分拣，根据用户订货要求进行拣选、加工、储备等作业，并进行送货的设施和机构。

使用通过配送中心的运输网络时，供应商并不直接将货物运送到零售店，而是先运到配送中心，再运到零售店（如图6.3所示）。配送中心对货物进行保管，并起到转运点的作用。

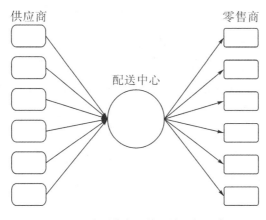

图6.3 通过配送中心的运输网络示意图

137

（2）配送中心的特点。当供应商和零售店之间的距离较远、运费高昂时，配送中心通过使进货地点靠近最终目的地，使供应链获取了规模经济效益，因为每个供应商都将中心管辖范围内的所有商店的进货送至该配送中心。由于配送中心只为附近的商店送货，因此，配送中心的送货费一般都不会太高。

（3）使用配送中心的目标。使用通过配送中心的运输网络，有以下主要目标：①配送中心拉近了产品与市场间的距离，以扩大商品占有率。②降低成本。通过配送中心向商圈四周辐射，缩短了运输距离，并最大限度地实现资源共享。③快速响应客户的需要，提高服务质量。

6.2.3.4 通过配送中心使用"送奶线路"的运送

如果每家商店的进货规模较小，配送中心就可以使用"送奶线路"向零售商送货。许多网上商店在向客户送货时，也从配送中心使用"送奶线路"，以便减少小规模的送货上门的运输成本。使用货物对接和"送奶线路"要求高度的协调以及对"送奶线路"的合理规划和安排。通过配送中心使用"送奶线路"的运送网络如图6.4所示。

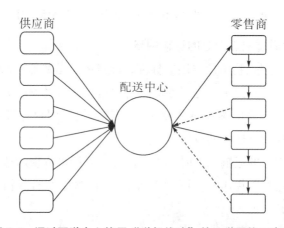

图6.4 通过配送中心使用"送奶线路"的运送网络示意图

6.2.3.5 量身定做（定制化）的运输网络

定制化的运输网络是根据不同的客户和产品特征，运用不同的运输方式和运输网络进行运输。它是上述运输体系的综合利用，在运输过程中综合利用货物对接、"送奶线路"、满载和非满载承运，甚至在某些情况下使用包裹递送。其目的是视具体情况，采用合适的运输方案，减少运输成本和库存成本。定制化的运输网络体系的管理比较复杂，因为大量不同的产品和商店要使用不同的运送程序。

6.2.3.6 不同运输网络的优点和缺点

不同运输网络的优点和缺点如下：

直接运输网络的优点是无需中间仓库、协作比较简单。其缺点是库存水平高、接收费用大。

利用"送奶线路"的直接运送网络的优点是适合小批量货物较低的运输成本，以及较低的库存水平。其缺点是协调的复杂性比直接运输网络大。

通过配送中心的运送网络的优点是通过联合降低了进货运输成本。其缺点是增加了库存成本和配送中心的处理费用。

通过配送中心利用"送奶线路"的运送网络的优点是小批量货物有较低的送货成本。其缺点是协调的复杂性进一步加大。

量身定做的运输网络的优点是运输方式的选择与单个产品和商店的需求十分匹配。其缺点是协调的复杂性最大。

6.2.4 物流信息技术

6.2.4.1 条形码技术

条形码是将宽度不等的多个黑条和空白，按照一定的编码规则排列，用以表达一组信息的图形标识符。常见的条形码是由反射率相差很大的黑条和白条排成的平行线图案。条形码可以标出物品的生产国、制造厂家、商品名称、生产日期、图书分类号、邮件起止地点、类别、日期等许多信息，因而在商品流通、图书管理、邮政管理、银行系统等许多领域都得到了广泛的应用。

条形码技术是随着计算机与信息技术的发展和应用而诞生的，它是集编码、印刷、识别、数据采集和处理于一身的新型技术。为了使商品能够在全世界自由、广泛地流通，企业无论是设计制作，申请注册还是使用商品条形码，都必须遵循商品条形码管理的有关规定，使用条形码扫描是市场流通的大趋势。

目前，国际广泛使用的条码种类有 EAN 码、UPC 码、Code39 码、ITF25 码、Codebar 码。ISBN 码、ISSN 分别用于图书和期刊。

6.2.4.2 扫描技术

自动识别技术的另一个关键组件是扫描处理，这是条形码系统的"眼睛"。扫描仪从视觉上收集条形码数据，并把它们转换成可用的信息。现在较为流行的有两种扫描仪，即手提扫描仪和定位扫描仪。每种类型都能使用接触和非接触技术。

扫描技术在物流管理中的应用已经非常普遍了，主要的应用领域有两个方面。第一种应用是零售商店的销售时点信息系统（point of sale，POS）。除了在现金收入机上给顾客打印收据外，POS 应用可在商店层次上提供精确的存货控制。第二种应用是针对物料搬运和跟踪的。通过扫描枪的使用，物料搬运人员能够跟踪产品的搬运，储存地点，装船和入库。传统的手工跟踪作业要耗费大量的时间，并容易出错，而通过在物流应用中广泛地使用扫描仪，将会提高生产率，减少差错。

6.2.4.3 地理信息系统

地理信息系统（geographic information system，GIS）有时又称为"地学信息系统"或"资源与环境信息系统"。它是一种特定的十分重要的空间信息系统。它是在计算机软、硬件系统支持下，对整个或部分地球表层（包括大气层）空间中的有关地理分布数据进行采集、储存、管理、运算、分析、显示和描述的技术系统。

地理信息系统是多种学科交叉的产物，它以地理空间数据为基础，采用地理模型分析方法，适时地提供多种空间和动态的地理信息，是一种为地理研究和地理决策服务的计算机技术系统。

地理信息系统所处理的数据可分为空间数据与属性数据两种。空间数据是与地理位置有关的数据，一般以坐标的方式来表示。而属性数据则是与地理位置无关的数据。在空间数据中的各个对象，彼此之间有空间的关联性，再加上空间数据与属性数据之间的联结关系，就构成一个地理信息系统。系统兼具查询、显示、分析、数据管理等多种功能。

地理信息系统可以将表格型数据转换为地理图形显示，然后对显示结果进行浏览、操作和分析。地理信息系统的地理数据分析功能显示范围可以从洲际地图到非常详细的街区地图，显示对象包括人口、销售情况、运输线路以及其他内容。

GIS 应用于物流分析，主要是指利用 GIS 强大的地理数据功能来完善物流分析技术。国外公司已经开发出利用 GIS 为物流分析提供专门的分析工具软件。完整的 GIS 物流分析软件集成了车辆路线模型、最短路径模型、网络物流模型、分配集合模型和设施定位模型等。

6.2.4.4 GPS 货物追踪系统

全球定位系统（global positioning system，GPS）的原理是 GPS 接收器利用卫星发送的信号确定卫星在太空中的位置，并根据无线电波传送的时间来计算它们之间的距离。计算出至少 3~4 颗卫星的相对位置后，GPS 接收器可利用几何学原理来确定自己的位置。它结合了卫星及无线技术的导航系统，具备全天候、全球覆盖、高精度的特征，能够实时、全天候为全球范围内的陆地、海上、空中的各类目标提供持续、实时的三维定位、三维速度及精确时间信息。

全球定位系统是美国从 20 世纪 70 年代开始研制，于 1994 年全面建成，具有在海、陆、空进行全方位实时三维导航与定位能力的新一代卫星导航与定位系统。在我国，GPS 已成功地应用于大地测量、工程测量、航空摄影测量、运载工具导航和管制、地壳运动监测、工程变形监测、资源勘察、地球动力学等多种学科。随着全球定位系统的不断改进以及软、硬件的不断完善，其应用领域也在不断拓展，目前已遍及国民经济各种部门，并开始逐步深入人们的日常生活。

基于 GPS 应用的物流配送系统功能有以下几方面：

（1）路线的规划和导航，由计算机软件按照要求自动设计最佳行驶路线，包括最快的路线、最简单的路线、通过高速公路路段次数最少的路线等，车辆导航将成为未来全球卫星定位系统应用的主要领域之一，我国已有多家公司在开发和销售车载导航系统。

（2）用于车辆定位与跟踪调度。利用 GPS 和电子地图可实时显示出车辆的实际位置，对配送车辆和货物进行有效的跟踪，指挥中心可监测区域内车辆的运行状况，对被测车辆进行合理调度。

（3）用于铁路运输管理。我国铁路开发的基于 GPS 的计算机管理信息系统，可以通过 GPS 和计算机网络实时收集全路列车、机车、车辆、集装箱及所运货物的动态信息，可实现列车、货物追踪管理。只要知道货车的车种、车型、车号，就可以立即从铁路网上流动着的几十万辆货车中找到该货车，查到该车的位置以及所有的车载货物发货信息。

（4）用于军事物流。全球卫星定位系统首先是因为军事目的而建立的，如后勤装备的保障等方面，应用相当普遍。尤其是在美国，其在世界各地驻扎的大量军队无论是在战时还是在平时都对后勤补给提出了很高的需求。目前，我国军事部门也在运用 GPS。

6.2.4.5 智能交通系统

智能交通系统（ITS）是一种将先进的信息技术、数据通信传输技术、电子传感技术、控制技术及计算机技术等有效地集成一体，并运用于整个地面交通管理系统的、大范围、全方位发挥作用的，实时、准确、高效的综合交通运输管理系统。

当前 ITS 的服务领域有先进的交通管理系统、出行者信息系统、公共交通系统、车辆控制系统，营运车辆调度管理系统，电子收费系统，应急管理系统等。

6.2.5 电子商务物流新特点

物流行业是推动经济发展的基础性行业之一，近年来发展迅猛。尤其是在信息技术的带动下，大数据、人工智能等技术不断催生出新模式；物流跟踪、移动支付等技术成功实现了物流信息的实时传递；自动分拣、无线射频等技术提高了物流的配送效率；供应链、第三方物流等多种模式的涌现使得全国乃至跨境运输更加便利，已基本形成了能够覆盖城乡的运输体系。总的来说，电子商务与数字经济大发展时代的来临，给全球物流带来了新的发展，使物流具备了一系列新特点，主要有以下几点：

（1）信息化。电子商务时代，物流信息化是电子商务的必然要求。物流信息化表现为物流信息的商品化、物流信息收集的数据库化和代码化、物流信息处理的电子化和计算机化、物流信息传递的标准化和实时化、物流信息存储的数字化等。因此，条码技术（barcode）、数据库技术（database）、电子订货系统（electronic ordering system，EOS）、电子数据交换（electronic data interchange，EDI）、快速反应（quick response，QR）及有效的客户反映（effective customer response，ECR）、企业资源计划（enterprise resource planning，ERP）等技术与观念在我国的物流中将会得到普遍的应用。信息化是一切的基础，没有物流的信息化，任何先进的技术设备都不可能应用于物流领域，信息技术及计算机技术在物流中的应用将会彻底改变世界物流的面貌。

（2）自动化。自动化的基础是信息化，自动化的核心是机电一体化，自动化可以扩大物流作业能力、提高劳动生产率、减少物流作业的差错等。物流自动化的设施非常多，如条码/语音/射频自动识别系统、自动分拣系统、自动存取系统、自动导向车、货物自动跟踪系统等。这些设施在发达国家已普遍用于物流作业流程中，而在我国由于物流业起步晚，发展水平较低，自动化技术水平还有待提高。

（3）网络化。物流领域网络化的基础也是信息化，是电子商务物流活动主要特征之一。这里的网络化有两层含义：一是物流配送系统的计算机通信网络，包括物流配送中心与供应商或制造商的联系要通过计算机网络，另外与下游顾客之间的联系也要通过计算机网络通信；二是组织的网络化，即企业内联网（Intranet）。当今世界Internet等全球网络资源的可用性及网络技术的普及为物流的网络化提供了良好的外部环境，物流网络化趋势不可阻挡。

（4）智能化。这是物流自动化、信息化的一种高层次应用，物流作业过程大量的运筹和决策，如库存水平的确定、运输（搬运）路径的选择、自动导向车的运行轨迹和作业控制、自动分拣机的运行、物流配送中心经营管理的决策支持等问题都需要借助于大量的知识才能解决。在物流自动化的进程中，物流智能化是不可回避的技术难题。为了提高物流现代化的水平，物流的智能化已成为电子商务下物流发展的一个新趋势。

另外，物流的柔性化、商品包装的标准化，物流的社会化等都是电子商务下物流模式的新特点。

6.2.6 电子商务物流模式

6.2.6.1 典型模式

（1）自营物流。企业自身经营物流，称为自营物流。在电子商务刚刚萌芽的时期，电子商务企业规模不大，从事电子商务的企业多选用自营物流的方式。企业自营物流模式意味着电子商务企业自行组建物流配送系统，经营管理企业的整个物流运作过程。在这种方式下，企业也会向仓储企业购买仓储服务，向运输企业购买运输服务，但是这些服务都只限于一次或一系列分散的物流功能，而且是临时性的纯市场交易的服务，物流服务与企业价值链有松散的联系。如果企业有很高的顾客服务需求标准，物流成本占总成本的比重较大，而企业自身的物流管理能力较强时，企业一般不应采用外购物流，而应采用自营方式。由于我国物流公司大多是由传统的储运公司转变而来的，还不能满足电子商务的物流需求，因此，很多企业借助于他们开展电子商务的经验也开展物流业务，即电子商务企业自身经营物流。目前，在我国，采取自营模式的电子商务企业主要有两类：一类是资金实力雄厚且业务规模较大电子商务公司；另一类是传统的大型制造企业或批发企业经营的电子商务网站，由于其自身在长期的传统商务中已经建立起初具规模的营销网络和物流配送体系，在开展电子商务时只需将其加以改进、完善，可满足电子商务条件下对物流配送的要求。

选用自营物流，可以使企业对物流环节有较强的控制能力，易于与其他环节密切配合，全力专门的服务于本企业的运营管理。此外，自营物流能够保证供货的准确和及时，保证顾客服务的质量，维护了企业和顾客间的长期关系。但自营物流所需的投入非常大，需要占用大量的流动资金，而且时间较长，建成后对规模的要求很高，此外，自营物流需要较强的物流管理能力，建成之后需要具有专业物流管理能力的工作人员。

（2）物流联盟。它是制造业、销售企业、物流企业基于正式的相互之间签订协议而建立的一种物流合作关系，合作企业在物流方面通过契约形成优势互补、要素双向或多向流动的中间组织。参加物流联盟的合作企业在保持各自独立性的前提下，通过汇集、交换或统一物流资源等方式获取共同利益，达到比单独从事物流活动取得更好的效果。物流联盟在企业间形成了相互信任、共担风险、共享收益的物流伙伴关系。这种联盟是动态的，视合同签订的有效期而存在，当合同有效期结束，双方又变成追求自身利益最大化的单独个体。

（3）第三方物流（third-party logistics）。它是指由与货物有关的发货人和收货人之外的专业企业来承担企业物流活动的一种物流形态，即指独立于买卖之外的专业化物流公司。它们长期以合同或契约的形式承接供应链上相邻组织委托的部分或全部物流功能，因地制宜地为特定企业提供个性化的全方位物流解决方案，实现特定企业的产品或劳务向市场快捷移动，在信息共享的基础上，实现优势互补，从而降低物流成本，提高经济效益。第三方物流公司不拥有商品，不参与商品买卖，而是为顾客提供以合同约束的、系列化、个性化、信息化的物流代理服务。服务内容包括设计物流系统、报表管理、货物集运、选择承运人、货代人、海关代理、信息管理、仓储、咨询、运费支付和谈判等。第三方物流是物流专业化的重要形式，一般是具有一定规模的物流设施设备（库房、站台、车辆等）及专业经验、技能的批发、储运或其他物流业务经营企业。第三方物流是一个新兴的领域，其发展水平体现了一个国家物流产业发展的整体水平。

目前，第三方物流的发展十分迅速，发展潜力巨大，具有广阔的发展前景。第三方物流的代表性企业如顺丰速运，它是 1993 年在广东顺德成立的一家港资企业，目前，顺丰速运是中国速递行业中投递速度最快的快递公司之一。

（4）第四方物流。它主要是指由咨询公司提供的物流咨询服务，但咨询公司并不就等于第四方物流公司。第四方物流公司应物流公司的要求为其提供物流系统的分析和诊断，或提供物流系统优化和设计方案等。所以第四方物流公司以其知识、智力、信息和经验为资本，为物流客户提供一整套的物流系统咨询服务。第三方物流的优势在于运输、储存、包装、装卸、配送、流通加工等实际的物流业务操作能力，但在综合技能、集成技术、战略规划、区域及全球拓展能力等方面存在明显的局限性，特别是缺乏对整个供应链及物流系统进行整合规划的能力，这也是第四方物流出现的原因。由于其从事物流咨询服务，因此第四方物流必须具备良好的物流行业背景和相关经验，但并不需要从事具体的物流活动，更不用建设物流基础设施，只是对于整个供应链提供整合方案，关键在于为顾客提供最佳的增值服务，即迅速、高效、低成本和个性化服务等。

通过第四方物流，企业可以大大减少在物流设施（如仓库、配送中心、车队、物流服务网点等）方面的资本投入，降低资金占用，提高资金周转速度，减少投资风险，降低库存管理及仓储成本，提高客户企业的库存管理水平，改善物流服务质量，提升企业形象。

（5）物流一体化。它是指以物流系统为核心，由生产企业、物流企业、销售企业直至消费者的供应链整体化和系统化。它是在第三方物流的基础上发展起来的新的物流模式。20 世纪 90 年代，西方发达国家如美、法、德等国提出物流一体化现代理论，并应用和指导其物流发展，取得了明显效果。在这种模式下物流企业通过与生产企业建立广泛的代理或买断关系，使产品在有效的供应链内迅速移动，使参与各方的企业都能获益，使整个社会获得明显的经济效益。这种模式还表现为用户之间的广泛交流供应信息，从而起到调剂余缺、合理利用、共享资源的作用。在电子商务时代，这是一种比较完整意义上的物流配送模式，它是物流业发展的高级和成熟的阶段。物流一体化是物流产业化的发展趋势，它必须以第三方物流充分发育和完善为基础。物流一体化的实质是一个物流管理的问题，即专业化物流管理人员和技术人员，充分利用专业化物流设备与设施，发挥专业化物流运作的管理经验，以求取得整体最佳的效果。同时，物流一体化的趋势为第三方物流的发展提供了良好的发展环境和巨大的市场需求。

（6）绿色物流（environmental logistics）。它是指在物流过程中抑制物流对环境造成危害的同时，实现对物流环境的净化，使物流资源得到最充分利用。绿色物流包括物流作业环节和物流管理全过程的绿色化。从物流作业环节来看，绿色物流包括绿色运输、绿色包装、绿色流通加工等。从物流管理过程来看，绿色物流主要是从环境保护和节约资源的目标出发，改进物流体系，既要考虑正向物流环节的绿色化，又要考虑供应链上的逆向物流体系的绿色化。绿色物流的最终目标是可持续发展，即经济利益、社会利益和环境利益的统一。远成物流是国内知名的绿色物流的代表企业。

6.2.6.2　电子商务物流实例

（1）京东自营物流与第三方物流相结合。京东商城很早就开始物流自建工作，2007 年 7 月，京东宣布建成北京、上海、广州三大物流体系，总物流面积超过 5 万平方米。2009 年年初，京东商城斥资成立专门物流公司，陆续在天津、南京、苏州、杭州等城市建立了城市配送站和仓储中心，以此布局全国物流体系。2010 年 1 月，京东获得老虎环球基金领投的 1.5 亿美元融资后，其一半融资将用于物流系统，同年 3 月，京东宣布华北、华东、华南、西南四大物流中心建成。京东商城分布在华北、华东、华南、西南、华中的五大物流中心覆盖了全国各大城市，并在沈阳、西安、杭州等城市设立二级库房。2010 年，京东商城在北京等城市率先推出"211 限时达"配送服务，在全国实现"售后 100 分"服务承诺，随后又推出"全国上门取件""先行赔付"、24 小时客服电话等专业服务。2011 年初，京东商城推出"GIS 包裹实时跟踪系统"。2010 年 12 月，京东商城推出了第三方开放平台，为入驻商家提供仓储、配送、客服、售后、货到付款、退换货等服务。

2017 年 4 月，京东物流集团正式成立。2021 年 5 月，京东物流于香港联交所主板上市。目前，京东物流已经由自建物流转为提供第三方物流的专业物流公司。财报显示，京东物流 2021 年外部客户收入达 591 亿元，同比增长 72.7%，占总收入比例达 56.5%。这意味着，京东物流对外服务取得重要突破，一体化供应链物流布局进入了新的发展阶段。早在 2017 年京东物流正式独立之时提出的"5 年实现外部客户收入占比超过 50%"的战略目标已提前超额实现。

（2）当当与第三方物流的合作。当当的商品分为两类：一类是当当自营的商品，另一类是通过虚拟店铺招商后其他商家售卖的商品。通过虚拟店铺出租，当当可以获取租金（保证金+月租费），且不必对商品的物流负责，但当当自营的商品则必须由当当负责其物流配送。

截至 2013 年，当当已经建立北京、上海、武汉、成都、广州、郑州六大物流中心。而在配送方面，当当则选择了与当地的第三方物流公司合作，并没有建立自己的配送队伍，大量的本地快递公司可以为当地的客户提供"送货上门，当面收款"的服务。

> **小知识："十四五"期间要加快贯通县乡村物流配送体系**
>
> 加快贯通县乡村物流配送体系。升级改造县级物流配送中心，科学设置场内分区，更新换代自动分拣、传输等设施，为电商快递、商贸物流等各类主体服务。发展共同配送，健全县乡村三级物流配送体系，发展统仓共配模式。在整合县域电商快递基础上，调动乡镇、行政村闲置运力，推动乡村末端物流线路共享，搭载日用消费品、农资下乡和农产品双向配送服务，提升县域物流服务时效，实现双向畅通。
>
> （资料来源：《"十四五"电子商务发展规划》）

6.3 我国电子商务物流现状与对策

物流是电子商务发展的动力与支撑，电子商务活动中商品的储存、运输和配送等环节都离不开物流。随着人们消费体验的不断提升，物流直接影响着电子商务客户的消费体验感，高效便捷的物流能最大限度地发挥电子商务的优势，相反，缺少现代技术的物流也会大大降低电子商务客户的满意度。因此，需采取措施对电子商务背景下的物流行业进行统一规划和管理，全面推进电子商务物流的现代化发展。

6.3.1 现状

（1）目前我国物流企业设备陈旧，大部分物流企业仍然采用普通货架、叉车式设备和人工分拣作业方式，一些先进的物流技术和设备未广泛投入使用，如自动化立体仓库、自动导引搬运车、巷道堆垛机、自动控制技术、自动分拣系统、计算机仿真系统、计算机监控系统等没有广泛运用于物流作业过程。

（2）物流管理技术手段落后，物流自动化和信息化程度低。物流企业的信息化程度比较低，大部分物流企业对物流信息管理的技术手段比较落后。少数物流企业可提供报价系统，但没有提供在途货运查询、运费支付等功能。一些如条码技术、射频技术、数据库技术、电子数据交换技术、地理信息系统、全球定位系统等现代化的物流信息控制技术并未得到广泛应用。我国大多数物流企业还没有建立企业信息系统和企业内部网，无法对企业内部大量的物流信息进行实时处理。同时，由于信息化程度较低，物流企业也不能利用企业外部网实现企业与上游物流供应商之间的信息实时交流。物流企业的设备陈旧和技术手段落后，必然导致物流配送成本高、配送时间长、配送效率低下，从而无法满足电子商务配送的要求。

6.3.2 对策

我国应该加强政府对物流发展的统一规划和统一管理，避免重复建设和浪费现象，实现以市场为导向、满足顾客需要、最大限度地降低物流成本、提高物流效率的发展目标，使我国物流得到健康、快速的发展。

（1）对我国物流发展进行统筹规划和宏观指导，制定我国物流发展的战略目标、总体规划和基本方针政策，并负责协调各部门、各地区的物流发展实施计划，使我国物流发展做到科学规划、合理布局。

（2）研究和制定我国物流管理条例和办法，包括物流市场准入条件与从业资格、重要物流建设项目的审批制度等，对我国物流行业进行统一管理，打破我国物流管理中的各自为政、行业垄断和地方保护主义。

（3）制定和协调我国的物流标准。我国已颁布了"物流术语"国家标准，今后还应制定物流技术标准和物流服务规范标准，如计量标准、包装标准、装卸标准、信息传递标准等，以利于我国物流的标准化建设。

（4）大力发展第三方物流，加快培育一批大型社会化综合物流中心，并以此为依托，构建我国现代物流配送体系。在我国目前条件下，电子商务企业不宜普遍采用京东商城采用的自建物流配送中心的物流模式。因为自建物流中心投资大、成本高，而很多电子商务企业不具有这样的条件，因此应采取与第三方物流合作的模式。我国要大力发展第三方物流，加快建设一批大型的社会化综合物流中心。具体来说，可以在交通和信息较发达的中心城市，选择基础条件较好的物流企业，加以扶植和培育，采取兼并、重组、联合等方式，加快物流企业集团化、规模化进程，使之成为符合现代商品配送要求、具有全国性经营网络的专业化骨干物流配送企业，并以它们为依托向周边辐射，建立若干贯通全国的物流配送联运干线，尽快构建全国性的商品物流配送网络体系。

（5）大力加强物流专门人才的培养。通过在高校开设物流专业、确立电子商务物流研究方向和留学制度的方式来培养现代物流专门人才，可通过物流行业协会来开展物流职业教育和传播物流知识，还可通过从业资格认证的方式来激励人们投身于物流行业，提高物流从业人员的整体素质。

（6）加快物流技术现代化，广泛采用现代物流技术和设备，大大提高物流作业能力和物流水平，提高物流效率、降低物流成本。要加快我国物流技术现代化步伐，促进物流企业广泛采用先进的物流技术和设备。一方面，加快物流企业机械化和自动化进程，实现物流操作的无人化、省力化和高效化。如采用自动导引行车、搬运机器人、自动化高层立体仓库、自动分拣系统、自动存取系统、自动识别系统、货物自动跟踪系统等先进的物流技术和设备，实现货物包装、分拣、装卸、存储、搬运的机械化和自动化，以减少物流作业的差错，扩大物流作业能力，提高物流生产效率。另一方面，实现物流信息化和网络化。物流信息化主要是指实现物流信息收集的代码化和数据库化、物流信息处理的计算机化、物流信息存储的数字化和物流信息传递的实时化。物流网络化是指物流企业通过计算机通信网络，实现物流企业内部信息交流的电子化以及与上游产品供应商之间和下游顾客之间信息交流的电子化。为此，物流企业应广泛运用数据库技术、电子数据交换技术、卫星定位技术、无线互联技术、电子交货系统、物流信息系统、地理信息系统、快速反应系统等，以提高配送的反应速度、缩短配送时间、提高配送效率，满足电子商务配送的要求。同时，应深化先进信息技术在电商和快递物流领域的应用；指导电商企业与快递物流企业加强业务联动和精准对接，加强大数据、云计算、机器人等现代信息技术和装备应用，推广库存前置、智能分仓、仓配一体化等服务，提高供应链协同效率；支持发展智能服务，不断满足无人车、无人机配送等新需求。

（7）加强农村快递物流体系建设。按照《国务院办公厅关于加快农村寄递物流体系建设的意见（国办发〔2021〕29号）》的要求，在东中部农村地区，更好发挥市场配置资源的决定性作用，引导企业通过驻村设点、企业合作等方式，提升"快递进村"服务水平。在西部农村地区，更好发挥政府推动作用，引导、鼓励企业利用邮政和交通基础设施网络优势，重点开展邮政与快递、交通、供销多方合作，发挥邮政服务在农村末端寄递中的基础性作用，扩大"快递进村"覆盖范围。引导快递企业完善符合农村实际的分配激励机制，落实快递企业总部责任，保护从业人员合法权益，保障农村快递网络可持续运行。

本章小结

（1）电子商务中的任何一笔交易都会涉及四方面：商品所有权的转移、货币的支付、有关信息的获取与应用和商品本身的转交。即几种基本的"流"：商流、资金流、信息流、物流。其中，物流是最为特殊的一种，它是指物质实体（商品或服务）的流动过程，具体包括运输、储存、配送、装卸、保管、物流信息管理等各种活动。

（2）现代物流与传统物流在物流功能、运作理念、价值实现和管理模式等方面都存在差异。电子商务给全球物流带来了新的发展，使物流具备了一系列新特点，主要包括信息化、自动化、网络化和智能化等。

（3）第三方物流是指独立于买卖之外的专业化物流公司，长期以合同或契约的形式承接供应链上相邻组织委托的部分或全部物流功能，因地制宜地为特定企业提供个性化的全方位物流解决方案，实现特定企业的产品或劳务快捷地向市场移动，在信息共享的基础上，实现优势互补，从而降低物流成本，提高经济效益。

（4）电子商务物流的典型模式包括自营物流、物流联盟、第三方物流、第四方物流、物流一体化以及绿色物流等。

（5）京东物流已经由自建物流转为提供第三方物流的专业物流公司。当当在配送方面也选择了与第三方物流公司合作。

（6）目前，我国物流企业设备陈旧、物流管理技术手段落后、物流自动化和信息化程度低、物流企业的信息化程度比较低，大部分物流企业对物流信息管理的技术手段还比较落后。我国应该加强政府对物流发展的统一规划和统一管理，避免重复建设和浪费现象，使我国物流得到健康、快速的发展。

本章习题

单项选择题

1. 按照物流的作用分类可将物流分为（　　）。
   - A. 供应物流、地区物流、行业物流、企业物流
   - B. 供应物流、生产物流、销售物流、企业物流
   - C. 供应物流、生产物流、销售物流、回收物流、废弃物流
   - D. 地区物流、国内物流、国际物流、社会物流、行业物流

2. 电子商务的物流外包是指（　　）。
   - A. 委托专业物流企业提供物流服务
   - B. 与普通商务共用物流系统
   - C. 第三方物流企业开展电子商务
   - D. 电子商务企业经营物流业务

3. 配送中心的主要作用是（　　）。
   - A. 减少流通环节
   - B. 增加库存数量
   - C. 改善运输条件
   - D. 提高服务水平

4. 物流管理的目标是（　　）。
   - A. 提供最高水平的服务
   - B. 追求最低的物流成本
   - C. 以最低的成本实现最高水平的服务
   - D. 以尽可能低的成本达到既定的服务水平

5. 我国的电子商务物流体系的组建模式一般不包括（　　　）。

    A. 借用其他电子商务企业的物流系统

    B. 电子商务与普通商务活动共用一套物流系统

    C. 自己组建物流公司

    D. 外包给专业物流公司

判断题

1. 供应链中物流的方向是自客户至零售商至供应商。　　　　　　（　　　）

2. 供应链中需求信息的方向是自客户到供应商。　　　　　　　　（　　　）

简答题

1. 什么是物流？怎样理解电子商务和物流的关系？

2. 简述配送的概念与意义。

3. 降低配送成本的途径有哪些？

4. 现代物流中用到的先进技术有哪些？

5. 什么是第三方物流？它有什么功能和特点？

7 电子政务

7.1 电子政务概述

随着全球数字化和我国政府机构改革发展的需要，电子政务已成为各级政府机关提高工作效率、促进政务公开、重组行政程序的重要手段和基础。电子政务可以看作和政府相关的电子商务，是一种非营利性的电子商务，因此，有的教材没有将电子政务包含进电子商务。本书将电子政务作为一种特殊的电子商务进行阐述。

7.1.1 电子政务的定义

对电子政务，没有统一的定义，不同的政府和组织对电子政务的定义都不一样。一般来说，电子政务可以理解为政府机构在其管理和服务职能中应用现代信息和通信技术，把管理和服务通过网络技术进行集成，借助互联网实现政府组织结构和工作流程的优化和重组，超越时间、空间和部门分离的限制，建成一个精简、高效、廉洁、公平的政府运作模式。

联合国经济社会理事会将电子政务定义为：政府通过信息通信技术手段的密集性和战略性应用组织公共管理的方式，旨在提高效率、增强政府的透明度、改善财政约束、改进公共政策的质量和决策的科学性，建立良好的政府之间、政府与社会之间、社区以及政府与公民之间的关系，提高公共服务的质量，赢得广泛的社会参与度。

世界银行则认为电子政府主要关注的是政府机构使用信息技术（比如万维网、互联网和移动计算），赋予政府部门以独特的能力，转变其与公民、企业、政府部门之间的关系。这些技术可以服务于不同的目的：向公民提供更加有效的政府服务、改进政府与企业和产业界的关系、通过利用信息更好地履行公民权，以及增加政府管理效能。电子政府可以减少腐败、提高透明度、促进政府服务更加便利、增加政府收益和减少政府运行成本。

从以上关于电子政务的定义可以看出，不管对"电子政务"如何定义，其核心包括两层含义，即"电子化"是手段，"政务"是目的。

7.1.2 电子政务的特点

电子政务使用数字化、网络化的技术集成平台，实现政府资源整合、企业资源整合、社会资源整合、社会服务整合，使政务工作更有效、更精简，使政府工作更公开、更透明，为企业和居民提供更好的服务，重新构造政府、企业、居民之间的关系，使之更加协调。可见，相对于传统行政方式，电子政务最大的特点就在于其行政方式的电子化，即行政方式的无纸化、信息传递的网络化、行政法律关系的虚拟化等。

7.1.3 电子政务的目的和实质

实施电子政务的目的在于：①转变政府职能，使政府职能从"管理主导型"向"服务主导型"转变；②实施办公信息化提高效率，精简机构；③提高政府透明度及政务公开，加强廉政建设；④科学决策，提高执政水平；⑤加强政策宣传和民众教育。

电子政务的实质是以信息技术为工具，以政务数据为中心，以业务应用为动力，以便民服务为目的，实现政务公开化、决策科学化、与民众关系协调化。

7.1.4 电子政务案例与网站

（1）中国电子政务网（如图 7.1 所示）是在信息产业部电子科学技术委员会及信息产业部基础产品发展研究中心指导下建立的，全国最早的、系统全面地介绍电子政务建设、信息化建设的专业网站。中国电子政务网自开通以来，在各地政府及广大企业的支持下，为中国电子政务的发展做了大量的工作。在普及电子政务知识、促进政府上网工程、组织专家论证电子政务方案、介绍优秀电子政务企业等方面，开展了卓有成效的工作，有力地推进了中国电子政务的发展。

图 7.1 中国电子政务网网站

（2）"首都之窗"（如图 7.2 所示）是北京市国家机关在互联网上统一建立的网站群，包括北京市政务门户网站（即首都之窗门户网站）和各分站，于 1998 年 7 月 1 日正式开通。"首都之窗"是为了统一、规范地宣传首都形象，落实"政务公开，加强行政监督"的原则，建立网络信访机制，向市民提供公益性服务信息，促进首都信息化，推动北京市电子政务工程的开展而建立的。其宗旨是"宣传首都，构架桥梁；信息服务，资源共享；辅助管理，支持决策"。"首都之窗"由北京市信息化工作领导小组统一领导，北京市经济和信息化委员会负责组织实施，并设首都之窗运行管理中心负责日常工作。"首都之窗"设有市国家机关各委、办、局和各区县政府分站点。分站点由市政府统一组织建设，各单位自主管理，目前正在不断丰富和完善。通过这些分站点，可以进一步了解市国家机关各职能部门提供的特色信息和专门服务。

图 7.2　首都之窗门户网站

（3）四川省人民政府网站（如图 7.3 所示）是四川省政府网站群的中枢和门户，是全省各级政府、各部门对外宣传和为民服务的集中展示。四川省人民政府网站于 2001 年 10 月正式在国际互联网上运行，新版网站于 2007 年 2 月 12 日开始试运行。该网站着重突出政务信息发布、网上办事服务和与公众交流互动三大功能，设置了政务公开、政府服务和政民互动三大个区域。四川省人民政府网站的建立给促进政务公开，增进与公众的交流沟通，提高行政效能，增强政府执行力和公信力，引领和推进全省的信息化建设带来了深远的影响。

图 7.3　四川省人民政府网站

（4）"中国·成都"（成都公众信息网）（如图 7.4 所示）是成都市政府门户网站，市级各部门网站、各区（市）县网站是"中国·成都"的子网站。"中国·成都"由成都市人民政府主办，成都市经济和信息化委员会承办，成都市经济信息中心负责建设、管理、维护、运行工作，于 2002 年 1 月 28 日正式开通，是成都市政府在互联网上发布各类信息、宣传全域成都的重要媒介；是成都市政府推行政务公开、提供在线服务的综合平台；是社会各界了解政府政务、建言献策、咨询投诉、监督评议政府的网上绿色通道；是政府了解民情、疏通民意、阐释政策、接受监督的有效渠道。

图 7.4　成都市人民政府网站

7.2 电子政务的发展历程

7.2.1 电子政务的起源及美国电子政务概况

电子政务这个概念最早是由美国前总统克林顿提出，20世纪90年代兴起，然后从发达国家散播开来。

7.2.1.1 电子政务的起源与美国的电子政务概况

美国的电子政务起源于20世纪90年代初。1993年，克林顿政府成立了国家绩效评估委员会（National Performance Review Committee，NPR），NPR通过大量的调查研究后，递交了《创建经济高效的政府》和《运用信息技术改造政府》两份报告，提出应当用先进的信息网络技术克服美国政府在管理和提供服务方面存在的弊端，这使得构建"电子政府"成为美国政府改革的一个重要方向，也揭开了美国电子政务建设的序幕。

1994年12月，美国政府信息技术服务小组提出了《政府信息技术服务的前景》报告，要求建立以顾客为导向的电子政府，为民众提供更多获得政府服务的机会与途径。1996年，美国政府发动"重塑政府计划"，提出要让联邦机构最迟在2003年全部实现上网，使美国民众能够充分获得联邦政府掌握的各种信息。

1998年，美国通过《文书工作缩减法》，要求各部门呈交的表格必须使用电子方式，并规定到2003年10月全部使用电子文件，同时考虑风险、成本与收益，酌情使用电子签名，让公民与政府的互动关系电子化。

2000年9月，美国政府开通"第一政府"网站（www.firstgov.gov），这个超大型电子网站，旨在加速政府对公民需要的反馈，减少中间工作环节，让美国公众能更快捷、更方便地了解政府，并能在同一个政府网站站点内完成竞标合同和向政府申请贷款的业务。从内容分类来看，该网站一方面按地区划分，囊括了全美50个州以及地方县、市的有关材料及网站链接；另一方面又按农业与食品、文化与艺术、经济与商业等行业来划分，涵盖了各行各业的有关介绍及网站。此时，美国政府的网上交易也已经展开，在全国范围内实现了网上购买政府债券、网上缴纳税款以及邮票、硬币买卖等。

为保障政府信息化发展，美国还制定了《政府信息公开法》《个人隐私权保护法》《美国联邦信息资源管理法》等一系列法律法规，对政府信息化发展起着重要的保障和规范的作用。

庞大的上网人群和良好的上网设施，为美国建立"电子政府"奠定了坚实的基础。目前，美国联邦政府一级机构和州一级的政府全部上网，几乎所有县市都建立了自己的站点。美国政府正在将一个个独立的网连接起来，做到网网相连。

由于努力推行电子政务，仅从 1992 年到 1996 年，美国政府员工就减少了 24 万人，关闭了近 2 000 个办公室，减少开支 1 180 亿美元。在对居民和企业的服务方面，政府的 200 个局确立了 3 000 条服务标准，废除了 1.6 万多页过时的行政法规，简化了 3.1 万多页规定。全国雇主税务管理系统、联邦政府全国采购系统和转账系统等网络的建立，不仅节省了大量的人财物，而且提高了政务透明度，堵住了徇私舞弊的渠道。

7.2.1.2 美国电子政务的特点

美国电子政务的发展形成了如下几个特点：

一是网站多。美国联邦级的行政、立法、司法部门都拥有独立网站，州及地方政府也拥有规模不小的网站，就连地处偏远地带的一些不起眼的小地方也建立了网站。

二是分类细。美国电子政务网中既有政治、经济、军事方面的网站，也有公民求职、贷款、消费等方面的网站。日常生活中凡是与政府有关的事情，总有相关网站提供信息或服务。

三是网网相连。美国联邦一级的部门已经实现网网相连。联邦部门的网站不只介绍本部门的情况，提供相关服务，而且将下属机构的网站连起来。各州的网站既有全州的内容，也有州内各县、市网络的链接。

7.2.2 电子政务的发展阶段

国外电子政务的发展大致经历了以下四个阶段：

（1）起步阶段。此阶段的特点是仅有政府网站的亮相。政府信息网上发布是电子政务发展起步阶段较为普遍的一种形式。以美国为例，联邦和地方各级政府在电子政务方面的项目大约仍有很大一部分属于这一类，大体上是通过网站发布与政府有关的各种静态信息，如法规、指南、手册、政府机构、组织、官员、通信联络等。我国也有很多政府网站处于这个阶段，尤其是一些中小城市的政府网站，其中有一些此阶段的政府网站是空网站（即网站框架搭好，但部分内容为空）和死网站（即网站框架完善、内容完整，但没有更新）。

（2）政府与用户单向互动。在这个阶段，政府除了在网上发布与政府服务项目有关的动态信息之外，还向用户提供某种形式的服务。比如，在这个阶段，用户可以从网站上下载政府的表格（如报税表）。美国政府曾经规定，在 2000 年 12 月之前，联邦政府的最重要的 500 种表格必须做到完全可以从网上下载。这一阶段也称为提高阶段，目前处于这个阶段的全球政府网站是最多的，该阶段电子政务网站的特点是定期更新、内容丰富、与用户有简单互动。

（3）政府与用户双向互动。在这个发展阶段，政府与用户可以在网上完成双向的互动。一个典型的例子是用户可以在网上取得报税表，填完报税表后，从网上将报税表发送至国税局。在这个阶段，政府可以根据需要，随时就某件事情、某个合法议题，如公共工程项目，或某个重要活动的安排在网上征求居民的意见，让居民参与政府的公共管理和决策。企业和居民也可以就自己关心的问题向政府询问或建议，并与政府进行讨论和沟通。我国的电子政务发展正处于这一阶段，体现此阶段的电子政务网站功能的最典型例子就是民众网上信息咨询，政府工作人员网上答复。

（4）网上事务处理。如国税局在网上收到企业或居民的报税表并审阅后，向报税人寄回退税支票；或者在网上完成转账，将企业或居民的退税所得直接汇入企业或居民的账户。这样，居民或企业在网上就完成了整个报税过程的事务处理。到了这一步，可以说，电子政务在居民报税方面是趋于成熟了。因为，它是以电子的方式实实在在地完成了一项政府业务的处理。

除了报税外，民众可以在此阶段的电子政务网上对自己的信用状况进行在线查询和咨询、网上交费、申请护照、办理入伍手续等。美国的电子政务就处于这一阶段。显然，这个阶段的实现必然导致政府机构的结构性调整，也必然导致政府运行方式的改变。因为，原来政府的许多作业是以纸张为基础的，现在则变成了电子化的文件；原来政府与居民的接触是在办公室，或者在柜台、窗口，现在则移到了计算机屏幕上。因此，需要调整原有的某些政府部门及某些人员，或者设立一些新的部门及新的岗位，重组政府的业务流程。从这里就可以看出，电子政务不仅是将现有的政府业务电子化，更重要的是对现有的政府进行信息化的改造。只有这种改造实现了，电子政务才是真正地趋于成熟了。如果说一个部门已经实现了电子政务，而机构和运行方式却原封不动，那么，这个部门的信息化肯定是不成功的。

上面所举的居民报税的例子，只是政府数百个业务中的一个。在电子政务的发展中，这数百个业务流的信息化不可能同时进行，更不可能同时趋于成熟；相反地，只能按照轻重缓急，根据需要和可能，一批一批地开发。因此，建设一个成熟的电子政务可能需要十数年甚至数十年的时间，是一个持续的发展过程。

7.3 电子政务的应用

电子政务的应用包含多方面的内容，如政府办公自动化、政府部门间的信息共建共享、政府实时信息发布、各级政府间的远程视频会议、公民网上查询政府信息、电子化民意调查和社会经济统计等。

在政府内部，各级领导可以在网上及时了解、指导和监督各部门的工作，并向各部门做出各项指示。这将带来办公模式与行政观念上的一次革命。在政府内部，各部门之间可以通过网络实现信息资源的共建共享联系，既能提高办事效率、质量和标准，又能节省政府开支，起到反腐倡廉的作用。

政府作为国家管理部门，开展电子政务有助于政府管理的现代化，有助于实现政府办公电子化、自动化、网络化。通过互联网这种快捷、廉价的通信手段，政府可以让公众迅速了解政府机构的组成、职能和办事章程，以及各项政策法规，增加办事执法的透明度，并自觉接受公众的监督。

在电子政务中，政府机关的各种数据、文件、档案、社会经济数据都以数字形式存贮于网络服务器中，可通过计算机检索机制快速查询、即用即调。

总的来说，电子政务主要包括三个应用领域。

（1）政务信息查询：面向社会公众和企业组织，为其提供政策、法规、条例和流程的查询服务。

（2）公共政务办公：借助互联网实现政府机构的对外办公，如申请、申报等，提高政府的运作效率，增加透明度。

（3）政府办公自动化：以信息化手段提高政府机构内部办公的效率，如公文报送、信息通知和信息查询等。

7.4　我国电子政务的现状

电子政务主要包括三个组成部分：一是政府部门内部的电子化和网络化办公；二是政府部门之间通过计算机网络而进行的信息共享和实时通信；三是政府部门通过网络与民众之间进行的双向信息交流。

7.4.1　电子政务的主要模式

电子政务的内容非常广泛。从服务对象来看，电子政务主要包括四大类型：政府机构之间的电子政务（G2G）、政府与企业间的电子政务（G2B）、政府与公众间的电子政务（G2C）、政府部门内部的电子政务（E2E）。其中，G 是指政府（government），C 是指公众（customer/citizen），B 是指企业（business），E 是指雇员（employee）。

（1）政府与公众间的电子政务，简称 G2C。其主要目的是建成一站式在线服务，并引入现代管理工具，以改善服务质量和效率，使公民能得到高质量的政府服务。G2C 主要包括教育培训服务、电子就业服务、电子医疗服务、社会保险网络服务、公民信息服务、交通管理服务、公民电子税务、电子证件服务等。

①教育培训服务。它包括建立全国性的教育平台，并资助所有的学校和图书馆接入互联网和政府教育平台；政府出资购买教育资源，然后对学校和学生提供；重点加强对信息技术能力的教育和培训，以适应信息时代的挑战。

②电子就业服务。它包括通过电话、互联网或其他媒体向公民提供工作机会和就业培训，促进就业。如开设网上人才市场或劳动市场，提供与就业有关的工作职位缺口数据库和求职数据库信息；在就业管理劳动部门所在地或其他公共场所建立网站入口，为没有计算机的公民提供接入互联网寻找工作职位的机会；为求职者提供网上就业培训，就业形势分析，指导就业方向。

③电子医疗服务。它包括通过政府网站提供医疗保险政策信息、医药信息，执业医生信息，为公民提供全面的医疗服务，公民可通过网络查询自己的医疗保险个人账户余额和当地公共医疗账户的情况；查询国家新审批的药品的成分、功效、试验数据、使用方法及其他详细数据，提高自我保健的能力；查询当地医院的级别和执业医生的资格情况，选择合适的医生和医院。

④社会保险网络服务。它包括通过电子网络建立覆盖地区甚至国家的社会保险网络，使公民通过网络及时全面地了解自己的养老、失业、工伤、医疗等社会保险账户的明细情况，有利于加深社会保障体系的建立和普及；通过网络公布最低收入家庭补助，增加透明度；通过网络直接办理有关的社会保险理赔手续。

⑤公民信息服务。它包括使公民得以方便、容易、费用低廉地接入政府法律法规规章数据库；通过网络提供被选举人的背景资料，促进公民对被选举人的了解；通过在线评论和意见反馈了解公民对政府工作的意见，改进政府工作。

⑥交通管理服务。它包括通过建立电子交通网站提供对交通工具和司机的管理与服务。

⑦公民电子税务。它包括允许公民个人通过电子报税系统申报个人所得税、财产税等个人税务。

⑧电子证件服务。它包括允许居民通过网络办理结婚证、离婚证、出生证、死亡证明等有关证书。

（2）政府与企业间的电子政务，简称 G2B。G2B 是指政府通过电子网络系统进行电子采购与招标，精简管理业务流程，快捷迅速地为企业提供各种信息服务。其主要目的是通过大量削减数据收集的冗余度，减轻企业的负担，对企业提供顺畅的一站式支持服务，使用 XML（电子商务语言）与企业建立数字化通信系统。G2B 主要包括政府电子化采购与招标、电子税务系统、电子证照办理信息咨询服务、中小型企业电子服务、电子外贸管理、电子工商行政管理系统等。

①政府电子化采购与招标。通过网络公布政府采购与招标信息，为企业特别是中

小型企业参与政府采购提供必要的帮助，向它们提供政府采购的有关政策和程序，使政府采购成为阳光作业，减少徇私舞弊和暗箱操作，降低企业的交易成本，节约政府采购支出。

②电子税务系统。使企业通过政府税务网络系统，在家里或企业办公室就能完成税务登记、税务申报、税款划拨、查询税收公报、了解税收政策等业务，既方便了企业，又减少了政府的开支。

③电子证照办理。让企业通过因特网申请办理各种证件和执照，缩短办证周期，减轻企业负担，如企业营业执照的申请、受理、审核、发放、年检、登记项目变更、核销、土地和房产证、建筑许可证、环境评估报告等证件、执照和审批事项的办理。

④信息咨询服务。政府将拥有的各种数据库信息对企业开放，方便企业利用。如法律法规、规章、政策、政府经济白皮书、国际贸易统计资料等信息。

⑤中小型企业电子服务。政府利用宏观管理优势和集合优势，为提高中小型企业国际竞争力和知名度提供各种帮助，包括为中小型企业提供统一政府网站入口，帮助中小型企业同电子商务供应商争取有利的能够负担的电子商务应用解决方案等。

（3）政府机构之间的电子政务，简称G2G。G2G是上下级政府、不同地方政府、不同政府部门之间的电子政务。其主要目的是整合和共享联邦、州和地方三级政府的数据，以改善对信息系统的应用，为关键的政府行为（如救灾行动等）提供更好的综合服务。G2G主要包括电子法规政策系统、电子公文系统、电子司法档案系统、电子财政管理系统、电子办公系统、电子培训系统、垂直网络化管理系统、横向网络化协调管理系统、业绩评价系统、城市网络化管理系统、电子统计等。

①电子法规政策系统。对所有政府部门和工作人员提供相关的现行有效的各项法律法规、规章、行政命令和政策规范，使所有政府机关和工作人员真正做到有法可依，有法必依。

②电子公文系统。在保证信息安全的前提下在政府上下级、部门之间传送有关的政府公文，如报告、请示、批复、公告、通知、通报等，使政务信息快捷地在政府间和政府内流转，提高政府公文处理速度。

③电子司法档案系统。在政府司法机关之间共享司法信息，如公安机关的刑事犯罪记录、审判机关的审判案例、检察机关检察案例等，通过共享信息改善司法工作效率和提高司法人员综合能力。

④电子财政管理系统。向各级国家权力机关、审计部门和相关机构提供分级、分部门历年的政府财政预算及其执行情况，包括从明细到汇总的财政收入、开支、拨付款数据以及相关的文字说明和图表，便于有关领导和部门及时掌握和监控财政状况。

⑤电子办公系统。通过电子网络完成机关工作人员的许多事物性的工作，节约时间和费用，提高工作效率，如工作人员通过网络申请出差、请假、文件复制、使用办

公设施和设备、下载政府机关经常使用的各种表格、报销出差费用等。

⑥电子培训系统。对政府工作人员提供各种综合性和专业性的网络教育课程，特别是适应信息时代对政府的要求，加强对员工与信息技术有关的专业培训，员工可以通过网络随时随地注册参加培训课程、接受培训、参加考试等。

⑦业绩评价系统。按照设定的任务目标、工作标准和完成情况对政府各部门业绩进行科学的测量和评估等。

（4）政府部门内部的电子政务，简称 E2E。其主要目的是借鉴产业界的先进经验（如供应链管理、财务管理和知识管理），更好地利用现代化技术减少政府支出，改善联邦政府机构的行政管理，使各机构能提高工作效率和改进绩效，消除工作拖沓现象，改善雇员的满意度和忠诚度。E2E 主要包括电子政策法规、电子公文流转、电子财务管理、电子办公、电子培训、公务员业绩评估等。

7.4.2　电子政务解决方案的体系架构

电子政务系统主要包括三个应用解决方案和一个平台。

（1）政府信息门户解决方案。这一方案的实施将构建政府公共服务网（即政府外网），社会公众和企业可以通过政府公共服务网查询公共政务信息，并提交相关事务申请，政府公共服务网通过信息安全交换系统，与政府内部办公网实现信息的交换。

（2）政府网上办公解决方案。这一方案的实施将构建政府内部办公网，满足政府机构日常办公的需要，并通过信息安全交换系统，与政府外网进行信息交换，实现对政府外网的维护及处理政府外网传递的公共事务。

（3）信息安全交换解决方案。这一方案的实施将构建信息安全交换系统，为确保政府内网的安全性，政府内网与政府外网必须实现物理隔离，并在此前提下实现必要的信息交换，信息安全交换系统将确保政府内网和政府外网在安全的前提下实现信息交换。

（4）基础网络平台。基础网络平台是能够满足以上应用需求的软硬件及网络基础系统。一个成熟的电子政务平台，除了能够借助信息技术实现信息流的高效率运转，还应具备如下特点：

①安全性。政府机构的信息安全是电子政务实施的第一要素。电子政务系统不但能够实现内外网的物理隔离，有效防止泄密，同时也应确保内外网具有强大的抵御攻击能力，防止非法侵入带来的损失。

②整合性。电子政务系统应能实现政府内部办公和外部事务处理的整合，通过建立政务办公信息流和事务信息流的平滑对接，提高信息流的效率。同时，能够实现多

种沟通模式的整合，通过通信平台的多样化优势，提高电子政务系统的覆盖能力。

③可扩展性。电子政务系统的实施是一个分阶段的长期过程，电子政务系统的构造应具有高度的扩展性，以降低系统扩充的成本，并满足信息技术高速发展的需要。

④示范性。电子政务系统采用的技术和产品应对社会具有广泛的示范性和引导性，电子政务平台的总体结构应依据国家电子政务安全规范和国家电子政务标准技术参考模型设计。

7.4.3 我国电子政务发展状况

7.4.3.1 发展历程

（1）初始阶段。我国的电子政务起步于20世纪80年代末，当时各级政府机关开展了办公自动化工程，建立了各种纵向及横向的内部信息办公网络。1993年起，国务院成立了国家信息化联席会议并实施金桥、金关、金卡和金税等信息化重大工程。20世纪90年代开始，通过重点建设金税、金关、金卡等重点信息系统，我国电子政务发展取得了长足的进步。

（2）系统发展阶段。1999年1月22日，由中国电信和国家经贸委经济信息中心举办的"政府上网工程启动大会"在北京举行，会议通过了由48个国家部委的信息主管部门共同倡议发起的中国政府上网工程倡议书，确定1999年为中国政府上网年，中国政府上网工程的主站点 http://www.gov.cn 正式启播。由此开始系统推进电子政务的发展。2000年，国家电子政务蓬勃发展和兴起。

（3）全面规划整体发展阶段。2001年，我国提出电子政务的建设。2002年7月3日，《国家信息化领导小组关于我国电子政务建设指导意见》提出了"十五"期间我国电子政务建设的目标：初步建成标准统一、功能完善、安全可靠的政务信息网络平台；重点业务系统建设，基础性、战略性政务信息库建设取得实质性成效，信息资源共享程度有较大提高；初步形成电子政务安全保障体系，人员培训工作得到加强，与电子政务相关的法规和标准的制定取得重要进展。这标志着中国电子政务建设进入了一个全面规划、整体发展的新阶段。随后，我国电子政务不断深入发展，2021年，为深入贯彻落实党中央、国务院关于发展数字经济、建设数字中国的总体要求，进一步推动"十四五"时期电子商务高质量发展，根据《中共中央关于制定国民经济和社会发展第十四个五年规划和二〇三五年远景目标的建议》和《中华人民共和国国民经济和社会发展第十四个五年规划和2035年远景目标纲要》，商务部、中央网信办和发展改革委研究编制了《"十四五"电子商务发展规划》。在大力发展电子商务与数字经济的背景下，数字政府作为数字化转型的"重中之重"，也进入了一个新的发展阶段，各地方政府纷纷出台"十四五"电子政务发展规划，着力提升政府治理体系和治理能力现代化水平。如云南省人民政府办公厅印发《云南省"十四五"电子政务发展规划》，要求一是构建集约化基础设施体系，二是健全要素化政务数据资源体系，三是统筹一体化协同应用平台体系，四是打造智慧化省域治理系统体系，五是筑牢立体化安全运维和标准规范体系。通过统筹推进政务信息化建设和电子政务发展，着力提升政府治理体系和治理能力现代化水平，不断增强人民群众的获得感、幸福感、安全感。

7.4.3.2　中国政府上网的主要内容

中国政府上网要充分体现政府公共服务职能，由管理政府向服务政府的转变，我国政府上网的主要内容包括：政府职能上网、信息上网、日常活动上网、网上办公、网上专业市场交易等。

（1）政府职能上网，就是将政府本身和政府各部门的职能、职责、组织机构、办事程序、规章制度等在网上发布。

（2）信息上网，包括政府部门的资料、档案、数据库上网。

（3）日常活动上网，就是在网上公开政府部门的各项活动，把网络作为政务公开的一个渠道。

（4）网上办公。以往人们到政府部门办事，往往要跑到各部门的所在地去，如果涉及各个不同部门，要盖不同的章，十分麻烦。现在，虽然有些手续必须有实物证明才行，但可以建立一个文件资料电子化中心，把各种证明或文件电子化。如果是一个涉及不同部门的文件，可以在此中心备案后，其他各部门都可以此为参照传送办理，这样可以节省大量的时间和精力，提高办事效率。

（5）网上专业市场交易。目前许多政府网站，除了其相关职能和内容上网外，还建立起各个部门相应的专业交易市场，以推动经济的发展。

7.4.3.3　我国政务公开和电子政务主要文件

7.4.3.3.1　2005年（含）以前的主要相关文件

（1）党中央印发《建立健全教育、制度、监督并重的惩治和预防腐败体系实施纲要》（中发〔2005〕3号）——健全政务公开、厂务公开、村务公开制度。

（2）国务院印发《全面推进依法行政实施纲要》（国发〔2004〕10号）——把行政决策、行政管理和政府信息的公开作为推进依法行政的重要内容。

（3）中办印发《关于进一步推行政务公开的意见》（中办发〔2005〕12号）——政务公开成为一项基本制度。对各类行政管理和公共服务事项，除涉及国家秘密和依法受到保护的商业秘密、个人隐私之外，都要如实公开。

（4）中办印发《关于加强信息资源开发利用工作的若干意见》（中办发〔2004〕34号）——推进政府信息公开和政务信息共享，增强公益信息服务能力。

（5）中办印发《关于转发〈国家信息化领导小组关于我国电子政务建设指导意

见〉的通知》（中办发〔2002〕17号）——电子政务建设作为今后一个时期我国信息化工作的重点，政府先行，带动国民经济和社会发展信息化。加快政府职能转变，提高行政质量和效率，增强政府监管和服务能力，促进社会监督。以需求为导向，以应用促发展。

7.4.3.3.2　2005年以后的主要相关文件

2005年以后的主要相关文件如表7.1所示。

表7.1　2005年以后的主要相关文件

发布时间	文件名
2013年	基于云计算的电子政务公共平台顶层设计指南
2014年	2014年政府信息公开工作要点 关于加强党政机关网站安全管理的通知 国务院办公厅关于促进电子政务协调发展的指导意见 关于加强党政部门云计算服务网络安全管理的意见
2015年	促进大数据发展行动纲要 国务院关于积极推进"互联网+"行动的指导意见 关于开展国家电子政务工程项目绩效评价工作的意见 关于促进云计算创新发展培育信息产业新业态的意见
2016年	2016年政务公开工作要点 中华人民共和国网络安全法 国家网络空间安全战略 国家信息化发展战略纲要 推进"互联网+政务服务"开展信息惠民试点实施方案 国务院关于印发政务信息资源共享管理暂行办法的通知 国务院关于印发"十三五"国家信息化规划的通知 国务院关于加快推进"互联网+政务服务"工作的指导意见 国务院办公厅关于印发"互联网 + 政务服务"技术体系建设指南的通知
2017年	2017年政务公开工作要点 政务信息系统整合共享实施方案 政务信息资源目录编制指南（试行） 政务信息系统政府采购管理暂行办法 "十三五"国家政务信息化工程建设规划 关于开展政务信息系统整合共享应用试点的通知 国务院办公厅关于印发政府网站发展指引的通知 国务院办公厅关于全国互联网政务服务平台检查情况的通报 加快推进落实《政务信息系统整合共享实施方案》工作方案 财政部关于进一步做好政府采购信息公开工作有关事项的通知

表7.1（续）

发布时间	文件名
2018 年	2018 年政务公开工作要点 政府网站集约化试点工作方案 关于深入推进审批服务便民化的指导意见 国务院关于加快推进全国一体化在线政务服务平台建设的指导意见 进一步深化"互联网+政务服务"推进政务服务"一网、一门、一次"改革实施方案 "互联网+社会组织（社会工作、志愿服务）"行动方案（2018—2020 年）
2019 年	关于推进基层整合审批服务执法力量的实施意见 国务院关于在线政务服务的若干规定 国务院办公厅电子政务办公室市场监管总局办公厅关于依托全国一体化在线政务服务平台做好电子营业执照应用推广工作的通知 国务院办公厅关于印发国家政务信息化项目建设管理办法的通知 政府网站与政务新媒体检查指标 政府网站与政务新媒体监管工作年度考核指标 国家政务信息化项目建设管理办法
2020 年	关于加快推进政务服务"跨省通办"的指导意见 关于依托全国一体化在线政务服务平台做好出生医学证明电子证照应用推广工作的通知 关于依托全国一体化在线政务服务平台做好取水许可电子证照应用推广工作的通知
2021 年	关于进一步优化地方政府服务便民热线的指导意见 中华人民共和国国民经济和社会发展第十四个五年规划和 2035 年远景目标纲要 国务院办公厅关于印发 2021 年政务公开工作要点的通知 国务院办公厅关于印发全国一体化政务服务平台移动端建设指南的通知
2022 年	国务院关于加强数字政府建设的指导意见 国务院关于加快推进政务服务标准化规范化便利化的指导意见

7.4.3.4 电子政务的发展方向及规划

电子政务作为深化行政管理体制改革的重要措施，近些年来在硬件基础设施建设、重点业务系统应用、重要政务信息资源开发利用和信息安全保障能力等方面都取得了长足的发展，有力地提升了政府经济调节、市场监管、社会管理和公共服务等各项能力，有效地促进了政府职能转变，提高了行政效率，降低了行政成本，为建立行为规范、运转协调、公正透明、廉洁高效的行政管理体制，保障公民的知情权、参与权、监督权发挥了重要作用。

（1）"十二五"之前。党的十六大已经为中国电子政务的发展指明了方向："进一步转变政府职能，改进管理方式，推行电子政务，提高行政效率，降低行政成本，形成行为规范、运转协调、公正透明、廉洁高效的行政管理体制。"

中办发〔2002〕17 号文件明确指出："把电子政务建设作为今后一个时期我国信息化工作的重点，政务先行，带动国民经济和社会发展信息化。"提出了"十五"期间电子政务建设的指导原则和主要目标。指导原则是需求主导，突出重点；统一规划，加强领导；整合资源，拉动产业；统一标准，保障安全。该文件还确定了电子政务的主要目标和任务，即中央和地方各级党委、政府部门的管理能力、决策能力、应急处理能力、公共服务能力得到较大改善和加强，电子政务体系框架初步形成，为下一个五年计划期的电子政务发展奠定坚实的基础；同时也提出了加快电子政务建设的主要措施。

① 主要目标。电子政务建设的主要目标是初步建成标准统一、功能完善、安全可靠的政务网络与信息平台；重点业务系统建设，基础性、战略性政务信息库建设取得实质性成效，信息资源共享程度有较大的提高；初步形成电子政务安全保障体系；人员培训工作得到加强；与电子政务相关法规和标准的制定取得重要进展。

② 重点任务。电子政务建设的重点任务可以概括为"两网""一站""四库"和"十二金"，即加快建设政务内外网平台和政府门户网站；整合信息资源，建立人口、法人单位、空间地理和自然资源、宏观经济等四个基础数据库；建设和完善宏观经济管理、金关、金税、金财、金卡、金盾和社会保障等十二个业务系统。

两网：建设和整合统一的电子政务网络。电子政务网络由政务内网和政务外网构成，内网主要完成机关内部公文、信息、值班、会议、督查等业务的网上办理，为机关公务员提供政务、管理、决策支持、应急指挥等方面的信息支持与服务。外网是在内网建设的基础上，通过上、下、左、右互联而成的全国政府系统办公业务资源网，主要实现上下级之间、地区部门之间公文传输、信息交流等功能。外网是由多个局域网互联而成的广域网，两者在物理上是一套网络，是全国政府系统的内部办公业务网。两网之间物理隔离，政务外网与互联网之间逻辑隔离。

一站：政府门户网站。它是指在各政府部门的信息化建设基础之上，建立起跨部门的、综合的业务应用系统，使公民、企业与政府工作人员都能快速便捷地接入所有相关政府部门的业务应用、组织内容与信息，并获得个性化的服务。在"一站"的基础上积极推进公共服务，通过政府公众信息网，搭建在因特网基础上的、面向社会大众的政府门户网站。同时也包括机关大楼布设的可以上国际互联网的网络。为保密和网络安全，这套网络与机关内部办公业务网是物理分隔的。

四库：规划和开发重要政务信息资源。组织编制政务信息资源建设专项规划，设计电子政务信息资源目录体系与交换体系；启动人口基础信息库、法人单位基础信息库、自然资源和空间地理基础信息库、宏观经济数据库的建设。

十二金：建设和完善重点业务系统。加快办公业务资源系统、金关、金税、金融监管（含金卡）、宏观经济管理、金财、金盾、金审、社会保障、金农、金质、金水的系统建设。

加快政务信息公开的步伐，推动各级政府开展对企业和公众的服务，重点建设并整合综合门户网站，促进政务公开、行政审批、社会保障、教育文化、环境保护、"防伪打假""扫黄打非"等服务。

（2）"十二五"期间。党的十七届五中全会通过的《中华人民共和国国民经济和社会发展等十二个五年规划纲要（建议稿）》对未来我国信息化发展的战略目标、产业、应用以及电子政务、电子商务等都提出了明确的要求。其核心理念就是要全面推进国家信息化。其中，在谈到电子政务发展时，明确指出电子政务要以信息共享、互联互通为重点，大力推进国家电子政务网络建设，整合提升政府公共服务和管理能力。

（3）"十二五"之后到"十四五"之前。党的十九大指出："增强改革创新本领，保持锐意进取的精神风貌，善于结合实际创造性推动工作，善于运用互联网技术和信息化手段开展工作。"党的十九届四中全会通过《中共中央关于坚持和完善中国特色社会主义制度 推进国家治理体系和治理能力现代化若干重大问题的决定》（简称《决定》），《决定》指出："创新行政管理和服务方式，加快推进全国一体化政务服务平台建设，健全强有力的行政执行系统，提高政府执行力和公信力。"同时还指出："建立健全运用互联网、大数据、人工智能等技术手段进行行政管理的制度规则。推进数字政府建设，加强数据有序共享，依法保护个人信息。"

（4）"十四五"期间。2021年3月，十三届全国人大四次会议表决通过了《中华人民共和国国民经济和社会发展第十四个五年规划和2035年远景目标纲要》。为了在"十四五"时期更好地满足企业需求和群众期盼，抓住推动政务信息共享、提升在线政务服务效率等关键环节，推进数字政府建设，加快转变政府职能，促进市场公平竞争，该纲要明确指出，要加大政务信息化建设统筹力度，健全政务信息化项目清单，持续深化政务信息系统整合，布局建设执政能力、依法治国、经济治理、市场监管、公共安全、生态环境等重大信息系统，提升跨部门协同治理能力。完善国家电子政务网络，集约建设政务云平台和数据中心体系，推进政务信息系统云迁移。加强政务信息化建设快速迭代，增强政务信息系统快速部署能力和弹性扩展能力。除此之外，通过深化"互联网+政务服务"，提升全流程一体化在线服务平台功能。2022年，习近平在中国共产党第二十次全国代表大会上指出："完善网格化管理、精细化服务、信息化支撑的基层治理平台。"社会治理作为国家治理的重要方面，树立"以人民为中心"的社会治理理念是新时代社会治理的最核心目标。通过不断完善、精细化运行电子政务系统，提升社会治理效能，畅通和规范群众诉求表达、利益协调、权益保障通道，建设人人享有的社会治理共同体。

7.4.3.5 加快我国电子政务建设的意义

建立电子政府，加快电子政务建设是世界发展的潮流，也是电子信息技术应用于政府管理的必然趋势。在经济全球化和信息技术飞速发展的条件下，西方发达国家高度重视政府治理的变革，积极运用信息技术改造传统的政府管理模式，并在实践中取得显著成效：提高了政府管理效率，满足了民众对政府提供公共服务的各种新要求，大大提高了国家竞争力。加快我国电子政务建设，其重要意义主要体现在以下几方面：

（1）可以提高政府为公众服务的意识和水平，提高服务质量，全面提升政府形象，促进政府职能的转变。

（2）有利于增强推行政令的时效性，提高政府工作的效率，实现资源共享，降低行政成本。电子政务为建立高效能的政府提供了良好的契机。它可以有效地利用政府内部和外部资源，提高资源的利用效率，对改进政府治理、降低行政管理成本具有十分重要的意义。

（3）有利于政府接受社会监督，促进政务公开和廉政建设。实施电子政务，可以加强社会公众对政府各权力机构运行的监管，并可以实现政府相关信息和业务处理流程的公开化。随着电子政务的实施，公众可以更直接、更方便地监督政府的行政事务，更有效地使用政府的有关资源，使腐败现象降到最低点。

（4）有利于推动全社会的信息化。国内外信息化发展的实践表明，各国政府一直是推动信息化最主要的动力，如美国、欧盟各国、日本、新加坡等。政府率先信息化对一个国家的信息化发展起着重要的推进作用，政府首先实现信息化才会带动企业、社会公众的信息化步伐。

因此，电子政务需要在发展过程中进一步完善。但实施电子政务已成为政府机构改革的趋势和必然选择，中国政府必须面对这个潮流，抓住这个机遇，利用电子政务来促进政府改革。

7.4.3.6 我国电子政务的最新发展：微博政务①

近年来，微博等网络平台在我国快速发展、迅速普及。群众在微博上反映社情民意、发布和交流信息，在一定程度上起到了积极作用，但也带来了一些新问题和挑战。

电子政务如何积极利用和发展博客等网络平台、依法管理和确保新兴网络政务平台的安全，推动新兴网络政务平台健康有序发展，更好地服务群众、造福社会是一个很重要的问题。

微博传播快、覆盖广、影响大，是信息传播的一个重要平台。政府应该从提高党和政府治国理政能力的战略高度，认真贯彻落实党的十七届六中全会《中共中央关于深化文化体制改革、推动社会主义文化大发展大繁荣若干重大问题的决定》中有关"发展健康向上的网络文化""加强网上舆论引导，唱响网上思想文化主旋律"和"加强对社交网络和即时通信工具等的引导和管理"要求，以及 2019 年党的十九届四中全会通过的《中共中央关于坚持和完善中国特色社会主义制度推进国家治理体系和

---

① 本小节参考中国电子政务网（http://www.e-gov.org.cn）相关内容。

治理能力现代化若干重大问题的决定》中"坚持党管媒体原则,坚持团结稳定鼓劲、正面宣传为主,唱响主旋律、弘扬正能量。构建网上网下一体、内宣外宣联动的主流舆论格局,建立以内容建设为根本、先进技术为支撑、创新管理为保障的全媒体传播体系。改进和创新正面宣传,完善舆论监督制度,健全重大舆情和突发事件舆论引导机制。建立健全网络综合治理体系,加强和创新互联网内容建设,落实互联网企业信息管理主体责任,全面提高网络治理能力,营造清朗的网络空间"的部署要求,适应新形势、运用新平台,积极开展微博舆论引导工作,努力运用微博服务群众、服务社会。

微博政务的基本功能包括:

(1)促进网民沟通交流。网民沟通交流的信息是微博内容的主体,进行情感思想沟通和工作生活交流是网民使用微博的主要需求。政府应该加强管理,引导知名博主增进对国情、社情、网情的了解,增强社会责任感,充分发挥在网上舆论引导中的积极作用。

(2)通过微博推进网络文明建设。有效净化了网络环境,提升了网络文明水平。网络文明建设是社会主义精神文明建设的重要内容。政府应推动微博成为传播积极向上信息和文明理性表达意见的新平台,成为践行社会主义荣辱观、弘扬社会主义核心价值体系的文化阵地、舆论阵地。

(3)通过微博推动党政机关和领导干部更好地联系和服务群众。国家机关和人民团体及公职人员可以通过微博了解社情民意,倾听群众呼声、了解群众愿望、关心群众疾苦,把微博作为联系群众、服务群众的重要渠道。目前,党政机关及公职人员已开设的四万多个微博账户,包括江苏省南京市政府新闻办、山东省菏泽市牡丹区政务微博群等一大批党政机关官方微博客,及时发布政务信息,认真回应关切,实现了与公众的良性互动,推动了实际工作。

微博政务在使用过程中也存在一些问题,主要有:少数人利用微博编造和散布谣言,传播淫秽色情低俗信息,故意侵犯他人权益,进行非法网络公关。网民在上网时应守法自律,不传谣、不信谣。微博网站应加强信息发布管理,不给违法有害信息提供传播渠道,共同创建一个诚信、健康、文明的网络环境。

7.5 国外电子政务的现状

电子政务最初发端于美国,随后,其浪潮很快席卷全球。在美国之后,英国也开始大力推广电子政务,且其电子政务在全世界处于领先地位,加拿大和澳大利亚也陆续开通电子政务。在亚洲,新加坡堪称建设电子政府的先驱者。通过新加坡政府设立的"E-Citizen Center"，新加坡居民从申办出生证、结婚证、死亡证到纳税、企业注册登记等几乎所有的行政手续都能通过互联网在线办理。

7.5.1 国外电子政务

7.5.1.1 加拿大电子政务信息网络

加拿大发展信息高速公路的目的是要建立高品质、低成本的信息网络，使每一个加拿大公民皆有公平享受就业、教育、投资、娱乐、医疗保健、社会福利信息的机会，并使加拿大成为信息高速公路的主要使用者及服务提供者，以促进加拿大经济、社会及文化建设方面的发展。

加拿大政府邮件传递系统是世界上最大的政府局域网之一。加拿大信息高速公路是一个全国范围的框架，是一个"无缝"的网络，通过政府的网络和计算机，政府可以和公民直接对话。加拿大电子政务提供的服务如下：①共同性的电子邮递服务，连接大约15万名联邦公务员。②政府网络合理化方案，最终的目标是要建立一个供联邦政府使用的单一的、共同骨干网，这项措施对于提供单一窗口的服务是相当重要的。③国际网络服务。④共同性电信及信息服务。⑤共同性电子商务信息基本架构及服务。⑥单一窗口创新措施的支援服务，包括"一揽子"服务中心的支援服务、公用信息服务站支援服务。⑦网络合理化及管理服务，包括依据顾客需求提供各种宽带的通信服务、网络管理主控管中心服务、骨干网络服务、ATM 服务。⑧资料仓储企业环境服务。⑨资料处理设施管理服务。

7.5.1.2 日本的电子政府

日本于1993年10月制定了《行政信息推进计划》，目的在于提高政府部门的办事效率，改善政府部门的服务质量。进入21世纪以后，日本大力推进电子政府的建设，取得了一些引人注目的进展。从其实践来看，日本电子政府的建设不仅有利于提高政府的办事效率，降低行政管理成本，而且对整顿吏治、杜绝腐败也有重要意义。

日本的电子政府建设是在美欧发达国家率先起步后，凭借其强大的信息通信技术基础急起直追，大力推进并取得显著进展的。

2000年9月，时任首相的森喜朗在国会演说时提出了"e-Japan"的构想。这是日本领导人第一次将信息通信产业纳入国家中长期发展计划的尝试。森喜朗在这一演说中宣布，日本要在5年内成为世界上最先进的IT国家之一，建成"日本型的IT社会"。此后，日本历届内阁先后发表了《IT国家战略》（2000年11月6日）、《e-Japan 战略》（2001年1月22日）、《e-Japan 重点计划》（2001年3月29日）、《e-Japan 2002年项目》（2001年11月7日）和《IT领域规制改革的方向》（2001年3月29日）、《2002年 e-Japan 重点计划》（2002年6月18日）等文件，对"e-

Japan"的构想做了具体规划和落实。

根据这些计划，日本以 5 年为期完成全国超高速网络的建设。其阶段性的目标是：①在 2002 年实现全国统一居民番号制，基本形成电子政府的全国网络。②到 2005 年，日本全国 4 300 万户居民中至少有 3 000 万户居民可以 10 兆（Mbps）的速度接通高速互联网，有 1 000 万户居民可以利用 100 兆（Mbps）的超高速互联网。③在 2002 年内修改有关法律以促进电子商务的发展，2003 年的电子商务的规模要比 1998 年扩大 10 倍以上。其中，企业之间（B2B）电子商务规模为 70 万亿日元，企业与消费者之间（B2C）电子商务规模为 3 万亿日元。④大力培养 IT 人才，2005 年日本在 IT 领域获得硕士、博士学位的人数要超过美国，并吸收来自世界各国的 3 万名 IT 领域的专家。

依托其强大的经济实力和 IT 产业的雄厚基础，经过几年的努力，日本在建设电子政务方面取得了一些明显的进展，使得日本电子政务的功能不断完善。

（1）电子公告。日本中央政府和地方自治体致力于建立专用网页，将有关的行政信息完整、及时地向公众公布。

（2）电子申请。日本的中央政府和地方自治体几乎每天都要处理来自企业和居民的各种申请和申报，各级行政机构为此配备了大量的人力、物力。

（3）电子招标。2001 年 9 月，神奈川县横须贺市在日本率先引进了电子招标制度。电子招标制度是将包括公共工程在内的政府采购由传统的张榜公布改为通过政府网络进行招标，从获取信息、申请投标，到公布竞标结果等，都可以在网上完成。

（4）电子纳税。主要发达国家早在 20 世纪八九十年代就开始实行通过网络申报个人收入和电子纳税。根据美国的经验，电子纳税至少有三大好处：一是降低错误率。传统的纳税报表，错误率常在 20% 左右，而电子申报的错误率可控制在 1% 以内。二是大幅度缩短退税周期。采用传统的纳税报表，退税至少要等到 10 个星期后，但采用电子方式，3 个星期后就能拿到退回的税款。三是可以采用多种支付手段。不仅可以从银行的账户内扣除，还能用信用卡结算。日本国税厅从 2003 年度起引进电子纳税系统，从 2004 年度起予以实施。

（5）电子投票。电子投票是日本在建设电子政府过程中十分重视的一项课题。所谓电子投票，是指选民可以在投票站或自己家中设置的计算机终端通过互联网进行投票。显然，它除了可以更迅速地开票计票、降低选举成本外，还方便选民投票。在选民投票意愿日益低下的日本，推广电子投票意义重大。2002 年 2 月，《地方选举电子投票特例法》正式生效。同年 6 月 23 日，冈山县新见市举行市长、市议会选举，这是日本历史上第一次电子选举。2003 年 2 月，广岛县广岛市的市长选举、4 月的冈山县议会选举（部分）、宫城县白石市的市议会选举以及 8 月的福岛县大玉村议会选举都采用了电子投票的方式。还有一些地方自治体的议会和首长选举打算引进电子投票方式。总务省在 2003 年度的预算中拨出 24 600 万日元的经费，用以支持地方自治体推广电子投票。

7.5.1.3 国外经验和启示

综合分析国外电子政府发展现状和实践经验，可以发现，大多数国家（或地区）的电子政府建设主要从提高政府部门内部效率和有效性、政府与政府、政府与企业、政府与居民四个方面开展的。虽然具体措施不尽相同，但有很多成功做法值得借鉴。

一是明确统一的领导与协调推进体系。加强组织机构建设，实施强有力的领导，建立相应的管理制度，不断提高政府工作人员的改革意识和责任感。

二是及时制定电子政府发展战略和阶段性行动计划。要有效地推进电子政务建设，首先必须要有一个统一的、综合性的发展战略作宏观指导，以明确行动方向。从国外电子政务实践来看，电子政务发展战略的制定可以单独进行，也可以作为国家信息化整体战略的一个组成部分。战略制定必须及时，并且要结合政治、经济和社会发展水平，明确电子政府建设总体目标和具体的阶段性行动计划。

三是加强法律法规和标准化建设。法律法规主要涉及信息资源管理、电子签名及认证、信息安全和政府业务流程规范等方面。很多国家出台了从网站建设到后台基础设施建设等一系列标准，以协调各级政府部门的电子政府工作。

四是以在线服务项目的应用带动业务整合。以前台应用带动后台整合是一条有效途径，在确定前台应用项目时，要把居民和企业最为关心而且又能实现的项目确定为优先发展的在线服务项目，充分考虑整体业务变革问题。在后台整合过程中，需要加强中央政府各部门之间以及中央政府与地方政府的协作。

五是与企业和其他机构建立良好的合作伙伴关系。企业和民间部门在资金投入和创新能力方面具有很大的优势，国外在电子政府建设中主要采用市场化运作方式进行电子政务项目建设，如将系统开发建设甚至业务运行外包给企业。

六是加强工程项目管理和人员培训。项目管理涉及范围管理、时间管理、成本管理、质量管理、人力资源管理、沟通管理、采购管理、风险管理和综合管理等诸多方面，要做到团队人员构成科学合理、责权明确，注重对项目经理和有关人员的培训工作。

七是重视绩效评估。如美国推出了"电子政务计分卡"，对电子政府进展情况开展评估，以便及时了解现状，明确存在的问题和下一步工作重点。

八是提供充分的资金支持。采取多种措施筹集资金，以保障电子政务项目的开发建设、运行和维护。

由于各国（或地区）政治、经济和文化等基础和发展水平不同，在电子政府建设过程中面临的问题和挑战会有许多差异。在众多的问题与挑战中，有一些是带有普遍性的。其中，认识问题、业务流程优化问题、安全问题、资金问题和推广应用问题尤其值得注意。

本章小结

本章主要介绍了电子政务，包括电子政务的概念与类型、电子政务的案例、电子政务的发展历程与应用、电子政务的国内外现状，以及电子政务在我国的最新发展等内容。

（1）电子政务是借助电子信息技术而进行的政务活动。电子政务的特点是使政务工作更有效、更精简；使政府工作更公开、更透明；为企业和居民提供更好的服务；重新构造政府、企业、居民之间的关系，使之更加协调。电子政务的目的包括转变政府职能、办公信息化、提高效率、精简机构、提高政府透明度及政务公开、加强廉政建设（政务公开化）、科学决策、提高执政水平（决策科学化）、加强政策宣传和民众教育。电子政务的实质是以信息技术为工具、以政务数据为中心、以业务应用为动力、以便民服务为目的。

（2）电子政务概念最早是由美国前总统克林顿（1993年）提出的，20世纪90年代兴起，然后从发达国家散播开来。电子政务共有四个发展阶段，分别是起步阶段、政府和用户单向互动阶段、政府和用户双向互动阶段以及网上事务处理阶段。

（3）我国电子政务的发展从20世纪80年代政府办公自动化开始。1993年起，国务院成立了国家信息化联席会议并实施金桥、金关、金卡和金税等信息化重大工程，1999年为中国政府上网年，中国政府上网工程的主站点 http：//www.gov.cninfo.net、http：//www.gov.cn 正式启播。2000年，国家电子政务蓬勃发展和兴起。2001年提出我国"电子政务"的建设。

（4）电子政务主要包括三个组成部分：一是政府部门内部的电子化和网络化办公；二是政府部门之间通过计算机网络而进行的信息共享和实时通信；三是政府部门通过网络与民众之间进行的双向信息交流。电子政务的内容非常广泛。从服务对象来看，电子政务主要包括这样几个方面：政府间的电子政务（G2G）、政府对企业的电子政务（G2B）、政府与公众间的电子政务（G2C）、政府部门内部的电子政务（E2E）四大类型。

（5）近年来，微博等网络平台在我国快速发展、迅速普及。群众在微博上反映社情民意、发布和交流信息，在一定程度上起到了积极作用，但也带来了一些新问题和新挑战。电子政务如何积极利用和发展博客等网络平台，依法管理和确保新兴网络政务平台的安全，推动新兴网络政务平台健康有序发展，更好地服务群众、造福社会是一个很重要的问题。

本章习题

单项选择题

1. 电子政务主要借助了（　　　）。

　　A. 信息技术、网络技术和办公自动化技术

　　B. 信息技术、数据库技术和计算机技术

　　C. 计算机技术、电视技术和卫星技术

　　D. 网络、计算机技术和卫星技术

2. 电子政务在管理方面与传统政府管理之间有显著区别，最重要的原因是（　　　）。

　　A. 工作快捷

　　B. 对其组织结构的重组和业务流程的改造

　　C. 把传统事物原封不动地搬到互联网上

　　D. 工作效率高

3. 我国电子政务目前正处于哪个阶段？（　　　）

　　A. 政府信息的网上发布　　　　　　B. 政府与用户单向互动

　　C. 政府与用户双向互动　　　　　　D. 网上事务处理

4. 电子政务的内容包括：政府间的电子职务、政府对公民的电子政务和（　　　）。

　　A. 政府对各组织的电子政务　　　　B. 政府对企业的电子政务

　　C. 企业对政府的电子政务　　　　　D. 组织对政府的电子政务

5. "OA" 代表的中文意思是（　　　）。

　　A. 办公自动化　　　　　　　　　　B. 信息技术

　　C. 电子政务　　　　　　　　　　　D. 电子商务

6. 网上招聘属于（　　　）。

　　A. 政府部门内部的电子化和网络化办公

　　B. 政府部门之间通过计算机网络进行的信息共享

　　C. 政府部门通过网络与公众之间进行的双向信息交流

　　D. 电子公文系统

7. 下面不属于政府对公民的电子政务的是（　　）。

  A. 电子医疗服务　　　　　　B. 社会保险网络服务

  C. 公民信息服务　　　　　　D. 企业信息咨询服务

判断题

1. 电子政务是新型的、先进的、革命性的政务管理系统。（　　）

2. 电子政务的产生源于现代信息技术的发展和广泛应用。（　　）

3. 电子政务是政府改革的内在需要。（　　）

4. 政府对企业的电子政务是指政府通过电子网络系统进行电子采购与招标，精简管理业务流程，快捷迅速地为企业提供各种信息服务。（　　）

5. 政府对公民的电子政务是指政府通过电子网络系统为公民提供的各种服务。（　　）

6. 电子政务起源于英国。（　　）

简述题

1. 请简述我国电子政务的发展状况以及我国电子政务的内容。

2. 请简述电子政务的起源、发展和电子政务的阶段。

3. 请简述电子政务的应用模式。

4. 请简述微博政务的基本功能。

8 电子商务的法律和税收问题

8.1 电子商务的法律问题

8.1.1 电子商务法概述

8.1.1.1 电子商务法及其调整对象

电子商务法是指调整电子商务活动中所产生的以数据电文为交易手段而形成的商事社会关系的法律规范的总称，是一个新兴的综合法律领域。

联合国国际贸易法律委员会在《联合国国际贸易法委员会电子商务示范法》（以下简称《电子商务示范法》）中对数据电文的定义是："就本法而言，数据电文，是指以电子手段、光学手段，或类似手段生成、发收、或储存的信息，这些手段包括不限于电子数据交换（EDI）、电子邮件、电报、电传或传真。"该定义指出，当以数据电文为交易手段，即为无纸化形式的交易时，一般应由电子商务法来调整。

可见，电子商务法是一个全新的、独立的法律部门，它以电子商务活动所产生的社会关系为调整对象，而其他法律部门均不以电子商务各个环节活动中所产生的社会关系作为调整对象。

8.1.1.2 国际电子商务相关法规

国际电子商务相关法规包括：《计算机记录法律价值的报告》《电子资金传输示范法》《电子商务示范法》《电子商务示范法实施指南》以及《统一电子签名规则》《贸易法委员会电子签名示范法》《联合国贸易法委员会〈电子商务法范本〉》等。

8.1.1.3 电子商务法的特征

电子商务法具有一系列特征：

（1）国际性。电子商务法具有国际性，即电子商务的法律框架不应局限在一国范围内，而应适用于国际的经济往来，得到国际的认可和遵守。

（2）技术性。电子商务法对电子商务的有关技术问题做出合理的规定，使电子商务这个信息时代的产物逐渐走上法制化轨道。

（3）安全性。电子商务法对电子商务的安全性问题进行规定，可有效预防和打击各种计算机犯罪，切实保证电子商务及整个计算机信息系统的安全。

（4）开放性。电子商务法一直在不断发展中，必须以开放的态度对待任何技术手段与信息媒介，建立开放型的规范，让所有有利于电子商务发展的设想、技巧与手段都能容纳进来。

（5）协作性。由于电子商务技术手段具有复杂性与依赖性，因此电子商务活动要求当事人必须在第三方的协助下，完成交易活动。电子商务的协作性特征要求电子商务有多方位的法律调整，以及多学科知识的应用。

（6）程序性。电子商务法中有许多程序性规范，主要解决交易的形式问题，一般并不直接涉及交易的具体内容。

8.1.1.4 电子商务法的主体

电子商务的主体包括政府、企业和消费者等，不能缺少任何一方的参与和支持。政府是电子商务法的倡导者和支持者，是政策、法规的缔造者，更是市场经济活动的宏观调控者。企业是市场的主体，是电子商务的主力军，既是电子商务的发起者与电子商务活动的提供者，同时还是电子商务活动的受益者；既可作为电子商务活动中的买方，也可作为卖方存在。消费者则是电子商务最终的服务对象与商务模式的创新之源，消费者一般作为电子商务的买方存在，有时也可作为电子商务活动的卖方。

8.1.1.5 电子商务法与传统商法的比较

传统商法是指调整商事交易主体在其商事行为中所形成的法律关系，即商事关系的法律规范的总称。商法的调整对象是商事关系，即传统商法的调整对象是传统商务活动中发生的各种社会关系，而电子商务法的调整对象是电子商务交易活动中发生的各种社会关系。

传统商法的立法原则是一般的立法原则，现代商法主要有四大基本原则：①强化企业组织。②提高经济效益。这一原则主要体现为保护产权、维护信用、促使交易便捷三个方面。③维护交易公平。主要体现为平等原则和诚信原则。④保障交易安全。而电子商务法则除了一般的立法原则外，还应遵循国际性、技术中性等原则。

传统商法包括民法、刑法的一部分，以及经济法等，是一个体系，具体包括《中华人民共和国公司法》《中华人民共和国合伙企业法》《中华人民共和国个人独资企业法》《中华人民共和国外商投资法》《中华人民共和国企业破产法》《中华人民共和国保险法》《中华人民共和国海商法》等。而电子商务法则可以单独立法。

传统商法的法律关系相对简单，一次交易活动一般只涉及买卖双方。而电子商务法的法律关系较复杂，一次交易活动可同时涉及多个参与方之间的法律关系，如买方、卖方、物流提供方以及支付平台等。

传统商法中没有国际示范法，而电子商务法则先有国际立法即《电子商务示范法》，各国在其基础上建立本国的电子商务法。

8.1.2 电子商务的主要法律问题

电子商务的飞速发展给法律方面带来了许多新的冲击，包括安全性问题、知识产权问题、言论自由和隐私权的冲突以及电子合同等电子文件的有效性问题，这些问题都对建立新的法律制度提出了迫切要求。

8.1.2.1 电子商务的安全性问题

目前，阻碍电子商务广泛应用和推广的主要的也是最大的障碍就是安全性问题。

互联网的诞生并不是以进行商务活动为目的，而是为了能方便地共享计算机资源。互联网开放有余而严密不足，因此，在互联网上进行安全性要求很高的电子商务活动就必然要采取一些辅助措施。业内人士早在电子商务的发展初期就开始致力于从技术上保证电子商务的安全，如防火墙、加密与解密、数字签名、身份认证等技术。通过使用这些技术，电子商务活动可以在进行的同时保证数据的机密性、完整性和不可抵赖性。但这些技术各有其自身的不足。

纯粹依赖技术手段抵御电子商务活动中各种类型的非法访问和恶意攻击，一方面是不可行的，另一方面其实也是防不胜防的。因此，只有通过政府的参与和管理，通过制定维护协调运作的法律和管理规则，使得每一个参与电子商务活动的企业与个人都知晓，如果不遵循这些运作规则，不但很难达到自己的商业目的，而且会付出较大的成本和代价。因此只有通过政府的参与和管理，才能从根本上减少各种非法访问和恶意攻击，建立起良好的电子商务新秩序。

8.1.2.2 知识产权问题

网络的重要用途之一是资源共享，在此情况下，知识产权面临着一系列问题，如网上发表文章是否有著作权、随意下载网上信息后自行出版是否算侵犯知识产权等。电子商务技术的进步使贸易向无形化和快捷化方向发展的同时，也使知识产权保护变得更加困难。

在电子商务领域中，有两个知识产权方面的问题尤为突出，一是版权保护问题，二是商标和域名的保护问题。

8.1.2.2.1 版权保护

网上交易通常都包括销售知识产权的授权产品。以前的知识类产品都被赋予某种形式，加以特定的包装，从某一储存地点发送到客户手中。而利用现有技术，软件、报刊、新闻、股市行情等信息的无形产品与服务内容可以在网上以电子形式传送，这一方面的业务有着巨大的增长潜力。而这种网上交易能否成功发展，不仅取决于互联网的基础设施的建设情况，更取决于知识产权的保护情况。

尽管互联网为数字产品的传播与销售提供了成本低廉、迅速方便的手段，但是知识产权的所有者如软件开发商、艺术家、唱片商、电影制片厂、作家以及出版部门担心其产品能否得到保护。通过互联网进行的数字拷贝和传递最有可能导致侵犯版权。常见的网上侵犯版权的行为包括：①大量电子书籍的任意下载。这不仅侵犯了原著作者的版权，也侵犯了网上电子书店的利益。②大量无授权软件的下载。此外，还有一些网络使用者把并非自己所有的正版软件随意上传以供他人共享。这都毫无例外地掠夺了软件开发者的劳动，也是对网上软件市场的沉重打击。③大量免费在线收看或下载电视电影。

以上这些侵犯版权的行为都不利于无形商品的电子商务发展。如果版权收入不能从互联网商务中收缴上来，那么这种商务就必然无法持续下去。目前世界各国都在寻求解决知识产权及版权等问题的技术方案，并取得了一定进展。例如，可以利用附在取得版权的文本上的一串数字组成的"数字目标识别码"，帮助追踪非法传播者，也可以使用防止印刷和提供版权信息的密码等。

新闻事件：

因侵犯《三体》音频著作权，法院判定荔枝 APP 赔偿 500 万

《三体》是国内具有影响力的科幻小说之一，因未经授权传播《三体》有声小说，法院对帮助侵权的荔枝 APP 开出高额赔偿。近日，上海知识产权法院对深圳市腾讯计算机系统有限公司（简称"腾讯公司"）起诉广州荔支网络技术有限公司（荔枝 APP，简称"荔支公司"）侵犯《三体》著作权案作出二审判决。

法院认定，《三体》具有很高的商业价值，荔枝 APP 上有大量《三体》音频，有些音频的标题中有"三体""刘慈欣"等字样，且有连续多集，荔支公司容易识别出此类音频是侵权音频。对于独家主播等有影响力的主播，荔支公司对其播出的内容有更高的注意义务。荔支公司明知或者应知其平台主播传播侵权音频，未采取制止侵权的必要措施，构成帮助侵权，应承担相应的民事责任。

一审法院综合考虑涉案作品知名度高、侵权规模大及持续时间较长、主观过错明显等因素，判决荔支公司赔偿 500 万元。二审法院认为，赔偿金额在合理范围内，予以维持，荔支公司的其他上诉请求不予成立。

2022 年 9 月 13 日，上海市版权局发布 2021 年度上海版权十大典型案件，《三体》有声读物著作权侵权纠纷案入选。

资料来源：央广网，https://tech.cnr.cn/techph/20220914/t20220914_526009016.shtml.

8.1.2.2.2 商标保护

商标是商品的生产者和经营者在其生产、制造、加工、拣选或者经销的商品上或者服务的提供者在其提供的服务上采用的，区别商品或者服务来源的，由文字、图形或者其组合构成的，具有显著特征的标志。在电子商务迅速发展的过程中，网上的商标侵权也愈演愈烈，给商标法律保护带来新的问题。

（1）电子公告牌上的商标侵权。电子公告牌系统是互联网上一种重要的信息通信方式，人们可以向电子公告牌系统（BBS）上传和从那里下载信息，因而企业的商标权易被侵权。

（2）链接引起的商标之争。在互联网上处于不同服务器上的网页文件可以通过超

级链接互相联系，因此，只要在网页上设置了另一个网页或者网页的另一部分内容的链接，就可以实现网上文件之间的自由跳转。

近来，网上链接引起的商标侵权纠纷屡屡发生。例如 A 公司未经 B 公司的许可，就在自己的网页上设置了 B 公司网页的链接，以方便用户获得更多的信息。这就造成 A 公司对 B 公司商标权的侵犯。

（3）隐形商标侵权。继超文本链接之后，商标侵权纠纷的另一个热点就是由网上搜索引擎引起的"隐形商标侵权纠纷"。这类商标纠纷的特征是某人将他人的商标埋置在自己网页的源代码中，这样虽然用户不能在该网页上直接看到他人的商标，但是当用户使用网上搜索引擎查找他人商标时，该网页就会位居搜索结果的前列。

8.1.2.2.2.3 域名抢注与保护

域名作为一个企业的标志和形象，与商标极其相似，同样属于知识产权的范畴。在电子商务的法律问题当中，域名抢注问题已经逐渐为人们所重视。

在互联网蓬勃发展的今天，域名在电子商务活动中代表的是一个企业的形象。各大企业几乎全部注册了自己的域名，可见域名在国际电子商务活动中越来越受重视，并且迅速发展。但在发展过程中也出现了不和谐的音符，一些知名的企业的域名被别的机构或企业恶意抢注，以实现其商业利益，而一旦被抢注的企业想要得到域名的使用权时，就不得不花费比注册域名高昂很多的代价，从那些抢注了自己域名的企业或个人手里买回或租用本应属于自己的域名，否则就只能退而求其次地选择一个与大众或消费者早已耳熟能详的形象不相符合的域名，这种无奈的做法给企业的商业竞争力带来的负面影响是不言而喻的。

（1）域名抢注的类型。所谓域名抢注，可以简单地分为两类：

一类是一个从未被注册过的域名的抢注。这种情况下，一般是域名的注册者预见到该域名潜在的价值，在其他人想到或还没来得及注册之前完成该域名的注册。此类型的抢注包含一些对知名品牌、知名团体或个人的名称、知识产权等的抢注。

另一类是对一个曾经被注册过的域名的抢注。一个被注册过的域名，如果未能在有效期结束前及时续费，则会在一段时间后被删除，在被删除后的第一时间内，抢先注册到该域名的行为，就可视为这种类型的抢注。一个域名在被删除之后，任何个人、机构，都可以通过域名注册商去注册这个域名，没有任何的限制，完全遵从先到先得的原则。目前，很多网站提供将要被删除的域名的查询功能，因此，一些好的域名，往往在被删除后的一秒钟之内就被一个新的注册者注册。大多数情况下，你甚至还来不及查询到这个域名是否被删除了，就已经被人捷足先登了。

当然，在利益的驱使下，会有很多注册商与这些域名抢注商达成协议，从而使得这场域名抢夺的竞争变得更加残酷，也使得个人能够注册到非常有价值的域名的机会减小了很多。与商标被抢注一样，域名被抢注造成的后果同样是企业的知识产权被侵犯。这就要求政府尽快制定和实施相关的法律规范，制约和惩戒侵犯知识产权的行为。

（2）恶意抢注国内域名。中国国家代码（cn，也称为国内域名）域名由中国政府指定的中国互联网络信息中心（CNNIC）来管理。我国相关的域名政策有《中国互联网络域名注册暂行管理办法》与《中国互联网络域名注册实施细则》，这两个政策对".cn"下的域名注册有相关的规定。

① 对域名的归属出现纠纷时的处理的相关规定。在由于域名的注册和使用而引起的域名注册人与第三方的纠纷中，CNNIC 不充当调停人，由域名注册人自己负责处理并且承担法律责任。

当某个三级域名与在我国境内的注册商标或者企业名称相同，并且注册域名不为注册商标或者企业名称持有方拥有时，注册商标或者企业名称持有方若未提出异议，则域名注册人可继续使用其域名；若注册商标或者企业名称持有方提出异议，在确认其拥有注册商标权或者企业名称权之日起，CNNIC 为域名持有方保留 30 日域名服务，30 日后域名服务自动停止，其间一切法律责任和经济纠纷均与 CNNIC 无关。

② 如何防止域名被恶意抢注。根据《中国互联网络域名注册暂行管理办法》的规定，禁止转让或买卖域名，有了这一条，就能够比较有效地防止域名被恶意抢注的情况发生。但在域名申请的实际工作中，域名被恶意抢注的现象仍然存在。一旦发现自己的域名被恶意抢注，可以通过法律程序解决，但要花费大量的人力、财力。因此，建议最好尽快注册自己的域名，以防止域名被抢注。

这说明".cn"下的恶意抢注域名的解决方案与政策措施还不完善。对此，CNNIC 委托中国社会科学院知识产权中心开展了专题研究并提出了具体方案和论证报告。经 CNNIC 工作委员会讨论，公布了《中国互联网络域名争议解决办法》（2014年 9 月 1 日施行）。

域名抢注案例

案例一：据北京媒体报道，"团团""圆圆"一经公布，便在网络域名抢注领域引起轩然大波，"团团""圆圆"的中文和英文重要域名全部被有心人抢注。据上海的彭先生介绍，春节晚会上"团团""圆圆"这两个名字公布后的几秒钟内，他就已经把与两只大熊猫有关的 16 个域名全部注册到了自己名下，他共抢注了 16 个相关域名，并抛出了 333 万元出售的天价。16 个域名分别为"团团.com""圆圆.com"等，每一个的最低拍卖价都在 10 万元人民币以上，而最贵的要 88 万元。

案例二：近来国内一些著名品牌域名被抢注的消息不时见诸报端，中文域名抢注愈演愈烈。奥运吉祥物"五福娃"揭晓当晚，"五福娃"的.cn 和.com 域名就已经被抢注。部分域名随后在淘宝、易趣等网上热卖，一度被拍到 5 万元的天价。卖家们这样解释它的昂贵："此名称在未来三年内绝对升值潜力无限。"

案例三：在"神六"发射前，"shen6"域名已被抢先注册，并被转让，最高报价达13万元。

案例四：2009年9月25日，湖南卫视新媒体芒果TV全新改版，实现了向高清正版的全面转轨，电视宣传片刚刚在湖南卫视播出，mangotv.com以及对应的中文域名"芒果TV"便遭到抢注，抢注者还专门致电金鹰网负责人，试图以高价转让域名。

案例五：2005年9月21日下午，宝洁旗下的主打品牌"舒肤佳.cn"与"玉兰油.cn"被一家化工企业抢注，此外，宝洁的"海飞丝""飘柔"两大品牌的中文域名也已被一家软件公司抢注。

8.1.2.3　隐私问题

当前，客户在网上购物或浏览相关信息时，常需要输入身份证号码、信用卡账号以及密码和需求等个人信息，并将它们通过网络传送给商家。尽管互联网提供了各种安全防范措施，但很多人担心资料失窃或丢失以及私人信息在网上的广泛传播，所以不愿通过网络提供信用卡等个人信息。这种对电子商务交易中个人信息保护的怀疑态度是网上交易的最大障碍。尽管随着网上购物者的增加，以及网上支付的安全性越来越高，这种担心会逐渐消失，但在网络环境中，为了使用户安全放心地使用网络，确保个人隐私权仍是非常必要的。

远程交易、联机采购等往往需要采购者提供姓名和地址，这就有利于在网络商业数据库中建立客户资料档案。收集客户过去的采购信息可以使企业进一步为客户提供适当的服务，比如通知客户某种功能的新产品的发布等。某些网站要求访问者进入网站时需要提供个人信息，作为提供信息的回报，这些网站可能会提供会员服务，诸如新产品信息或新闻简报。在很多情况下，用户根本无法知道他们提供的个人信息将会被网站或企业如何传播和利用，更无法限制商家公开该信息的程度，比如这些个人资料是只限于商家内部使用，还是在一定条件下部分对外公开，还是毫无限制地对外发布。

因此，在电子商务交易的个人隐私权原则中，企业使用客户的私人信息应做到事前通知及获得许可。信息收集者应告知客户，他们正在收集什么信息以及打算如何使用这些信息，并在得到客户许可后方可使用；同时信息收集者应该为客户提供一种有效的途径，以便限制对私人信息的盗用和重复使用。

8.1.2.4　确保电子商务中电子合同的法律效力

无论是否是电子交易，每一项成功的交易都需要参与交易的个人、公司或政府之间有一个合同，明确知道彼此之间希望得到的利益，明确各方为实施合同所必须承担的义务。

电子商务活动的顺利进行，也离不开电子合同。怎样使电子合同与传统的纸面合同具有同等的法律效力，对当事人的利益和义务进行保护和监督，也是电子商务交易中一个突出的问题。

8.1.3 电子商务的国际立法与各国立法情况

8.1.3.1 电子商务法的内容

电子商务法主要包括以下内容：①数据电文法律制度，包括数据电文的概念与效力，数据电文的收发、归属及完整性与可靠性推定规范等。②电子签名的法律制度，包括电子签名的概念及其适用、电子签名的归属与完整性推定、电子签名的使用与效果等。③电子认证法律制度，包括认证机构的设立与管理、认证机构的运行规范与风险防范、认证机构的责任等。

此外，电子商务法还包括电子商务合同的制度、电子支付法律制度、电子商务物流法律制度、电子商务税收法律制度、电子商务安全法律制度、电子商务知识产权法律制度、电子商务隐私权法律制度、电子商务消费者权益法律制度、电子商务市场监管法律制度、电子商务经营法律制度、电子商务刑事法律制度、电子商务司法管辖法律制度以及电子商务仲裁法律制度等。

8.1.3.2 电子商务的全球性要求对其立法要各国协调进行

电子商务的全球性必然要求对之进行的立法工作要各国协调进行，其所涉及的方方面面远远不是一个简单的问题，有待于各国政府的共同努力。

8.1.3.2.1 电子商务的国际立法

（1）联合国贸易法律委员会电子商务立法的主要过程。联合国探讨电子商务的法律问题始于20世纪80年代。1982年，联合国国际贸易法律委员会在第15届会议上正式提出计算机记录的法律价值问题；1985年12月11日，贸易法律委员会向联合国提交《自动数据处理方面的法律建议》，被联合国大会通过，揭开了电子商务国际立法的序幕。

1996年6月，贸易法律委员会通过《电子商务示范法》，并于12月16日被联合国第15次大会通过。

2001年，贸易法律委员会通过了《数字签名统一规则》，并正式将其命名为《电子签名示范法》。

（2）《电子商务示范法》及其宗旨与特色。联合国国际贸易法委员会于1996年推出了一部关于电子商务的示范法，即《联合国国际贸易法委员会电子商务示范法》（简称《电子商务示范法》）。

《电子商务示范法》共分两部分，计4章17条。第一部分题为"电子商务的一般规则"，由 3 章计 15 条构成，系统地规定了关于电子商务的一般原则，法律要求适用于数据电文的规则，以及数据电文交流的规则等内容。第二部分以"特殊领域中的电子商务"为标题，由 1 章计 2 条构成，实际上仅是规定了与货物运输合同及运输单证有关的电子商务规则。

《电子商务示范法》是联合国国际贸易法委员会向各国推荐采用的示范性法律文本，其本身并不具有法律效力和强制性。但是，各个国家一旦以示范法为蓝本制定了自己的法律，那么，示范法中的规则就会成为这些法律的组成部分。在这个意义上，示范法具有使世界各国的电子商务立法统一化的作用。考察示范法对于中国电子商务法制建设具有实践意义。

《电子商务示范法》提供各国评价涉及计算机技术或者其他现代通信技术的商务关系中本国法律和管理的某些方面并使之现代化的参照文本，还可作为目前尚无法可依的有关法规的参照范本。虽然它对于推动各国电子商务的发展具有积极意义，但也存在缺陷，如《电子商务示范法》只起示范作用，供各国参考，不具有强制性，在许多方面没有作出具体详细的规定，有的只提出一个总原则和框架。

（3）世界贸易组织（WTO）与电子商务立法。WTO 建立后，就信息技术先后达成三大协议：

①《全球基础电信协议》（1997 年 2 月 15 日），要求各成员向外国公司开放其电信市场并结束垄断行为。

②《信息技术协议（ITA）》（1997 年 3 月 26 日），要求所有参加方自 1997 年 7 月 1 日起至 2000 年 1 月 1 日将主要的信息技术产品的关税降为零。

③《开放全球金融服务市场协议》（1997 年 12 月 31 日），要求成员方对外开放银行、保险、证券和金融信息市场。

（4）经济合作与发展组织（OECD）与电子商务立法。经济合作与发展组织（Organization for Economic Co-operation and Development，OECD）成立于 1961 年，其前身是欧洲经济合作组织（OEEC），是在第二次世界大战后，美国与加拿大协助欧洲实施重建经济的马歇尔计划的基础上逐步发展起来的，目前共有北美、欧洲和亚太地区的 34 个成员。OECD 的职能主要是研究分析和预测世界经济的发展走向、协调成员关系、促进成员合作。OECD 主要关心工业化国家的公共问题，也经常为成员制定国内政策和确定在区域性、国际性组织中的立场提供帮助。

1998 年 10 月，OECD 渥太华电子商务部长级会议公布了三个重要文件：《OECD 全球电子商务行动计划》《有关国际组织和地区组织的报告：电子商务活动计划》以及《工商界全球电子商务行动计划》。

（5）世界知识产权组织（WIPO）与电子商务立法。世界知识产权组织（World Intellectual Property Organization，WIPO）总部设在瑞士日内瓦，是联合国组织系统中的 16 个专门机构之一，是一个致力于促进使用和保护人类智力作品的国际组织。它管理着涉及知识产权保护各个方面的 24 项（16 项关于工业产权、7 项关于版权、1 项关于建立世界知识产权组织公约）国际条约。

1996 年 12 月 20 日，WIPO 通过《WCT 版权条约》和《WIPO 表演与录音制品条件》（WPPT），统称为"Internet 条约"。1996 年 12 月 23 日，WIPO 提出网络域名程序的报告，倾向"无意将域名创设成一种新知识产权，将现有知识产权适用到虚拟空间，赋予著名商标权人排除他人以其著名商标登记为网络域名的权利，目前正领导建立域名注册的国际机构，规范域名抢注"。

WIPO 提出《互联网名称和地址管理及其知识产权问题》的报告，建立了全球性的有效解决域名纠纷的机制，以及域名注册规范程序和域名排名等程序，处理好了域名与域名商标保护的关系问题。

（6）国际商会与电子商务立法。国际商会（International Chamber of Commerce，ICC）成立于 1919 年，至今已拥有来自 130 多个国家的成员公司和协会，是全球唯一的代表所有企业的权威代言机构。它于 1987 年 9 月通过了《电传交换贸易数据统一行动规则》，于 1997 年 11 月 6 日通过了《国际数据保证商务通则》。2021 年，国际商会发布《数字化贸易交易统一规则（URDTT）》。

（7）其他国际性组织与电子商务立法。1999 年 1 月，电子商务全球商家对话（CBDe）在美国成立。CBDe 在法国召开第一届大会，发表《巴黎倡议》。2000 年 7 月，八国集团峰会发表《全球信息社会冲绳宪章》。

（8）地区性国际组织与电子商务立法。1981 年，欧洲国家推出第一套网络贸易数据标准《贸易数据交换指导原则》。2000 年欧洲通过决议，在 2000 年底通过电子商务所有立法，包括对版权的规定、远程金融服务的规定、电子银行的规定、电子商务的规定、网上合同法、网上争端解决办法等。

8.1.3.2.2 国外的电子商务立法

（1）美国的电子商务立法。1995 年，犹他州的《数字签名法》是美国乃至全世界范围内第一部全面确立电子商务运行规范的法律文件。1997 年，克林顿公布《全球电子商务框架》。1999 年 7 月，《统一计算机信息交易法》公布。2000 年 6 月 30 日，时任美国总统的克林顿签署了《电子签名法》，为在商贸活动中使用电子文件和电子签名扫清了法律障碍。

到目前为止，美国在州与联邦政府一级共有近百部与电子商务相关的法律文件，包括 1997 年的《税务重组与改革法案》、1998 年的《减少政府纸面文件法案》等法案。

（2）欧洲的主要电子商务相关立法。英国陆续公布了多部电子商务相关法律文件，如 1984 年的《数据保护法》、1996 年 3 月的《电子通信法案》、1998 年 10 月的

《电子商务——英国税收政策指南》、2000 年用于监控电子邮件和移动电话的《管理和调查权利法案》（《电子信息法草案》）、2002 年的《2002 年电子商务（欧盟指令）条例》和《2002 年电子签名（欧盟指令）条例》等。

德国于 1997 年 8 月公布了《信息与通信服务法》，1997 年 8 月公布了《数字签名法》《信息和通信服务规范法》等。

意大利于 1984 年公布了《通过公共信息服务部门以电子手段传递的单证可具有一定的法律价值》法案，1996 年的第 675196 号立法文件对个人数据保护进行了规范，1997 年 11 月公布了《数字文件规则》《意大利数字签名法》等。

1998 年，芬兰提出了一项"国家加密政策与加密报告指南"的立法动议。

俄罗斯于 1995 年 1 月公布了《俄罗斯联邦信息法》，2002 年 1 月普京签署《电子数字签名法》。

（3）日本的电子商务立法。1996 年，日本通产省成立电子商务促进委员会ECOM，1997 年公布了题为《迎接数字经济时代——为了 21 世纪日本经济和世界经济快速发展》的草稿，2000 年公布《电子签名与认证服务法》。

（4）大洋洲的电子商务立法。澳大利亚于 1998 年 3 月发布《电子商务：法律框架构造》，2000 年 3 月公布《电子交易法案》等。

新西兰于 1998 年公布《电子商务第一部分：法律与企业社会形象指南》等。

8.1.3.2.3 我国电子商务相关法律规范

1998 年 11 月 18 日，江泽民在亚太经合组织第六次领导人非正式会议上就电子商务问题发言时说：电子商务代表着未来贸易方式的发展方向，我们不仅要重视私营、工商部门的推动作用，同时也应加强政府部门对发展电子商务的宏观规划和指导，并为电子商务的发展提供良好的法律法规环境。

1. 电子证据和电子合同的法律效力问题

《中华人民共和国合同法》（1999 年 3 月通过，已废止）对电子证据和电子合同的法律效力问题已有所涉及。

（1）将传统的书面合同形式扩大到数据电文形式。

（2）确定电子商务合同的到达时间。

（3）确定电子商务合同的成立地点。

2. 域名与商标权相关法律规定

《中国互联网络域名注册暂行管理办法》规定，不得使用他人已在中国注册过的企业名称或者商标名称；当某个三级域名，与在我国境内注册的商标或者企业名称相同，并且注册域名不为注册商标或者企业名称持有方拥有时，持有方若未提出异议，则域名持有方可以继续使用其域名；持有方提出异议，在确认其拥有注册商标权或者企业名称权之日起，各级域名管理单位为域名持有方保留 30 日域名服务，30 日后域名服务自动停止，其间一切法律责任和经济纠纷均与各级域名管理单位无关。

3. 对计算机犯罪的法律制裁

计算机犯罪分为两大类五种小类。其中，两大类的一类是直接以计算机信息系统为犯罪对象的犯罪，包括非法侵入系统罪，破坏系统功能罪，破坏系统数据、应用程序罪，制作、传播计算机破坏程序罪；另一类是以计算机为犯罪工具实施其他犯罪，如利用计算机实施、金融诈骗、盗窃贪污、挪用公款、窃取国家机密、经济情报或商业秘密等。

根据《中华人民共和国刑法》（以下简称《刑法》）第二百八十五条规定，违反国家规定，侵入国家事务、国防建设、尖端科学技术、领域的计算机信息系统的，构成非法侵入计算机信息系统罪，处以 3 年以下有期徒刑或拘役。这个规定对国家重要计算机信息系统安全实行了严格的保护，行为人只要在没有授权的情况下，侵入国家重要计算机信息系统，即使并未实施任何删除、修改信息的行为，也构成该罪。该罪名对那些以破坏程序、非法侵入重要计算机信息系统为乐的黑客们来说，具有很强的针对性。

根据《刑法》第二百八十六条第一款规定，凡违反国家规定，对计算机信息系统功能进行删除、修改、增加、干扰，造成计算机信息系统不能正常运行，情节严重的行为，构成破坏计算机信息系统功能罪，违反该规定，将被处以 5 年以下有期徒刑或拘役，后果特别严重的，将被处以 5 年以上有期徒刑。

根据《刑法》第二百八十六条第二款规定，违反国家法律规定，故意对计算机信息系统中存储、处理或传输的数据和应用程序，进行删除、修改、增加的操作，造成严重后果的行为，构成破坏计算机信息系统数据、应用程序罪。犯该罪后果严重的，将被处以 5 年以下有期徒刑或者拘役；后果特别严重的，将被处以 5 年以上有期徒刑。

根据《刑法》第二百八十六条第三款规定，故意制作、传播计算机病毒等破坏性程序，影响计算机系统正常运行，后果严重的行为，构成制作、传播计算机破坏性程序罪，犯该罪后果严重的，将被处以 5 年以下有期徒刑或拘役；后果特别严重的，将被处以 5 年以上有期徒刑。

4. 电子签名法

2004 年 8 月 28 日，十届全国人大常委会第十一次会议表决通过《中华人民共和国电子签名法》（以下简称《电子签名法》），2005 年 4 月 1 日实施，首次赋予可靠的电子签名与手写签名或盖章具有同等的法律效力，并明确了电子认证服务的市场准入制度。该法共五章三十六条，第一章为总则，第二章是数据电文，第三章为电子签名与认证，第四章是法律责任，第五章是附则。

《电子签名法》是我国第一部真正意义的电子商务法，是我国电子商务发展的里程碑，它的颁布和实施极大地改善了我国电子商务的法制环境，促进安全可信的电子交易环境的建立，从而大力推动我国电子商务的发展。《电子签名法》的出台从根本上解决了我国电子商务发展所面临的一些关键性的法律问题，实现我国电子签名合法化、电子交易规范化和电子商务的法制化，并为我国今后的电子商务立法奠定了坚实的基础。该法确立了电子签名的法律效力，明确了电子签名规则，消除了电子商务发展的法律障碍，维护了电子交易各方的合法权益，保障了电子交易安全，为电子商务和电子政务发展创造有利的法律环境，对电子商务和电子政务的建设和发展具有重要而深远的意义。

我国电子签名法的基本内容包括：

（1）明确电子签名的法律效力。《电子签名法》明确规定："民事活动中的合同或者其他文件、单证等文书，当事人可以约定使用或者不使用电子签名、数据电文。当事人约定使用电子签名、数据电文的文书，不得仅因为其采用电子签名、数据电文的形式而否定其法律效力。"这样，电子签名便具有与手写签字或者盖章同等的法律效力；同时承认电子文件与书面文书具有同等效力，从而使现行的民商事法律可以适用于电子文件。

（2）明确了电子签名所需要的技术和法理条件。电子签名必须同时符合"电子签名制作数据用于电子签名时，属于电子签名人专有""签署时电子签名制作数据仅由电子签名人控制""签署后对电子签名的任何改动能够被发现""签署后对数据电文内容和形式的任何改动能够被发现"等若干条件，才能被视为可靠的电子签名。这一条款为确保电子签名安全、准确以及防范欺诈行为提供了严格的、具有可操作性的法律规定。

（3）规定了电子商务认证机构及其行为。电子商务需要作为第三方的电子认证服务机构对电子签名人的身份进行认证。认证机构是否可靠对电子签名的真实性和电子交易的安全性起着关键作用。目前，我国社会信用体系还不健全，为了确保电子交易的安全可靠，《电子签名法》规定了认证服务市场准入制度，明确了由政府对认证机构实行资质管理的制度，并对电子认证服务机构提出了严格的人员、资金、技术、设备等方面的条件限制。

（4）明确了电子商务交易双方和认证机构在电子签名活动中的权利义务与行为规范。《电子签名法》对电子合同中数据电文的发送和接收时间、数据电文的发送和接收地点、电子签名人向电子认证服务提供者申请电子签名认证证书的程序、电子认证服务提供者提供服务的原则、电子签名人或认证机构各自应承担的法律义务与责任等问题，都做出了明确的规定。

（5）明确了"技术中立"原则。《电子签名法》借鉴了联合国《电子签名示范法》的"技术中立"原则，只规定了作为可靠的电子签名应该达到的标准，没有限定使用哪一种技术来达到这一标准，这为以后新技术的采用留下了空间。

（6）增加了有关政府监管部门法律责任的条款。"负责电子认证服务业监督管理工作的部门的工作人员，不依法履行行政许可、监督管理职责的，依法给予行政处分；构成犯罪的，依法追究刑事责任。"可见，《电子签名法》由立法明确指出追究不依法进行监督管理人员的法律责任，这是国外电子商务立法中所没有的，也是针对目前我国市场信用制度落后、电子商务大环境不完善而特别需要加强监管的国情而做出具体规定。

5. 网络安全相关法律规定

我国《计算机信息网络国际联网安全保护管理办法》规定，任何单位和个人不得利用国际联网，制作、复制、查阅和传播下列信息：①煽动抗拒、破坏宪法和法律、行政法规实施的；②煽动颠覆国家政权，推翻社会主义制度的；③煽动分裂国家、破坏国家统一的；④煽动民族仇恨、歧视，破坏民族团结的；⑤捏造或者歪曲事实，散布谣言，扰乱社会秩序的；⑥宣扬封建迷信、淫秽、色情、赌博、暴力、凶杀、恐怖，教唆犯罪的；⑦公然侮辱他人或者捏造事实诽谤他人的；⑧损害国家机关信誉的；⑨其他违反宪法和法律、行政法规的。

《计算机信息网络国际联网安全保护管理办法》同时规定，任何单位和个人，不得从事下列危害信息网络安全的活动：①未经允许，进入计算机信息网络或使用计算机信息网络资源的；②未经允许，对计算机信息网络功能，进行删除、修改或增加的；③未经允许，对计算机信息网络中存储、处理或传输的数据和应用程序进行删除、修改或增加的；④故意制作、传播计算机病毒等破坏性程序的；⑤其他危害计算机网络安全的。

此外，我国《计算机信息网络国际联网安全保护管理办法》还对网络保密管理等进行了相应规定。

为了保障网络安全，维护网络空间主权和国家安全、社会公共利益，保护公民、法人和其他组织的合法权益，促进经济社会信息化健康发展，2016 年 11 月 7 日，第十二届全国人民代表大会常务委员会第二十四次会议通过《中华人民共和国网络安全法》，该法自 2017 年 6 月 1 日起施行。2022 年 9 月 12 日，国家互联网信息办公室发布关于公开征求《关于修改〈中华人民共和国网络安全法〉的决定（征求意见稿）》意见的通知。

6. 电子商务法

《中华人民共和国电子商务法》已由中华人民共和国第十三届全国人民代表大会常务委员会第五次会议于 2018 年 8 月 31 日通过，中华人民共和国主席令（第七号）公布，共七章节八十九条，自 2019 年 1 月 1 日起施行。该法是我国第一部电商领域的综合法律，对于解决电子商务存在的突出问题，规范并促进电商发展具有重要意义。

7. 数据安全法

为了规范数据处理活动，保障数据安全，促进数据开发利用，保护个人、组织的合法权益，维护国家主权、安全和发展利益，由中华人民共和国第十三届全国人民代表大会常务委员会第二十九次会议于 2021 年 6 月 10 日通过了《中华人民共和国数据安全法》，并自 2021 年 9 月 1 日起施行。

8. 个人信息保护法

个人信息保护法是保护个人信息的法律规范。2021 年 8 月 20 日，十三届全国人大常委会第三十次会议表决通过《中华人民共和国个人信息保护法》，自 2021 年 11 月 1 日起施行。

可见，近年来，继网络安全法后，又有电子商务法、数据安全法、个人信息保护法等法律法规相继出台，我国互联网与数据和信息领域的法律法规日臻完善。但电子商务所面临的诸多法律问题还远远不止这些，还要制定相应的电子支付制度等法律法规，以规范贸易的顺利进行，同时也要制定和完善相关的进出口关税的法律制度。同时，对于电子商务交易法律法规的制定，不应仅由某一个国家单独完成，或各国各自完成。因为各国的法律不尽相同，有的甚至互相抵触，比如，有的国家对互联网内容有严格的审查制度，有的国家对加密软件有很多限制措施，而有的国家并不加以限制。从电子商务的发展要求出发，各国"统一商务准则"的趋同是不可避免的。否则，当发生争端时，国际律师必然更加各执一词，各国各自进行自己的立法工作显然是不可行的，必然造成"公说公有理，婆说婆有理"的局面。电子商务的全球性必然要求对电子商务进行的立法工作要各国协调进行，其所涉及的方方面面远远不是一个简单的问题，将有待于各国政府的共同努力。

8.2 电子商务的税收问题

8.2.1 电子商务的主要税收问题

在信息技术的推动下，电子商务作为一个影响深远的新生事物，会对税收产生两方面的影响。一方面，信息技术使得海关和税收管理部门能够更加及时准确地完成有关数据、信息的交换，从而提高工作效率，改善服务质量；另一方面，电子商务的某些特性，使得国家税务机构对互联网上交易征税遇到了许多实际困难。比如，企业间（B2B）的电子商务交易从贸易伙伴的联络、询价议价、签订电子合同，一直到发货运输、货款支付都可以通过网络实现，整个交易过程是无形的，这就会为海关统计、税务征收等工作带来一系列的问题，同时给各个国家内部的税收制度也带来新的挑战。

8.2.1.1 关税征收的困难

电子商务活动中，实物商品的交易活动涉及实物商品跨国界的运动，关税的征收还可以设法实现。但是直接通过网上交易的无形产品，如计算机软件、电子书等，这些交易的产品可以直接在网上传输，其费用的支付也可以经过网络完成，整个交易过程完全在网络中进行。在这种情况下，税务机构难以对交易进行追踪，无法确定交易人所在地和交易发生地，这就给税收工作增加了相当大的难度，使得关税的征收变得非常困难。

国际互联网的应用还使得税务部门对跨国公司内部价格转移的监管、控制变得更加困难。国际互联网的应用进一步增强了跨国公司组织机构服务的一体化，促进了跨国公司经营活动的统一。同时，信息技术的发展并未对跨国公司内部价格转移的做法带来根本性的变化，而网络的发展通过刺激公司经营一体化，使得公司内部交易进一步加强，价格转移更加容易。网络技术的发展，特别是内部网络的应用与发展，使得确定公司内部的交易情况愈发困难，跨国公司的内部网络给税务机构确定某项特定交易的性质及内容增加了一定的难度，使得税务部门更加难以判断跨国公司某项内部交易的真面目，这些都增加了税收工作的困难和复杂程度。

而且，各国的税收制度千差万别，如何解决网上交易的关税问题已经引起各国的关注，进行全球化的电子商务必须使税收制度获得协调统一的发展。

8.2.1.2 税收管辖权面临冲击

在电子商务交易中，企业可以通过互联网来进行国际贸易活动，交易双方通过网络和连接双方的服务器，就可以进行数字化商品的买卖活动。买卖双方的交易行为很难被分类和统计，交易双方也很难认定。电子商务的发展将会弱化来源地税收管辖权。互联网的出现使得交易活动和服务突破了地域的限制，提供交易和服务一方可能相距万里，所以，在这种背景下，各国如何判定关税收入的来源地将不可避免地产生众多争议。

8.2.1.3 交易信息、证明文件难以全面准确地获得

关税征管离不开对国际贸易单证的审查。根据规定，所有这些记录都要以书面形式进行保存。但是，在电子商务环境下，随着信息技术尤其是互联网的普及和运用，国际贸易双方可以通过网络进行商品的订购、货款的支付，如果是数字化商品，还可以直接通过互联网进行交付。随着人们对网络的不断接受和认可，经济活动的无纸化程度越来越高，各种票据，比如订单、发票、装箱单、销售合同、销售凭证等都可以以电子形式存在，传统税收工作所依赖的书面文件销声匿迹，使得一些原有的审计方法无法适用。传统关税征收工作所依靠的书面文件不断减少，传统的凭证追踪审计也失去了基础。此外，电子凭证可被轻易修改却难以留下线索，也会导致常用的审计方法难以适用。

8.2.1.4 税收成本增加

电子商务的发展，使得参加交易的企业数量，特别是中小企业的数量大大增加，同时削弱了中介机构在交易中的作用，这就使得税务部门难以像过去一样，通过贸易中介机构这些便利的征税点集中征税，而是必须从更多的分散的纳税人那里收取相对来说金额较小的税款，从而增加了征税的成本。

8.2.1.5 税收的减少

在电子商务的交易方式下，随着某些代扣税以及某些消费税的逐渐消亡，它们将难以再作为政府的税收来源。

国际互联网为企业和个人避税开辟了一条新途径。一个高税率国家的消费者通过国际互联网只要付少许的网上费用就可以从另一个低税率国家购买到相对于本国价格便宜很多的商品，进行贸易的公司也可以同样的方式实现避税。当然，其后果便是对税率相对较高的国家产生极为不利的影响，造成财政税收的损失。

8.2.1.6 电子商务对常设机构标准提出了挑战

8.2.1.6.1 相关概念

（1）关税，通常是指进口税，由进口国海关对进口商征收的税收。在这里，就有一个对本国进口商进行界定的问题。在现有国际税收制度下，该进口商在进口国应当有常设机构（如注册地在美国的企业在我国设有常设机构，则它从日本进口货物就应该向我国交进口税）。

（2）常设机构，联合国 UN 范本和 OECD 范本都将常设机构定义为"一个企业进行全部或部分营业的固定营业场所"。在 OECD 和联合国税收协定范本中，只要缔约国一方居民在另一方进行营业活动，有固定的营业场所，如工厂、分支机构、办事处等，便构成常设机构存在的条件。常设机构原则是用来处理各国对跨国经营所产生的营业利润的征税权分配问题的原则。依据该原则，如果一个公司在另一国被确定有常设机构，则常设机构所在国的政府将基于来源地管辖权对归属于该常设机构的所得依据该国税法进行征税；假如该公司在另一国没有常设机构，则该公司的所得原则上只在居民国缴纳税收。该原则设立的目的是避免国际双重征税。

8.2.1.6.2 电子商务对常设机构标准提出的挑战

在 OECD 和联合国税收协定范本中，只要缔约国一方居民在另一方进行营业活动，有固定的营业场所，如治理场所、分支机构、办事处、工厂等，便构成常设机构存在的条件。但是该标准在电子商务环境中却难以适用。比如，假设甲公司在 A 国的管辖权范围内拥有一台服务器，并通过该服务器开展企业经营活动，但甲公司在 A 国并没有实际的营业场所，那么是否可认为甲公司在 A 国设立了常设机构呢？美国作为世界最大的技术出口国，为了维护其居民税收管辖权，认为服务器不构成常设机构；而澳大利亚等技术进口国则认为其构成常设机构。

8.2.1.6.3 电子商务对常设机构标准挑战引发的讨论的几类观点

（1）第一种观点主张废止常设机构原则，这种观点要求重新定义税法上的管辖权、地域等基本概念，以重新构建收入来源地税收法律体系。

（2）第二种观点主张保留常设机构原则，认为无须对现有的常设机构原则做出任何修改，但是建议直接对电子商务开征新的税种，以保障收入来源国的税收利益，如根据电子信息的流量征收比特税，根据计算机或调制解调器登入因特网的地区征收的电脑税，根据网上的资金流量征收的交易税或营业税等。

（3）第三种观点主张保留常设机构原则，但要求对现有的常设机构的确定规则进行修改，此种观点主要主张两种修改意见：

第一种意见是主张在继续保留现行的常设机构概念原则的基础上，通过对有关概念范围的解释和技术调整，使它们能继续适用于对跨国电子商务所得的课税协调，即对原有常设机构概念内涵与外沿的修改或扩展，通常是将常设机构的确定规则着眼于服务器上。

第二种意见是反对常设机构确定规则中固定或有形场所的标准，主张在电子商务交易方式下纳税人与来源国是否构成了实质性的经济联系，它们通常是将常设机构的确定规则着眼于网址上，而提出了"虚拟常设机构"的方案。

随着讨论的深入及实践的进行，似乎第三种观点，即对现有的常设机构的确定规则进行修改，得到更多人的认同。2000 年 12 月 22 日，OECD 财政事务委员会发布了对协定范本第 5 条注释的修订，更是对这种观点进行了肯定。

小知识：比特税

"比特税"方案最早是由加拿大税收专家阿瑟·科德尔提出的。荷兰经济学家卢克·苏特领导的一个欧盟指定的独立委员会于 1997 年 4 月提交的一份报告中也建议开征比特税，即根据电脑网络中流通信息的比特数征收税款，但这种税的缺点是不能区分在线交易和数字通信，而没有区别地统统征税。比特税一旦征收，对数字通信业的发展无疑是一个沉重的打击。有人认为网络贸易侵蚀现有税基，必须对此采取措施，否则将造成大量财源在国际互联网网上贸易中流失。

1999 年 7 月，联合国发展计划署（UNDP）提出应对电子邮件开征比特税（bit tax），每 100 封电子邮件要交 1 美分的比特税，全年估计可征收 600 亿美元~700 亿美元的税收；联合国拥有这笔税款后，要将其用于资助发展中国家，缩小世界经济中的贫富差距。

联合国倡议的这种比特税，实际上就是一种超国家的税收，它自然遭到了成员国的反对。尽管这项建议一开始得到了许多欧洲政治家们的响应，但欧洲各国也不愿由于比特税的征收而给电子商务的发展带来负面影响。由于美国一贯主张将国际互联网建成全球自由贸易区，反对对在线交易征税，而且美国从不征收联邦零售税，政府没有必要担心不对电子贸易征税会给其带来经济上的损失，因此，对于比特税方案，尤其以美国的反对声音最大。1999 年 8 月，美国国会参众两院通过决议，认为比特税是对美国主权的侵犯，从而敦促美国政府反对这种由联合国征收的全球性税收。

8.2.1.6.4 我国解决电子商务环境下常设机构标准适用问题的对策

随着信息技术的不断发展和相关政策法规的健全，中国的互联网电子商务势必会飞速发展，跨国电子商务交易额在中国的进出口贸易额中所占的比例也将迅速提高。如果我们不能尽早地重视和研究解决电子商务的国际税收分配问题，政府将面临贸易额增长而税基萎缩、财政收入流失的危险。面对这一形势，我国应积极寻求对外合作，在遵循国际惯例和维护国家利益的前提下，参与新一轮电子商务税收分配规则的制订。

作为发展中国家，我国应强化所得来源地税收管辖权，并对常设机构的概念做出新的诠释。首先，坚持已良好运行多年的常设机构原则体系，同时对这一国际税法的概念做出必要的调整和修订，取消其中有关"固定的场所、设施"以及"人员的介入"等物理存在要件的限制要求，用更加合理和灵活的方式来实现电子商务中对常设机构的认定。

此外，值得一提的是，要实现电子商务税收的实际征收，不仅需要国家间税务部门的相互协调，同时也要求中介方、银行金融机构、海关系统、商检系统、保险公司等各方机构的通力合作。

新闻事件：
我国自 2019 年 1 月 1 日起调整跨境电商零售进口政策

按照党中央、国务院决策部署，我国自 2019 年 1 月 1 日起，调整跨境电商零售进口税收政策，提高享受税收优惠政策的商品限额上限，扩大清单范围。

税收政策的调整，一是将年度交易限值由每人每年 20 000 元提高至 26 000 元，今后随居民收入提高相机调高；二是将单次交易限值提高至 5 000 元，同时明确完税价格超过单次交易限值但低于年度交易限值，且订单下仅一件商品时，可以自跨境电商零售渠道进口，按照货物税率全额征收关税和进口环节增值税、消费税，交易额计入年度交易总额；三是明确已经购买的跨境电商零售进口商品不得进入国内市场再次销售。

商品清单的调整，一是将部分近年来消费需求比较旺盛的商品纳入清单商品范围，增加了葡萄汽酒、麦芽酿造的啤酒、健身器材等 63 个税目商品；二是根据税则税目调整情况，对前两批清单进行了技术性调整和更新，调整后的清单共 1 321 个税目。

上述政策的实施，将有利于促进跨境电商新业态的健康发展，培育贸易新业态新模式；有利于给国内相关企业引入适度竞争，促进国内产业转型升级，促进新动能增长；有利于增加境外优质消费品的进口，满足人民群众对美好生活的需要；有利于维护公平竞争的市场环境。

资料来源：中华人民共和国财政部关税司，http://gss.mof.gov.cn/gzdt/zhengcefabu/201811/t20181129_3079074.htm。

8.2.2　各国有关电子商务税收的对策与主张

国际互联网的应用以及电子商务的开展，给原有的税收政策措施、管理方式带来了新的问题与挑战。如果不能很好地解决，这些问题可能会影响一国的财政税收，也可能会阻碍国际互联网的推广及电子商务的开展。为了保证政府的财政税收以及电子商务的良好开展，有必要对电子商务实行有效的税收管理。

理论上讲，政府对一般的商业贸易、服务贸易征税，包括对网上进行的电子交易征税，应当无可非议，但由于互联网上包括数字化的商品和服务的交易，有别于一般贸易，各国政府对网上征税显得进退两难，种种实际困难在考验着各国政府。一方面，如果税收政策不当，很可能会对互联网的应用以及电子商务的开展产生阻碍作用，结果会因小失大；另一方面，保护互联网交易税收也是各国必须要面对的重要问题。因此，各国政府既要充分利用国际互联网带来的效率提高其潜在收益，从网上获得最大的经济效益，保证有足够的税收来源；又要不阻碍这种新技术的发展。这对各国政府来说是一个比较棘手的问题，也是各国开展电子商务所面临的一项巨大挑战。

各国政府对互联网的税收问题，基本上采取了谨慎的态度。1997年7月1日，美国总统克林顿发布的"全球电子商务框架"中指出：互联网应宣告为免税区。1997年7月初在波恩举行的有关电子商务的欧洲联盟会议上，欧盟各国原则上支持这一主张。至今为止没有一个国家政府就如何将现行税收概念应用于在互联网上进行的商业活动而颁布法律或法规。这种谨慎的态度虽然使得网上征税增加了许多不确定因素，但鉴于互联网的全球性及其发展变化的速度，从政府的角度看，这仍不失为一个正确的选择。

针对新技术产生的新问题，各国政府暂时还拿不出一套切实可行的解决方案。不过，一些国家已开始着手进行这方面工作的研究，并提出了一些有益的设想，如前面提到的"比特税"。

互联网有效公平税收的指导意见原则：

（1）税制必须公平。在进行同样交易的相同情况下，必须以同样方法向纳税人收税。

（2）税制必须简单。税收机关的行政费及纳税人的手续费应该尽量减少。

（3）对纳税人的各项规定必须明确，以使交易的纳税数额事先就一目了然，应该让纳税人知道什么东西、在什么时候、什么地点、纳多少税。

（4）无论采用哪种税制，都必须是有效的。它必须在正确的时间产生正确数额的税收，并最大限度地减少逃税、避税的可能。

（5）必须避免经济变形。企业决策者应该是受商业机遇驱动，而不是受税收条件驱动。

（6）税制必须灵活机动，以便使税收规章与技术及商业发展齐头并进。

（7）必须把国内所通过的任何税收规定及现行国际税制的任何变化汇总起来，以便确保各国之间的因特网税收公平共享，发达国家与发展中国家之间的征税基础的确定尤为重要。

新闻事件：

美国传来"超级大新闻"：电商步入全面征税时代

2018年6月21日美国最高法院做出判决，将允许各州政府强制向在本州没有实体店的网络零售商收取销售税。这也意味着美国电商全面征税的开始。

美国电商全面征税，科技股下跌

美国最高法院以5比4的投票推翻了1992年的一项裁决。当年的裁决使互联网基本上成为一个免税区域。该裁决规定，如果零售商在某个州没有实体店，就不用交税。但此次最高法院裁决维持了南达科他州法院2016年通过的一项法律。法律规定州外的网络零售商如果在该州的年销售额达到10万美元，或者进行了超过200项涉及该州的交易，就必须向该州交税。

根据一份报告测算，最高法院的这项裁决将打开一项新的政府收入来源，每年的税收收入可增加130亿美元。但这对电商企业来说却并不是一个好消息，多家公司的股票大幅下挫，亚马逊短线下跌幅度达到1.2%，易贝下跌约1%。Wayfair、Overstock、Etsy、Shopify均下跌超过2%。

有人悲也就会有人喜。美国全国零售联合会就发表声明称，"20多年来，零售商们一直在等待这一天的到来"。因为，他们认为这终于给了实体零售商和网络零售商开展公平竞争的空间。

线上线下存在巨大差异的美国消费税

一个税收政策的变化为什么会有这么大的影响？或许对中国观众来说有些难以理解，这主要是因为中美两国之间的消费差别。我国的商品价格实际上是税后价格；而美国的商品价格是税前价格，消费者在最后支付时需要额外缴纳消费税。但因为历史的原因，现在美国的零售行业就形成了线上线下的巨大差异。之前，美国的网购还是沿袭了几十年前的规定。即如果一个网购商家坐落在一个州，但它另外一个州没有实体业务，那在这个州的消费者从该商家购物，就可以不用缴纳消费税。

举个例子：加州的消费税率为9.25%，消费者如果在当地的商场里买一部手机花费了1 000美元，实际的支付额就是1 000美元加上92.5美元的消费税；但如果从电子产品商家B&H上，购买同样一部手机就可以免交92.5美元的消费税，因为B&H在加州并没有实体业务。

为什么会有这样的税收差别呢？这其实是历史遗留的问题。1967年的美国，电话购物开始兴起，但邮购业务的规模还很小，同时也为了鼓励这种消费形式的发展，美国最高法院就判定，没有必要征收跨州消费税。到1992年，美国最高法院再次重申了这一规定。

而随着网络零售时代的到来，这项规定给新兴的电商行业带来了不小的提振。虽然新税法不可避免会对电商平台销售带来冲击，但业内人士认为，这并不会影响长远的行业发展。毕竟，新税法只是弥补了美国税法几十年的漏洞，而且现在的电商也已经足够强大。

资料来源：央视网,http://tv.cctv.com/2018/06/22/VIDEIDS0zcnWgXhR0H565XH1180622.shtml.

本章小结

本章主要介绍了电子商务的法律与税收问题。

（1）电子商务的飞速发展给法律方面带来了许多新的冲击，包括安全性问题、知识产权问题、言论自由和隐私权的冲突以及电子合同等电子文件的有效性问题。这些问题都对建立新的法律制度提出了迫切要求。但是，对于电子商务交易法律法规的制定，不会是仅由某一个国家单独完成，或各国各自完成。因为各国的法律不尽相同，有的甚至互相抵触。比如，有的国家对互联网内容有严格的审查制度，有的国家对加密软件有很多限制措施，而有的国家并不加以限制。从电子商务的发展要求出发，各国"统一商务准则"的趋同是不可避免的。否则，当发生争端时，国际律师必然更加各执一词，没完没了，各国各自进行自己的立法工作显然是不可行的。电子商务的全球性必然要求对电子商务进行的立法工作要各国协调进行，其所涉及的方方面面远远不是一个简单的问题，有待于各国政府的共同努力。

（2）企业间（B2B）的电子商务交易从贸易伙伴的联络、询价议价、签订电子合同，一直到发货运输、货款支付都可以通过网络实现，整个交易过程是无形的。这势必为海关统计、税务征收等工作带来一系列的问题，同时给各个国家内部的税收制度也带来新的挑战。在信息技术的推动下，电子商务作为一个影响深远的新生事物，会在税收方面产生双层影响。一方面，信息技术使得海关和税收管理部门能够更加及时准确地完成有关数据、信息的交换，从而提高工作效率，改善服务质量；另一方面，电子商务的一些特性使得国家税务机构对电子商务，特别是互联网上交易征税遇到了许多实际困难。

（3）为了保证政府的财政税收，有必要对电子商务实行有效的税收管理。国际互联网的应用和电子商务的开展，给原有的税收政策措施、管理方式带来了新的问题与挑战。如果不能很好地解决，这些问题可能会影响一国的财政税收，也可能会阻碍国际互联网的推广及电子商务的开展。然而，各国政府的网上征税又面临着种种实际困难，如果政策不当，很可能会对网络的应用、电子商务的开展产生阻碍作用，结果因小失大。因此，各国政府既要从网上获得最大的经济效益，保证有足够的税收来源；又要不阻碍这种新技术的发展。这对各国政府来说是一个比较棘手的问题，也是各国开展电子商务所面临的一项挑战。面对电子商务给税收工作带来的挑战，各国的税收管理部门一方面要充分利用国际互联网带来的效率提高其潜在收益；另一方面要在保护税收的同时，避免阻碍新兴技术的发展。

本章习题

单项选择题

1. 造成关税征收困难的商品是（   ）。
   A. 国内商品　　　B. 国外商品　　　C. 实物商品　　　D. 无形商品
2. 《电子商务示范法》共 17 条，由两部分组成。它既不是国际条约，也不是国际惯例，仅仅是电子商务示范的法律范本。因此，它不具有（   ）。
   A. 强制性　　　　B. 示范性　　　　C. 参考性　　　　D. 无条件服从性

判断题

1. 电子商务作为一个影响深远的新生事物，只会在税收方面产生正面而非负面影响。　（   ）
2. 确定电子商务交易人所在地、交易所在地并不困难。　（   ）
3. 在电子商务的环境下，各国的税收管辖权更容易确定。　（   ）
4. 电子商务的发展给各国政府和企业带来了许多新问题，其中以法律和税收问题表现得尤为突出。　（   ）

简述题

请简述在电子商务环境下，消费者的个人隐私权保护问题突出体现在哪些方面。

9 移动商务

9.1 移动商务概况

移动商务指运用无线通信技术这一新的信息技术,实现对移动网络的访问,以此实现在移动网络中的商务活动,它是移动通信、PC 电脑与互联网相融合的最新信息化成果,是商务活动参与主体在任何时间、任何地点实时获取和采集商业信息的电子商务模式。移动商务活动以应用移动通信技术和使用移动终端进行信息交互为特性,用户通过移动商务可即时访问关键的商业信息并进行各种形式的通信。由于移动通信的实时性,移动商务的用户可以通过移动通信在第一时间准确地与对象进行沟通,与商务信息数据中心进行交互,使用户摆脱固定设备与网络环境的约束,最大限度地体验自由商务空间带来的享受,从而改善用户的线上消费体验,进一步缩短企业与消费者之间的距离和交易效率。可见,移动商务继承了传统电子商务的"任何人在任何时间"访问有线网络的特性,并利用无线设备实现"任何人在任何时间与任何地点"对网络的访问。与传统的消费模式相比,移动商务可以更准确地捕捉消费者的需求。

9.1.1 移动商务的发展

随着移动通信技术和计算机的发展,移动商务也在不断地发展更新。迄今为止,移动商务已经历了三代。

第一代移动商务系统是以短讯为基础的访问技术,这种技术存在许多严重缺陷,最明显的问题就是实时性较差,查询请求不会立即得到回答。此外,短讯信息长度的限制使一些查询得不到完整答案,这也是一个严重的问题。

第二代移动商务系统是以 WAP 技术为基础的访问技术,手机主要通过浏览器的方式来访问 WAP 网页,实现信息的查询,这部分地解决了第一代移动访问技术存在的问题。但第二代移动商务访问技术也存在明显的缺陷,主要表现在 WAP 网页访问的交互能力极差,因此极大地限制了移动商务系统的灵活性和方便性。此外,由于 WAP 使用的加密认证的 WTLS 协议建立的安全通道必须在 WAP 网关上终止,这会形成安全隐患,所以 WAP 网页访问的安全问题也是一大隐患,尤其是对于安全性要求颇为严格的政务系统来说是一个非常严重的问题。

第三代移动商务系统同时融合了 3G/4G/5G 移动技术、智能移动终端、VPN、数据库同步、身份认证及 Webservice 等多种移动通信、信息处理和计算机网络的最新的前沿技术,以专网和无线通信技术为依托,为电子商务人员提供了一种安全、快速的现代化移动商务办公机制,系统的安全性和交互能力有了极大的提高。

9.1.2 移动商务的特点

与传统的商务活动相比，移动商务具有如下几个特点：

（1）网络覆盖面更广泛。移动商务的无线化接入方式使得任何人都更容易进入网络世界，从而使网络覆盖面更广泛。

（2）不受时空限制。移动商务的最大特点是自由和个性化，传统商务已经使人们感受到了网络所带来的方便和享受，但其局限在于它必须有线接入，因此，传统商务一般局限在室内进行。而移动商务则可以弥补传统电子商务的这种缺憾，满足人们随时随地购物、结账、订票的需求。

（3）潜在用户规模大。中国的手机用户已突破13亿，是全球之最。显然，从电脑和手机的普及程度来看，手机远远超过了电脑。而从消费用户群体来看，手机用户中基本包含了消费能力较强的中高端用户，而传统的上网用户中以缺乏支付能力的年轻人为主。由此不难看出，以手机为载体的移动商务不论在用户规模上，还是在用户消费能力上，都优于传统的电子商务，移动商务可供开发的潜力还很大。

（4）易确认用户身份。对传统的电子商务而言，交易双方诚信问题一直是影响其发展的一大障碍，移动商务在这方面显然具有一定的优势。因为手机 SIM 卡片上存贮的用户信息可以确定一个用户的身份，而随着手机号实名制的推行，这种身份确认将越来越容易。对于移动商务而言，这就有了信用认证的基础。

（5）个性化定制服务。由于移动电话覆盖面大，且具有比 PC 机更高的可连通性与可定位性，因此移动商务的生产者和提供者可以更好地发挥主动性，为不同顾客提供定制化的服务。比如，可以对大量活跃客户和潜在客户提供个性化短信息服务，并可利用无线服务提供商提供的职业等人口统计信息和基于移动用户位置的信息，给潜在客户发送个性化短信以更有针对性地进行广告宣传。

（6）易于推广使用。移动商务的承载工具是手机、平板电脑及笔记本电脑等移动终端，其携带方便、使用灵活。因此，移动商务很适合在大众化的个人消费领域使用，如商店的收银柜机、出租车计费器以及水、电、煤气等费用的收缴等。而移动商务存在的上述特性使得其推广使用变得简单易行。

9.2 移动商务服务内容

目前，移动商务主要提供以下服务：

（1）银行业务。用户可通过移动商务随时随地在网上进行安全的个人财务管理，用户可以使用其移动终端核查账户、支付账单、进行转账以及接收付款通知等。

（2）交易。移动商务具有即时性，因此非常适用于股票等交易。移动设备可用于接收实时财务新闻和信息，也可确认订单并安全地在线管理股票交易。

（3）票务。利用移动商务服务，用户能在票价优惠或航班取消时立即得到通知，也可支付票费或在旅行途中临时更改航班或车次。借助移动终端，用户还可以浏览电影剪辑和阅读评论，然后订购电影票。

（4）购物。借助移动商务，用户能够通过移动终端设备进行网上购物，传统购物也可通过移动商务得到改进。例如，用户可以使用"无线电子钱包"等具有安全支付功能的移动设备，在商店里或自动售货机上进行购物，让顾客享受更随意、更方便的购物体验。

（5）娱乐。用户可以借助移动终端设备收听音乐，还可以订购、下载或支付特定的曲目，此外，也可以玩在线交互式游戏等。

9.3 移动商务存在的问题与发展展望

9.3.1 移动商务存在的问题

（1）无线通道资源短缺、质量较差。与有线网络相比，由于无线频谱和功率的限制，无线网络的带宽较小，带宽成本较高。与有线通信相比，无线通信时延较大，连接可靠性较低，超出覆盖区域时，服务会被拒绝接入。所以网络运营商应和服务提供商应一起努力，优化网络带宽的使用，增加网络容量，提供更加可靠的服务。

（2）面向用户的移动业务还需改善和加强。就目前的情况来看，移动商务的应用更多地集中于获取信息、订票、炒股等个人应用，缺乏更多、更具吸引力的应用，这无疑将制约移动商务的发展。

（3）移动终端的设计还有待改进。目前的移动终端设备功能过于简单，接口过于单一，无法适应移动商务的要求。为了能够吸引更多的人从事移动商务活动，必须提供更加方便可靠、具备 GPS 定位、条形码读取、电子钱包等多种功能的移动终端设备。

（4）移动设备的安全性问题，当采用移动通信设备进行数据共享，移动设备功能不断增加时，这种安全性问题显得更加突出。

9.3.2 移动商务发展的展望

根据 eMarketer 的统计数据发现，2013 年美国移动端的电子商务交易额达 388.4

亿美元（约合 2 425.6 亿人民币），比 2012 年的 248.1 亿美元（约合 1 549.4 亿人民币）增长 56.5%。艾瑞咨询分析，驱动美国移动端电子商务交易额增长的主要原因有以下三点：第一，移动商务交易额的迅速增长得益于智能手机和平板电脑等移动设备的普及。数据显示，2014 年 4 月美国智能手机用户达 1.66 亿人，智能手机普及率超过 50%，庞大的移动智能终端用户为移动电商提供了巨大的市场潜力。第二，相较于 PC 端电子商务，移动商务具有独特的优势。移动商务接入方式无线化，使得网络范围延伸更广阔、更开放，进而消费者可以随时随地购物。第三，消费者购物习惯已发生转变。移动互联网的产生和发展改变了人们的生活方式，移动网购以便捷和价格低廉的购物体验吸引了越来越多的消费者。此外，电商在移动商务上发力，采用打折促销等活动，进一步促使用户逐渐养成移动端购物的习惯。

目前，我国已成为全球最大的移动市场，2021 年 2 月 1 日中国银联发布的《2020 移动支付安全大调查研究报告》显示，2020 年平均每人每天使用移动支付 3 次。中国互联网络信息中心（CNNIC）报告显示，截至 2022 年 6 月，我国手机网民规模为 10.47 亿，较 2021 年 12 月新增手机网民 1 785 万人，网民中使用手机上网的比例达到 99.6%。2022 年第一季度移动支付业务 346.53 亿笔，金额 131.58 万亿元，同比分别增长 6.24% 和 1.11%。据智研咨询统计，中国移动电商市场交易额呈现增长趋势，2021 年中国移动商务交易额约达到 27.5 万亿元，比 2020 年的 23.8 万亿元增长了 15.5%。移动端作为商家直播和消费者观看的重要渠道，直播电商市场的高速发展带动了移动电商市场交易规模的扩大。可见，近年来，我国移动电商市场呈现出快速发展的态势。伴随着移动互联通信技术的不断发展、移动终端（包括智能手机/智能平板/可穿戴设备等）的进一步普及应用、电子商务的爆发式增长以及短信支付、扫码支付、刷脸支付等新型电子支付方式及数字人民币的不断普及应用，移动电商市场必将进入新的发展阶段。

虽然移动商务正在快速发展，但同时我们也需要清醒地认识到使用过程中的安全性等问题。随着信息技术和便携式移动终端的不断发展及安全性问题的解决，移动商务在各国必将成为电子商务进一步发展的亮点。

本章小结

移动商务指运用无线通信技术这一新的信息技术，实现对移动网络的访问，以此实现在移动网络中的商务活动，它是移动通信、PC 电脑与互联网相融合的最新信息化成果，是商务活动参与主体在任何时间、任何地点实时获取和采集商业信息的电子商务模式。迄今为止，移动电子商务已经历了三代。与传统的商务活动相比，移动商务具有如下几个特点：①网络覆盖面更广泛；②不受时空限制；③潜在用户规模大；④易确认用户身份；⑤个性化定制服务；⑥易于推广使用。移动商务服务内容范围很广，包括银行业务、交易、票务、购物、娱乐等。移动商务的发展也存在一些问题，如无线通道资源短缺、质量较差，面向用户的移动业务还需改善和加强，移动终端的设计还有待改进。虽然目前的无线网络受到带宽容量等限制，但随着信息技术的不断发展，移动商务将成为电子商务发展的持续亮点。

本章习题

多项选择题

1. 移动商务的主要特点有（　　　）。
   A. 不受时空限制　　　　　　　　　B. 潜在用户规模大
   C. 个性化服务　　　　　　　　　　D. 易确认用户身份

2. 移动商务的应用领域有（　　　）。
   A. 获取信息　　　B. 订票　　　　C. 炒股　　　　D. 手机银行

判断题

1. 移动银行简单说就是以手机等移动终端作为银行业务平台中的客户端来完成某些银行业务。移动银行的优势业务有：移动银行账户业务、移动经纪业务、移动支付业务。　　　　　　　　　　　　　　　　　　　　　　　　　　　　　（　　　）

2. 移动商务是传统电子商务的扩展，它能利用最新的移动技术和各种各样的移动设备，派生出很多更有价值的商务模式。移动商务的主要优势是灵活、简单、方便。它能根据消费者的个性化需求和喜好定制服务，并且设备的选择以及提供服务与信息的方式也可以由用户自己控制。　　　　　　　　　　　　　　　　　（　　　）

3. 目前，移动电子商务已经历了四代。　　　　　　　　　　　　　　（　　　）

简答题

1. 什么是移动商务？移动商务具有哪些优势？
2. 什么是第三代移动商务系统？它有哪些特点？
3. 第一代移动商务系统存在哪些问题？

部分参考答案

1 导论
多项选择题
1. AC   2. ABCD   3. ABC   4. BC

2 网络营销
单项选择题
1. D   2. A   3. B   4. C
多项选择题
1. BCD   2. ABCD   3. ABC   4. ABCD
判断题
1. 正确   2. 正确   3. 错误

3 电子支付
单项选择题
1. B   2. D
多项选择题
1. ABD   2. ABC
判断题
1. 错误   2. 正确   3. 错误   4. 正确   5. 正确   6. 正确

4 电子商务的商业模式
多项选择题
1. ACD   2. ABCD   3. ABCD
判断题
1. 正确   2. 正确   3. 正确   4. 正确

5 电子商务网站建设与相关技术
单项选择题

1. A   2. A

6 电子商务物流
单项选择题

1. C   2. A   3. A   4. D   5. C

判断题

1. 错误   2. 正确

7 电子政务
单项选择题

1. A   2. B   3. C   4. B   5. A   6. C   7. D

判断题

1. 正确   2. 正确   3. 正确   4. 正确   5. 正确   6. 错误

8 电子商务的法律和税收问题
单项选择题

1. D   2. A

判断题

1. 错误   2. 错误   3. 错误   4. 正确

9 移动商务
多项选择题

1. ABCD   2. ABCD

判断题

1. 正确   2. 正确   3. 错误

参考文献

［1］王金，魏永奇. 我国互联网第三方支付平台法律监管问题研究 ［J］. 商业经济，2022（9）：147-149.

［2］王磊. 第三方支付平台监管：进展、问题与完善建议 ［J］. 价格理论与实践，2021（8）：28-34.

［3］冯振. 基于经济法制第三方支付法律监管问题及优化路径研究 ［J］. 法制与经济，2020（10）：75-76.

［4］夏平，杨继平. 电子商务之商业模式创新科学战"疫" ［J］. 财会通讯，2020（14）：10-13，45.

［5］王雅龄，郭宏宇. 基于功能视角的第三方支付平台监管研究 ［J］. 北京工商大学学报（社会科学版），2011，26（1）：91-95.

［6］龚培华，陈海燕. 第三方支付平台中的犯罪问题与法律对策 ［J］. 法治论丛，2010，25（1）：48-53.

［7］张春燕. 第三方支付平台沉淀资金及利息之法律权属初探：以支付宝为样本 ［J］. 河北法学，2011，29（3）：78-84.

［8］丁玉萍. 第三方支付盈利模式忧患 ［J］. 中国民营科技与经济，2011（7）：56-59.

［9］施奈德. 电子商务 ［M］. 成栋，韩婷婷，译. 北京：机械工业出版社，2006.

［10］邵兵家. 电子商务概论 ［M］. 北京：高等教育出版社，2006.

［11］任鹏. 电子商务概论 ［M］. 天津：南开大学出版社，2008.

［12］卢志刚. 电子商务概论 ［M］. 北京：机械工业出版社，2008.

［13］李琪，等. 电子商务英语教程 ［M］. 西安：西安电子科技大学出版社，2002.

［14］龚炳铮. 电子商务案例 ［M］. 大连：东北财经大学出版社，2001.

［15］沈美莉，等. 网络营销与策划 ［M］. 北京：人民邮电出版社，2007.

［16］谷秀凤，陈杰英. 网上开店、装修与推广完全掌控 ［M］. 北京：北京希望电子出版社，2011.

［17］张之峰. 电子商务解决方案：中小企业应用 ［M］. 北京：北京师范大学出版社，2011.

［18］陈月波，等.电子商务解决方案［M］.北京：电子工业出版社，2010.

［19］刘克强.电子商务平台建设［M］.北京：人民邮电出版社，2007.

［20］杨兴凯.电子商务战略与解决方案［M］.北京：机械工业出版社，2011.

［21］杜文才.旅游电子商务［M］.北京：清华大学出版社，2006.

［22］宋文官.电子商务概论［M］.北京：清华大学出版社，2007.

［23］谢康等.电子商务经济学［M］.北京：电子工业出版社，2008.

［24］欧阳峰.电子商务解决方案：企业应用决策［M］.北京：清华大学出版社，北京交通大学出版社，2008.

［25］柯新生.网络支付与结算［M］.北京：电子工业出版社，2004.

后 记

本书编写已经完成，但直到交付印刷，还总觉得有很多不完美的地方。虽然本书在电子商务与公共知识以及电子商务的最新发展展望等方面有一些其他教材可能未涉及的思考，但总的来说，由于市面上已经有不少电子商务概论方面的教材，因此，本书的特色似乎还不够突出。此外，电子商务在中国的发展已经经历了初期的起步阶段、稳步发展阶段与目前正在进行的快速发展阶段，还有很多正在发生的电子商务领域的新变化没有被包含进本书的探讨范围之内，比如对于如何在中国共产党第二十次全国代表大会报告中提出"发展数字贸易，加快建设贸易强国"的背景下推动跨境电商发展等还应有更多思考。

由于电子商务离不开实践，笔者将在今后编写本教材的配套实验与实践参考教材，为读者提供电子商务更多方面的理论和实践参考。

本书编写过程中，借鉴和参考了国内外大量的出版物与网上数据等资料，由于本书属编写的教材，受此编写性质所限，这些参考的资料未在文中一一注明，而是在本书最后的参考文献中一并列出。在此，向各位学者表示感谢。

当然，由于能力和水平的问题，还希望读者和专家、同行对本书提出宝贵意见，给予指导和帮助。

王 悦

2023 年 2 月 8 日